O PRINCÍPIO DO *LIVRE* CONVENCIMENTO
NO CPC/2015

**Coleção
Estudos de Direito
em homenagem ao Professor
Darci Guimarães Ribeiro**

Conselho Editorial da Coleção

Darci Guimarães Ribeiro
Felipe Scalabrin
Guilherme Cardoso Antunes da Cunha
Gustavo Santanna
Miguel do Nascimento Costa

Dados Internacionais de Catalogação na Publicação (CIP)

W668p Wild, Rodolfo.
O princípio do livre convencimento no CPC/2015 / Rodolfo Wild. – Porto Alegre : Livraria do Advogado, 2018.
160 p. ; 23 cm. – (Estudos de Direito ; 5)
Inclui bibliografia.
ISBN 978-85-9590-034-9

1. Processo civil - Brasil. 2. Livre convencimento. 3. Direito processual civil - Brasil. 4. Brasil. Código de Processo Civil (2015). I. Título. II. Série.

CDU 347.91/.95(81)
CDD 347.8105

Índice para catálogo sistemático:
1. Processo civil : Brasil   347.91/.95(81)

(Bibliotecária responsável: Sabrina Leal Araujo – CRB 10/1507)

Rodolfo Wild

COLEÇÃO
Estudos de Direito - 5
em homenagem ao Professor
Darci Guimarães Ribeiro

O PRINCÍPIO DO *LIVRE* CONVENCIMENTO NO CPC/2015

livraria
DO ADVOGADO
editora

Porto Alegre, 2018

© Rodolfo Wild, 2018

Capa, projeto gráfico e diagramação
Livraria do Advogado Editora

Revisão
Rosane Marques Borba

Direitos desta edição reservados por
Livraria do Advogado Editora Ltda.
Rua Riachuelo, 1300
90010-273 Porto Alegre RS
Fone: 0800-51-7522
editora@livrariadoadvogado.com.br
www.doadvogado.com.br

Impresso no Brasil / Printed in Brazil

Agradeço profundamente ao prof. Darci Guimarães Ribeiro, verdadeiro exemplo de Professor e de inspiração como Advogado. E, sobretudo, à Suzi, Arthur e Alice, pelo carinho imenso e infinita paciência.

Entendo por racionalidade subjacente o modo de funcionamento social do discurso jurídico, guiado por efeitos pré-compreensivos de sentido, que vão transformando o sentido comum teórico em um princípio de controle da validade e da verdade do dircurso jurídico. O sentido comum teórico notifica, desta forma, o "lugar secreto" das verdades jurídicas.

Luis Alberto Warat

Apresentação – Coleção Estudos de Direito em Homenagem ao Professor Darci Guimarães Ribeiro

A investigação científica – séria e comprometida – assim como a docência universitária, constituem-se em complexos desafios diários daquele que escolheu a vida acadêmica para desenvolver seus estudos e mostrar que o Direito é essencial ao cotidiano das pessoas, coletiva e individualmente consideradas e se constitui em elemento fulcral no desenvolvimento de qualquer modelo de sociedade organizada.

Estudar e lecionar a ciência jurídica do direito processual civil é um compromisso que exige acuidade técnica. Tal exigência vem sendo cumprida com elevado nível de excelência acadêmica pelo Professor Darci Guimarães Ribeiro, durante seus mais de 25 anos de magistério universitário. Sua vasta obra e seus alunos são a prova inconteste dessa realidade.

Inspirada nessa magnífica trajetória educativa e científica, a "Coleção Estudos de Direito em Homenagem ao Professor Darci Guimarães Ribeiro" foi inaugurada em 2013, através do lançamento das obras de Gustavo Santanna (Administração Pública em Juízo) e Miguel do Nascimento Costa (Poderes do Juiz, Processo civil e suas relações com o Direito Material). Em 2014, a Coleção teve andamento com o lançamento das obras de Felipe Scalabrin (Causa de Pedir e atuação do Supremo Tribunal Federal) e Guilherme Antunes da Cunha (Tutelas de Urgência Satisfativas Autônomas no Processo Civil).

E o que os quatro autores acima referidos tinham em comum? Todos foram alunos e orientandos do Professor Darci Guimarães Ribeiro, junto ao Programa de Pós-Graduação em Direito da Universidade do Vale do Sinos. Independentemente dos caminhos profissionais e pessoais adotados por cada um, a amizade comum e o sentimento de gratidão e orgulho pelo Prof. Darci, fizeram com que a Coleção sempre se mantivesse viva.

Agora, entretanto, em 2018 essa Coleção Estudos de Direito é retomada pela Livraria do Advogado Editora, que é responsável pelo lançamento da obra de Rodolfo Wild (O Princípio do Livre Convencimento no CPC 2015). Trata-se da tese de doutoramento desenvolvida junto ao Programa de Doutoramento da Universidade do Vale do Sinos, também sob a orientação do Professor Darci Guimarães Ribeiro.

Esse lançamento, com efeito, marca o início de uma nova fase para a Coleção que, além de contar com o apoio metodológico e editorial da Livraria do Advogado, possibilitará a publicação da Segunda Edição das obras acima referenciadas, assim como o lançamento de novas obras inéditas, todas vinculadas a autores orientados pelo Professor Darci Guimarães Ribeiro.

A retomada da Coleção, além de extremamente bem-vinda ao mercado editorial jurídico nacional, confere verdadeiro reconhecimento ao trabalho comprometido e cientificamente profundo do Professor Darci Guimarães Ribeiro, conferindo ao público a oportunidade de se deparar com obras de elevado nível acadêmico, fruto de pesquisa científica compromissada com o Direito e os ditames do Estado Constitucional.

Miguel do Nascimento Costa

Sumário

Apresentação..13
1. Introdução...15
2. O *princípio* do *livre* convencimento em suas *partes*..19
   2.1. Examinando o *princípio*..19
      2.1.1. A tradição dos princípios na formação do Direito...............................21
      2.1.2. Mutações da tradição no período pós-guerra......................................34
   2.2. (*Além* ou *Aquém* do princípio na) construção dogmática do processo..............42
      2.2.1. Um breve escorço histórico...42
      2.1.2. Dogmática "versus" princípio...47
   2.3. Síntese possível (sincretismos e imprecisões do *livre* convencimento)............53
3. Objeto do processo...57
   3.1. Objeto e *mérito* do processo..61
      3.1.1. Mérito e lide...63
      3.1.2. Mérito e o complexo de questões (de mérito)......................................65
      3.1.3. Mérito e demanda..68
      3.1.4. Mérito e pretensão...70
      3.1.5. Mérito e pedido..87
      3.1.6. Mérito como pedido e causa de pedir...89
      3.1.7. Mérito como pedido, causa de pedir e defesas do réu........................92
   3.2. Objeto do debate no processo...93
      3.2.1. Questões...94
      3.2.2. (Das questões ao) objeto do debate..101
   3.3. *Entre* o diálogo e o silêncio: (do) objeto do processo (ao) objeto do debate (e) *livre* convencimento...106
4. Problemas epistemológicos ligados ao *livre* convencimento..........................111
   4.1. Prova e *livre* convencimento..111
   4.2. Ordem simétrica, ordem assimétrica e a formação do *livre* convencimento...118
   4.3. Enfim: (o *livre* convencimento como reminiscência de) um sentido *autoritário* de processo..122
Epílogo..135
Conclusão..141
Referências..149

Apresentação

Enfim, o modelo de processo *chiovendiano* e *carneluttiano* expressamente assumido pelos Códigos Processuais pretéritos foi honesto sob a perspectiva de suas premissas metodológicas. Naquele, foram claras as apostas em um modelo autoritário de processo, no qual o Juiz ocupou um lugar central como representante do Estado e o próprio processo foi concebido com um *instrumento* do Estado, sendo esse o tecido no qual inseriu o *livre* convencimento. Não obstante tais apostas tivessem, por pressuposto, um Juiz de capacidades e habilidades pessoais tais que justificassem aquela liberdade, as codificações referidas também foram cautelosas por instituírem um extenso sistema de checagem e de revisão das decisões judiciais. O fato (inclusive noticiado na Exposição de Motivos do CPC/2015) é que a codificação anterior produziu um processo judicial *moroso*, muito embora seja possível também afirmar que buscou *acertar* o *livre* convencimento pelo extenso sistema referido. Ciente, portanto, das críticas em torno da morosidade do processo, o legislador cuidou, no CPC/2015, de diminuir as possibilidades de revisão das decisões judiciais, mas não fez de forma isolada pois pressupôs outra forma de acertamento dessas. Nesse ponto, trazer para a atual codificação aquela antiga concepção do *livre* convencimento – enquanto uma espécie de "direito" do Julgador – não carrega consigo mesma a honestidade das codificações pretéritas, já que reforça os elementos autoritários anteriores, apenas que *sobre*alimentados pela supressão de instrumentos de revisão, bem como pela exasperação do regime de sanções processuais, mas sem avanços substanciais no que pertine à *qualidade* das decisões judiciais produzidas.

A temática relativa ao (*princípio do livre*) convencimento constitui um dos eixos das notáveis preocupações que permearam a redação do CPC/2015. Tanto que não são poucas as linhas doutrinárias dedicadas ao tema, muitas delas fundadas na hermenêutica e nos princípios pressupostos da democracia hodierna. Contudo, o autor vinha sentindo, faz tempo, a ausência de aprofundamento dessa temática à luz da teoria do próprio processo e de averiguar se a sua colmatação jurisprudencial encontra algum eco nas instituições que formam o processo civil brasileiro. Em última análise, verificar se é realmente possível estrair o *DNA* capaz de permitir alguma linha de continuidade desse tema entre as diferentes codificações processuais produzidas no País ao longo do tempo, até o CPC/2015. Daí o sentido – e o propósito – dessa obra.

1. Introdução

Faz quase 60 (sessenta) anos, Moacyr Amaral SANTOS publicou artigo que representou um manifesto contra o *processo autoritário* instituído no Brasil pelo CPC/1939.[1] Podem ser prestadas, ainda hoje, homenagens ao referido escrito pela sua relativa atualidade em que pesem a passagem do tempo, a evolução política, jurídica, econômica, social do País e, especialmente, as duas experiências de codificação processual experimentadas ao longo de décadas. Se aquele manifesto deitou olhos para o modelo autoritário de processo, a presente obra se dedica a estudar uma das manifestações do referido modelo e que se situa naquilo que difusamente se entende como *princípio do livre convencimento* ou *princípio do livre convencimento motivado*.

Quem lida com a prática forense no âmbito do processo civil consegue visualizar o *livre* convencimento como *algo* associado às decisões judiciais e que se encontra subjacente em certas afirmações como "*[...] a jurisdição se exerce sempre em face de casos concretos e que ela não tem o escopo de dar solução a questões*".[2] Tais lições, por sua vez, confortam e subsidiam determinados verbetes jurisprudenciais que conferem o contorno prático do *livre* convencimento como *justificativa* tanto para legitimar a ausência de decisão sobre determinados pontos, fundamentos e ou alegações das partes no processo judicial quanto a própria construção da decisão judicial *per se*. Essa *justificativa* pode ser sintetizada, na atualidade, da seguinte forma: "*[...] o art. 489 do CPC/2015 veio confirmar a jurisprudência já sedimentada, [...] sendo dever do julgador apenas enfrentar as questões capazes de infirmar a conclusão adotada na decisão recorrida*".[3]

---

[1] Ver SANTOS, Moacyr Amaral. Contra o processo autoritário. *Revista da Faculdade de Direito [Da] Universidade de São Paulo*, São Paulo, v.54, pt.2, jul, 1959. p. 212-229.

[2] DINAMARCO, Cândido Rangel. *Fundamentos do processo civil moderno*. 6. ed. São Paulo: Malheiros, 2010, vol. I. p. 310-311

[3] BRASIL. Superior Tribunal de Justiça. *EDcl no mandado de segurança 21.315*, da 1ª Seção. Embargante: Paulo Rodrigues Vieira. Embargado: União Federal. Relatora: Ministra Diva Malerbi (Desembargadora Federal convocada – Tribunal Regional Federal da 3ª Região). Brasília, DF, julgado em: 08 de junho de 2016. Disponível em: <https://ww2.stj.jus.br/processo/ revista/documento/

Entende-se, enfim, que essa colmatação do *livre* convencimento se tornou um lugar-comum a ponto de ser encontrada em qualquer base de dados da jurisprudência dos Tribunais do País.[4]

Destaca-se que a expressão *"princípio do livre convencimento"* é utilizada, ao longo desse trabalho, como expressão sinônima (ou equivalente) ao *"princípio da persuasão racional"* ou, ainda, *"princípio do livre convencimento motivado"*. Esse instituto contém foi objeto de debates na redação do Código de Processo Civil de 2015, como, aliás, foi referido na respectiva Exposição de Motivos.[5] Percebe-se, por isso, que o tema é atual e merece um aprofundamento teórico e investigativo, o qual pretende evitar a mera síntese – ou compilação – das vertentes doutrinárias já formadas sobre o assunto para jogar luzes àqueles aspectos não encontraram análise nos vários trabalhos existentes sobre o assunto.

Esse é o motivo pelo qual a primeira parte do trabalho cuidará de efetuar a decomposição do *livre* convencimento em suas partes, buscando imergir tanto em seu aspecto *principiológico* quanto *dogmático-processual*. A segunda parte, por sua vez, abordagem do objeto do processo e do objeto do debate, compreendendo-os como necessários

---

mediado/?componente=ITA&sequencial=1518847&num_registro=201402570569&data=20160615&formato=PDF>. Acesso em 19 nov. 2016.

[4] Anota-se que, ao utilizar a expressão *"se os fundamentos adotados bastam para justificar o concluído na decisão"* como critério de pesquisa na jurisprudência do Tribunal em questão, colhem-se expressivos 343 resultados em acórdãos e 19.973 decisões monocráticas (ver BRASIL. Superior Tribunal de Justiça. *Consulta ao sítio eletrônico*. Brasília, DF. <http://www.stj.jus.br/SCON/pesquisar.jsp?acao=pesquisar&novaConsulta=true&i=1&data=&livre=%22se+os+fundamentos+adotados+bastam+para+justificar+o+conclu%EDdo+na+decis%E3o%22&opAjuda=SIM&tipo_visualizacao=null&thesaurus=null&p=true&operador=e&processo=&livreMinistro=&relator=&data_inicial=&data_final=&tipo_data=DTDE&livreOrgaoJulgador=&orgao=&ementa=&ref=&siglajud=&numero_lart1=&tipo2=&numero_art2=&tipo3=&numero_art3=&nota=&b=ACOR&b=SUMU&b=DTXT&b=INFJ>. Acesso em 18 nov. 2016. Aliás, também embasa alguns dos Enunciados divulgados pela Escola Nacional de Formação e Aperfeiçoamento de Magistrados (ENFAM), "aprovados" entre os dias 26 e 28 de agosto de 2015, ou seja, antes mesmo da entrada em vigor do novel Código de Processo Civil: "[...] *3)* É desnecessário ouvir as partes quando a manifestação não puder influenciar na solução da causa; *5)* Não viola o art. 10 do CPC/2015 a decisão com base em elementos de fato documentados nos autos sob o contraditório; [...] *10)* A fundamentação sucinta não se confunde com a ausência de fundamentação e não acarreta a nulidade da decisão se forem enfrentadas todas as questões cuja resolução, em tese, influencie a decisão da causa; [...]." BRASIL. Escola Nacional de Formação e Aperfeiçoamento de Magistrados. *Seminário – O Poder Judiciário e o Novo Código de Processo Civil*. Enunciados aprovados. Disponível em: <http://www.Enfam.jus.br/wp-content/uploads/2015/09/ENUNCIADOS-VERS%C3%83O-DEFINITIVA-.pdf>. Acesso em: 14 set. 2015.

[5] A preocupação com o livre convencimento transparece de forma clara na Exposição de Motivos do Código de Processo Civil de 2015: "[...] se, por um lado, o princípio do livre convencimento motivado é garantia de julgamentos independentes e justos, e neste sentido mereceu ser prestigiado pelo novo Código, por outro, compreendido em seu mais estendido alcance, acaba por conduzir a distorções do princípio da legalidade e à própria ideia, antes mencionada, de Estado Democrático de Direito". BRASIL. Congresso Nacional. Senado Federal. *Anteprojeto de Código de Processo Civil*. Comissão de Juristas Responsável pela Elaboração de Anteprojeto de Código de Processo Civil. Brasília, 2010. Disponível em: <http://www.senado.gov.br/senado/novocpc/pdf/Anteprojeto.pdf>. Acesso em: 14 mar. 2015.

para averiguar em que medida o *livre* convencimento interfere – ou não – na compreensão de ambos. Assim, perpassará tanto pelo conceito de *mérito* quanto de *questão* no âmbito do processo, evoluindo para o tema relativo ao *debate* de forma a integrar as condições pelas quais o *livre* convencimento influencia a sua percepção. Disso poderá ser extraído, ao final, como o caso concreto é – ou não – integrado aos diferentes objetos examinados de forma a realizar a necessária ponte para o terceiro capítulo do trabalho. Por fim, o terceiro capítulo abordará dimensões *problemáticas* do *livre* convencimento no âmbito da teoria geral do processo como, por exemplo, a epistemologia da prova judiciária, a compreensão assimétrica e a simétrica de processo. O amálgama disso tudo possibilitará ver em que medida a compreensão jurisprudencial hodierna do *livre* convencimento se constitui em uma dimensão – ou desdobramento – de um paradigma autoritário do processo.

Destacam-se algumas autolimitações do presente trabalho. Esse não foi situado no campo da teoria da fundamentação da decisão judicial ou da argumentação jurídica, já que as ligações entre ambos já vem sendo investigadas com muita pertinência em outras obras como, por exemplo, em Lenio Luiz STRECK. Além disso, também não abordam aspectos relativos à psicologia (ou os aspectos subjetivos) da decisão judicial, pois parte-se do pressuposto de que a superação de determinadas figuras históricas como o *espírito do legislador* em prol de novas formas de compreender – e interpretar – o fenômeno jurídico tornam sem sentido a afirmação da preemência da *vontade* do julgador na formação do seu convencimento. Estar-se-ia trocando, nesse caso, o *espírito do legislador* pelo *espírito do julgador*, hipótese essa que se entende inservível para a compreensão de um processo judicial assentado nas dobras de um Estado Democrático de Direito.

2. O *princípio* do *livre* convencimento em suas *partes*

2.1. Examinando o *princípio*

No âmbito do Direito, não há uma compreensão uniforme sobre o que se deve entender como *princípios* no âmbito do Direito, sobremodo ao cotejar sua natureza, função e demais elementos constituintes.[6] Nesse sentido, vale a pena citar a diversidade de acepções sintetizadas por CARRIO: **(a)** consubstanciar aspectos importantes de uma ordem jurídica que não podem ser contidas em uma descrição suficientemente informativa; **(b)** expressar generalizações obtidas por meio das regras do sistema jurídico; **(c)** como referência à *ratio legis* de uma dada norma

---

[6] Conforme, exemplificativamente, MAYNEZ, Eduardo Garcia. Los «principios generales del derecho» y la distinción entre principios juridicos normativos y no normativos. *Scritti giuridici in memoria di Piero Calamandrei.* Padova: CEDAM, 1958, vol. 1. p. 229, 1; MOZOS, José Luis de los. Norma, principio y sistema em la integración del ordenamiento jurídico *in Estudios jurídicos en homenaje al profesor Federico de Castro,* Madrid: Tecnos, 1976. v.2. p. 324; CARRIÓ, Genaro. *Principios jurídicos y positivismo jurídico.* Buenos Aires: Abeledo-Perrot, 1970. p. 32. BOBBIO, Norberto. Principii Generali di Diritto *in* AZARA, Antonio; EULA, Ernesto (Org.). *Novissimo digesto italiano.* 3. ed. Torino: Unione Tipografico-Editrice Torinese, 1967-1983, vol. XIII. p. 889; WRÓBLEWSKI, Jean. Princípios de Direito *in* André-jean Arnaud (dir). *Dicionário enciclopédico de teoria e de sociologia do direito.* Trad. Vicente de Paulo Barretto 2. ed. Rio de Janeiro: Renovar, 1999. p. 621. ATIENZA, Manuel. Sobre princípios e regras. *Panoptica – Direito, Sociedade e Cultura.* vol. 4, n. 03, p. 49, 2009. Disponível em: http://www.panoptica. Org/seer/index.php/op/article/view/85/93. Acesso em: 19 nov. 2016. ARCE Y FLÓREZ-VALDÉS, Joaquín. *Los principios generales del derecho y su formulación constitucional.* Madrid: Civitas, 1990. p. 51 e segs; GUASTINI, Riccardo. *Das fontes às normas.* Trad. Edson Bini. São Paulo: Quartier, 2005. p. 185; AARNIO, Aulis. Reglas y principios em el razionamento Jurídico. *Anuario da Faculdade de Derecho da Universidade da Coruña.* n. 04, 2000. p. 595. Disponível em: <http://ruc.udc.es/dspace/bitstream/handle/2183/2070/AD-435. pdf?sequence=1&isAllowed=y>. Acesso em 15 set. 2015. SANCHÍS, Luis Pietro. *Ley, princípios, derechos.* Madrid: Dykinson, 1998. p. 48-49. PUIGARNAU, Jaime M. Mans. *Los Princípios generales del derecho.* Repertorio de reglas, máximas y aforismos jurídicos. Barcelona: Bosch, 1947. p. XXVII. FIGUEROA, Alfonso García. *Principios y positivismo jurídico:* el no positivismo principialista en las teorías de Ronald Dworkin y Robert Alexy. Madrid: Centro de Estudios Políticos y Constitucionales, 1998. p. 41. WRÓBLEWSKI, Jerzy. *Sentido y hecho en el derecho.* Trad. Francisco Javier Ezquiaga Ganuzas *et alii.* México: Fontamara, 2001. p. 205. Na doutrina nacional, vale citar FRANÇA, Rubens Limongi. *Teoria e pratica dos principios gerais do direito.* 2. ed. São Paulo: Revista dos Tribunais, 1971. p. 14-15, dentre outros.

ou um dado conjunto de normas; **(d)** para designar determinadas *pautas* para as quais se atribuem conteúdos intrinsecamente ligados ao *justo;* **(e)** para identificar certos requisitos formais ou externos que toda a ordem jurídica deve satisfazer; **(f)** como elementos norteadores da atividade legislativa com caráter exortatório; **(g)** como determinados juízos de valor que recorrem às exigências básicas de justiça e moral positivas sustentadas em uma suposta "consciência jurídica popular"; **(h)** para referir determinadas máximas que provém da tradição.[7]

Semelhante polissemia de sentidos pode ser averiguada tanto na língua das regras formuladas no âmbito do direito positivo quanto na própria língua da ciência jurídica e, especialmente, no âmbito da teoria do direito e da dogmática jurídica.[8] Ocorre mesmo uma tendência de aprofundar essa pluralidade de sentidos na atualidade, na medida em que os princípios vêm sendo identificados também como uma espécie de suporte dos valores da sociedade.[9] Assim é que vem sendo difundida a *aposta* nos princípios como instrumentos para a superação definitiva do paradigma "juiz boca da lei" por permitirem, ao juiz, "realizar determinações jurídicas mesmo que não contidas no direito legislado".[10] Tal cenário já recomenda *per se,* portanto, alguma cautela na associação do termo *princípio* ao instituto do *livre convencimento motivado.*

---

[7] CARRIÓ, Genaro. *Principios jurídicos y positivismo jurídico.* Buenos Aires: Abeledo-Perrot, 1970. p. 34-36. LUÑO, por sua vez, refere que os princípios gerais de direito são resultado: *(i.)* em uma concepção positivista como atividade do legislador, que os define como fontes de direito, obtendo-se os mesmos em processo de abstração e generalização das normas particulares do ordenamento jurídico; *(ii.)* da atividade do juiz, que os identifica por meio de interpretação analógica das leis ou ou os descobre a partir da natureza das coisas ou do direito natural; *(iii.)* da atividade da doutrina, como resultado das suas construções teóricas e análise, elaboração e sistematização dos sistemas jurídicos; *(iv.)* do costume, ou seja, da reiteração de sua invocação e aplicação como norma jurídica e; *(v.)* das convicções e aspirações morais que se manifestam nas sociedades. (Cf. LUÑO, Antonio Enrique Perez. Los principios generales del derecho: ¿um mito juridico? *Revista de Estudios Políticos (Nueva Época).* Espanha: Ministério de la Presidencia, n. 98, ouctubre-deciembre, p. 09, 1997. Disponível em: <http://www.cepc.gob.Es/publicaciones/revistas/revistaselectronicas?IDR=3&IDN=255&IDA=17117>. Acesso em: 15 set. 2015). Outras classificações se apresentam de forma mais sintéticas como, por exemplo: *a)* princípios como normas jurídicas em vigor; *b)* princípios como regras que são premissas ou consequencias das normas jurídicas em vigor e; *c)* princípios que se constituem em *outras* regras ou construções que não as referidas anteriormente. (Cf. WRÓBLEWSKI, Jerzy. *Sentido y hecho en el derecho.* Trad. Francisco Javier Ezquiaga Ganuzas *et alii.* México: Fontamara, 2001. p. 205).

[8] WRÓBLEWSKI, Jerzy. Princípios de Direito *in* André-jean Arnaud (dir). *Dicionário enciclopédico de teoria e de sociologia do direito.* Trad. Vicente de Paulo Barretto 2. ed. Rio de Janeiro: Renovar, 1999. p. 621.

[9] STRECK, Lenio Luiz. Neoconstitucionalismo, positivismo e pós-positivismo. *In* FERRAJOLI, Luigi; STRECK, Lenio Luiz *et alii* (org.). *Garantismo, hermenêutica e (neoconstitucionalismo)* um debate com Luigi Ferrajoli. Porto Alegre: Livraria do Advogado, 2012. p. 65.

[10] STRECK, Lenio Luiz. O que é isto – "Decidir conforme a consciência"? Protogênese do protagonismo judicial. *In* MACHADO, Felipe; CATTONI, Marcelo (coord.). *Constituição e Processo:* entre o direito e a política. São Paulo: Fórum, 2013. p. 219.

2.1.1. A tradição dos princípios na formação do Direito

A palavra *princípio*, em sua acepção morfológica, é derivada de *prima*, "o que precede aos outros; o que é mais antigo; o mais importante".[11] ARISTÓTELES[12] explicou os princípios a partir da divisão da alma em duas partes, sendo uma dotada de razão e, a outra, irracional. A alma racional foi separada novamente em duas, sendo uma de natureza *científica*, isto é, aquela que permite observar as coisas cujos primeiros princípios são invariáveis e, outra, de natureza *calculadora* ou opinante, que permite contemplar as coisas passíveis de variação. Na parte da alma científica, ARISTÓTELES alocou o conhecimento científico ou aquele que não está sujeito a variações; na parte da alma calculadora, o filósofo alocou a *prudência*, ou seja, o conhecimento sobre coisas variáveis que gera a deliberação (ou opinião) e, também, a *arte* como o conhecimento relacionado com o fazer, com a criação. Para o filósofo, *deliberar* e *calcular* são a mesma coisa, eis que situados na mesma parte da alma racional, embora ninguém *delibere* sobre coisas *invariáveis*.[13]

O conhecimento científico constitui o julgamento sobre coisas universais e, nele, a verdade sempre é demonstrável porque derivada dos primeiros princípios ou axiomas. Esses, por sua vez, são as *coisas primeiras* das quais não cabe demonstração, sendo que alguns são próprios de cada ramo da ciência e, outros, comuns a todos os ramos da ciência.[14] Dito por outras palavras, a existência desses princípios é indemonstrável, podendo ser apreendidos somente pela inteligência[15] de forma a evitar o *regressus ad infinitum*. Sobre o tema, ARISTÓTELES dividiu esses princípios em três grupos: **(i) *axiomas*** ou princípios mais gerais, caracterizados por serem comuns a vários ramos do conhecimento e, certamente, pressupostos na base de qualquer conhecimento sobre *algo*; **(ii) definições,** que assumem significados simples relativos a determinados termos ou expressões e; **(iii) hipóteses,** que correspondem a suposições de existência de *algo*.[16]

---

[11] HECKLER, Evaldo (SJ); BACK, Sebald; MASSING, Egon. *Dicionário morfológico da língua portuguesa*. São Leopoldo: Unisinos, 1984, vol. III. p. 3370-3371.

[12] Justifica-se a remissão ao filósofo grego, dado que sua obra ecoa até hoje na base do pensamento científico ocidental. (ver LEE, H.D.P. Geometrical method and Aristotle's account of first principles *in The Classical Quarterly*. Cambridge: Cambridge University, v. 29, 1935. p. 113-114).

[13] ARISTÓTELES. *Etica a Nicômacos*. Trad. Mário da Gama Kury. 3. ed. Brasília: UnB, 1999. p. 113-118.

[14] ARISTÓTELES. Analíticos segundos *in Tratados de lógica (organon)*. Trad. Miguel Candel Sanmartín. Madrid: Gredos, 1988, vol. II. p. 336 *(76a 35 40)*.

[15] ARISTÓTELES. *Etica a Nicômacos*. Trad. Mário da Gama Kury. 3. ed. Brasília: UnB, 1999. p. 113-118.

[16] LEE, H.D.P. Geometrical method and Aristotle's account of first principles *in The Classical Quarterly*. p. 113-114.

Para ARISTÓTELES, ainda, os primeiros princípios são as premissas (causas) de uma conclusão por meio do *raciocínio*,[17] sendo esse último um discurso no qual são assentadas certas premissas para, delas, serem deduzidas coisas diferentes. Nesse sentido, o raciocínio pode ser demonstrativo ou dialético. O primeiro é característico do pensamento científico e tem natureza apodítica, pois lida com a categoria dos verdadeiros (parte de premissas ou princípios verdadeiras e primeiras ou de algo que é desses derivado). O estagirita não entendia que todo o conhecimento científico pudesse estar fundamentado em um mesmo conjunto de princípios. Assim, cada ramo da ciência teria seus próprios gêneros e predicados e, assim, o raciocínio demonstrativo não poderia passar de um gênero a outro.[18] Em todo o caso, as diferentes técnicas discursivas ligadas às ciências foram usualmente agrupadas sob a denominação *analítica* ou teoria da demonstração.

O raciocínio dialético, entretanto, é construído a partir de premissas (ou princípios) *plausíveis*, isto é, *opiniões* aceitas pela maioria ou pelos sábios.[19] Assim, o raciocínio dialético é característico da *prudência*, capaz de discutir qualquer problema utilizando premissas *plausíveis*, não se mostrando, por esse motivo, uma razão demonstrativa ou científica mas, sim, em uma razão calculadora ou deliberativa (baseada na *opinião*)[20] e mais relacionada com problemas particulares, com a ação e com a prática. E é por lidar com a prática e apreender fatos fundamentais e variáveis como ponto de partida que o raciocínio dialético gera, dentre outras consequências, a chegada aos universais a partir do particular.[21] Dizer-se *variável* significa afirmar que, aquilo com o que a prudência se conforma em determinadas circunstâncias poderá não sê-lo em outras: o raciocínio dialético poderá reclamar, portanto, o uso de *princípios concorrentes*.[22] Quando o raciocínio parte de coisas que

---

[17] TAMAYO-SALMORAN, Rolando. *Razonamiento y argumentación jurídica*. El paradigma de la racionalidad y la ciencia del derecho. México: Universidad Nacional Autónoma del México, 2003. p. 82.

[18] ARISTÓTELES. Analíticos segundos *in Tratados de lógica (organon)*. Trad. Miguel Candel Sanmartín. Madrid: Gredos, 1988, vol. II. p. 335 *(76a 5 10)*.

[19] Por fim, o raciocínio é *eurístico* quando parte de coisas que *parecem* plausíveis mas não são ou, ainda, que parecem ser um raciocínio sem sê-lo. Cf. ARISTÓTELES. Tópicos (libro I) *in Tratados de lógica (organon)*. Trad. Miguel Candel Sanmartín. Madrid: Gredos, 1982, vol. I. p. 90-91. *(100a 25 100b)*.

[20] PATTARO, Enrico. Al origen de la noción "principios generales del derecho": lineamiento histórico-filosófico. *Boletin Mexicano de Derecho Comparado*, n. 59, p. 533, 1987. Disponível em: <http://biblio.juridicas.Unam.mx/revista/pdf/DerechoComparado/59/art/art5.pdf>. Acesso em: 27 set. 2015.

[21] ARISTÓTELES. Tópicos (libro I) *in Tratados de lógica (organon)*. Trad. Miguel Candel Sanmartín. Madrid: Gredos, 1982, vol. I. p. 123 *(1143b)*.

[22] PATTARO, Enrico. Al origen de la noción "principios generales del derecho": lineamiento historico filosofico. *Boletin Mexicano de Derecho Comparado*, n. 59, p. 533, 1987. Disponível em:

parecem plausíveis mas que, em realidade, não o são, recebe a denominação de *erístico*.[23] De forma geral, portanto, as matérias das quais não se pode ter um conhecimento preciso porque não é possível sua fixação de modo antecipado são agrupadas no âmbito da dialética.

Observa-se que a relação entre a dialética e a ciência em Aristóteles não é de mútua exclusão nem, tampouco, de identidade. Trata-se, em realidade, de uma relação bastante sutil, cujas diferentes percepções, ao longo dos séculos, acabou influenciando a forma de construção do conceito de *ciência* e, por consequência, a concepção *científica* de Direito legada pela modernidade. Aliás, a própria noção de *conhecimento científico* como aquele capaz de atender uma atitude teórica ou *sistemática* não abrange nem mesmo a totalidade da obra do filósofo, dado o esquecimento histórico de que esse distinguira pelo menos três tipos de ciência.[24] Nessa mesma linha, o pensamento científico moderno também parece ter descurado para as imbricações entre o raciocínio dialético e o demonstrativo, na medida em que, se a ciência advém dos princípios, também se mostra necessária certa capacidade discursiva que possa argumentar não só de forma dedutiva.[25]

Seguindo ARISTÓTELES, é possível dizer que os *princípios* permitem explicar/compreender *algo*. São os pontos de partida que não apenas permitem compreender a realidade como, também, conferem determinados critérios normativos que dão sentido e justificam aquilo que é analisado. Os princípios constituem o que *"é"* ou *"se conhece"* ou, ainda, que *"se faz"* (ou *"se opera"*)[26] e que são subjacentes tanto ao raciocínio científico quanto ao prudencial.

A influência do pensamento grego sobre a cultura jurídica romana é notória, dispensando, assim, uma demonstração pormenoriza-

---

<http://biblio.juridicas.Unam.mx/revista/pdf/DerechoComparado/59/art/art5.pdf>. Acesso em: 27 set. 2015.

[23] ARISTÓTELES. Tópicos (libro I) *in Tratados de lógica (organon)*. Trad. Miguel Candel Sanmartín. Madrid: Gredos, 1982, vol. I. p. 91 *(100b 20)*.

[24] Cf. GUARIGLIA, Osvaldo. *La ética en Aristóteles:* o la moral de la virtud. Buenos Aires: Eudeba, 1997. p. 71. O doutrinador identificou diferentes espécies de ciência *(epistēmē)* na obra de Aristóteles, sendo essas divididas em teóricas *(theōretikē)* e pragmáticas *(apolotelestikē)*. Essas últimas, por sua vez, foram subdivididas em práticas *(praktikē)* e produtivas *(poiētike)*. GUARIGLIA esclarece que Aristóteles dera prioridade ontológica das ciências teóricas sobre as demais, mas que essa hierarquia não o havia impedido de reconhecer o caráter científico dos outros domínios da realidades e, tampouco, de estabelecer as características específicas que o conhecimento sobre o *mutável* haveria de ter. (p. 74-75).

[25] Ver ARISTÓTELES. Tópicos (libro I) *in Tratados de lógica (organon)*. Trad. Miguel Candel Sanmartín. Madrid: Gredos, 1982, vol. I. p. 92-93 *(105a 35 – 101b)*.

[26] PATTARO, Enrico. Al origen de la noción "principios generales del derecho": lineamiento histórico-filosófico. *Boletin Mexicano de Derecho Comparado*, n. 59, p. 528-529, 1987. Disponível em: <http://biblio.juridicas.Unam.mx/revista/pdf/DerechoComparado/59/art/art5.pdf>. Acesso em: 27 set. 2015.

da.²⁷ A própria denominação *prudentia (saber agir/fazer)* já reflete aquela influência (o *jurisprudente* é, portanto, aquele que sabe fazer/agir no âmbito do *ius*). No início, a tarefa da *iurisprudentia* era privilégio dos sacerdotes-pontífices, sendo que a Religião, Moral e Direito eram um todo único, e a atividade de *interpretatio* do *ius* foi concebida como algo misterioso, divino.²⁸ Entretanto, as transformações ocorridas a partir do final do século III a.C. importam na cisão entre o Direito e a Religião (e Moral), surgindo daí uma distinção clara entre as esferas religiosa e civil.²⁹ A atividade jurídica é profissionalizada com o aparecimento do *jurista laico* e das primeiras obras sobre o direito civil, constituídas por coleções de opiniões dadas aos casos particulares. Gradativamente, essas *opiniões* (leia-se, respostas aos casos particulares) passam a ser aplicadas para casos similares, universalizando-se e formando, assim, os *conceitos jurídicos* sob os institutos de *"nomina iuris"* ou *"definitiones"*.³⁰

A transformação dos particulares – representados pelas *opiniões* – em universais ocorreu mediante o uso da ciência grega pelos juristas romanos, introduzido no período do fim do último século a.C.³¹ Esse uso implicava a organização do conhecimento jurídico na forma sis-

---

²⁷ Vide, exemplificativamente, GILISSEN, John. *Introdução histórica ao direito*. Trad. A. M. Hespanha e L.M. Macaísta Malheiros. 6. ed. Lisboa: Calouste Gulbenkian, 2011. p. 87; WIEACKER, Franz. *História do direito privado moderno*. Trad. A. M. Botelho Hespanha. 3. ed. Lisboa: Calouste Goulbenkian, 2004. p. 17-18; LOSANO, Mario G. *Os grandes sistemas jurídicos*. Trad. Marcela Varejão. São Paulo: Martins Fontes, 2007. p. 33-34; TAMAYO-SALMORAN, Rolando. *El derecho y la ciencia del derecho* (introducción a la ciencia jurídica). México: Universidad Autonoma del México, 1986. p. 129; PATTARO, Enrico. Al origen de la noción "principios generales del derecho": lineamiento histórico-filosófico. *Boletin Mexicano de Derecho Comparado*, n. 59, p. 537, 1987. Disponível em: <http://biblio.juridicas.Unam.mx/revista/pdf/ DerechoComparado/59/art/ art5.pdf>. Acesso em: 27 set. 2015. JUSTO, A. Santos. *Direito privado romano – I*. Parte Geral. 5. ed. Coimbra: Coimbra, 2011. p. 21.

²⁸ CRUZ, Sebastião. *Direito romano (ius romanum):* introdução. Fontes. 4. ed. Coimbra: Dislivro, 1984, vol. I. p. 289-290.

²⁹ TAMAYO-SALMORAN, Rolando. *El derecho y la ciencia del derecho* (introducción a la ciencia juridica). México: Universidad Autónoma del México, 1986. p. 137.

³⁰ *"Definitiones* – são explicações do significado dum termo ou duma ideia. Este tipo de obra jurídica é de influência grega. As *definitiones* dos romanos correspondem às obras do gregos [...] significa estabelecer *bem, muito bem* [...] os limites (daí o *de*+limitar), os termos (daí o *de*+determinar)". CRUZ, Sebastião. *Direito romano (ius romanum):* introdução. Fontes. 4. ed. Coimbra: Dislivro, 1984, vol. I. p. 362. A passagem da *definitione* para o campo do direito *(nomina iuris)* expressa essa ideia já que muitas discussões diziam respeito ao alcance e peso das palavras *(nomina iuris)*. Cita-se, como exemplo, que uma das primeiras controvérsias desse tipo dizia respeito ao conceito de *fructus* (no final do século III tornou-se costume legar, dutante a vida apenas, o uso de uma propriedade conjuntamente com o direito de gozar os frutos produzidos por essa propriedade, pelo que tornou-se necessário esclarecer o que significa a expressão *fructus*. TAMAYO-SALMORAN, Rolando. *El derecho y la ciencia del derecho* (introducción a la ciencia jurídica). México: Universidad Autonoma del México, 1986. p. 103.

³¹ "*It was from Aristotle, in particular, that the Roman jurists learned these methods. In his works they found a statement of the general technique by wich any science shoul be constructed, the ars artium as Cicero claaed it (Brutus, 41.153)*". STEIN, Peter. *Regulae iuris*. From justice rules to legal maxims. Edinburg: Edinburg University, 1966. p. 34.

temática de uma disciplina mediante sua divisão em gêneros e partes. Nesse sentido, usando também a dialética grega, os gêneros e partes poderiam ser obtidos a partir de procedimentos para apuração de distinções e sínteses.[32] Por esses mecanismos, os juristas romanos obtiveram *princípios* a partir da observação dos singulares, sendo que esses, uma vez estabelecidos, permitiam a extração de novos enunciados por via de raciocínios silogísticos. Os romanos diferenciavam os princípios (invariáveis) da ciência e os que ocupam a *prudência*, que cuida das coisas particulares e, portanto, pode-se conformar com certas circunstâncias em um caso que não se adequam em outro. Assim, no contexto da prudência, laboraram tanto na perspectiva dos universais quanto dos particulares, sendo que as especificidades de cada circunstância podiam exigir o uso de princípios concorrentes diversos.[33]

A *revolução científica*[34] subjacente ao desenvolvimento da jurisprudência romana clássica[35] constitui uma das suas grande contribuições para o Ocidente. Ao seguirem as estratégias de ARISTÓTELES, os juristas romanos conseguiram resolver o problema de como descrever a experiência jurídica, composta basicamente de particulares, mediante conceitos gerais de forma a criar a base de uma *Ciência do Direito*. Daí as referências à *geometrização do direito*, pela sua organização sistemática em uma disciplina.[36]

No período clássico, generalizaram-se obras jurisprudenciais de diversos tipos como *instituciones, regulæ, definitiones e sententiæ ou opi-*

---

[32] Ver STEIN, Peter. *Regulae iuris*. From justice rules to legal maxims. Edinburg: Edinburg University, 1966. p. 36.

[33] PATTARO, Enrico. Al origen de la noción "principios generales del derecho": lineamiento histórico-filosófico. *Boletin Mexicano de Derecho Comparado*, n. 59, p. 533, 1987. Disponível em: <http://biblio.juridicas.Unam.mx/revista/pdf/DerechoComparado/59/art/art5.pdf>. Acesso em: 27 set. 2015.

[34] Expressão utilizada por STEIN, Peter. *Regulae Iuris*. From Justice Rules to Legal Maxims. p. 26 e segs.

[35] Aqui, a expressão *jurisprudência* adquire um sentido diverso daquele usualmente empregado pela cultura jurídica brasileira. Nessa, a expressão assume, como significado, decisões reiteradas dos Tribunais. Naquela, entretanto, constitui a atividade que realizam os juristas ao "descreverem" o direito, mais próximo, portanto, do que no Brasil se entende como *ciência do direito, doutrina ou ainda, dogmática jurídica*. (Cf. TAMAYO-SALMORAN, Rolando. *El derecho y la ciencia del derecho* (introducción a la ciencia jurídica). México: Universidad Autónoma del México, 1986. p. 143. Nesse sentido: JUSTO, A. Santos. *Direito privado romano – I*. Parte Geral. 5. ed. Coimbra: Coimbra, 2011. p. 86; GILISSEN, John. GILISSEN, John. *Introdução histórica ao direito*. Trad. A. M. Hespanha e L.M. Macaísta Malheiros. 6. ed. Lisboa: Calouste Gulbenkian, 2011. p. 90. Esse último doutrinador acrescentea que a expressão designa, nas línguas neolatinas, o conjunto das decisões judiciais, sendo que o termo inglês *jurisprudence* tem um sentido mais próximo daquele empregado pelos romanos.

[36] TAMAYO-SALMORAN, Rolando. *El derecho y la ciencia del derecho* (introducción a la ciencia jurídica). p. 130. Foi a adoção da dialética que possibilitou o estudo sistemático dos gêneros e das espécies jurídicas pela jurisprudência romana. (Cf. SCHULZ, Fritz. *Storia della giurisprudenza romana*. Trad. Guglielmo Nocera. Firenze: Sansoni, 1968, p. 121-123).

niones, comentaria ad Edictum, digesta, responsa, quæstiones y disputaciones, epistulæ, etc. As *regulæ* (assim como as *definitiones ou sentetiæ*) constituíam-se como obras elementares que resumiam princípios jurídicos,[37] redigidas com finalidade didática para o uso de principiantes, apresentada como regras concisas expostas de forma contínua para serem memorizadas. Já a *definitio* era usada como sinônimo de *regulæ*, diferenciando-se de *sententiæ* ou *opiniones* porque essas últimas, conquanto também expressassem fórmulas breves de princípios jurídicos, às vezes referiam também sua origem, história e fundamento; parecem, por isso, terem sido mais destinadas aos práticos que aos estudantes. Para PUIGARNAU, a jurisprudência romana não tratou de conceber princípios como elementos apriorísticos (ou prévios) do direito romano, mas, sim, os construiu como "mero" resumo obtido *a posteriori*, por via de recapitulação ou síntese, do direito preexistente.[38]

Em todo o caso, pode-se dizer que as *regulæ* descenderam dos princípios aristotélicos da ciência mediante a aplicação, pelos juristas romanos, da lógica inaugurada por aquele filósofo. Apareceram no âmbito da jurisprudência romana próximas ao início da era Cristã como súmulas concisas, com caráter mais normativo. No período *pós-clássico*, entretanto, aparecem *regulæ-maximas*, com características mais gerais e mais parecidas com provérbios, sabendo, os jurisprudentes, que havia muitas exceções às *regulae*, e que essas não deviam ser entendidas de forma literal nem aplicadas a todos os casos.[39] Finalmente, as *regulæ* foram recompiladas no Digesto de Justiniano (Livro L, Título XVII, I)[40] como fórmulas breves, empregadas como expressão de princípios inspiradores do direito vigente.

---

[37] "REGULAE – São princípios fundamentais ou preceitos jurídicos, quer de normas vigentes quer sobretudo de doutrina: "[...] são um precedente da sistematização ou da formulação (não da criação) das normas e da exposição sitemática do *Ius*". CRUZ, Sebastião. *Direito romano (ius romanum): introdução*. Fontes. 4. ed. Coimbra: Dislivro, 1984, vol. I. p. 363. Nesse sentido: SCHULZ, Fritz. *Storia della giurisprudenza romana*. Trad. Guglielmo Nocera. Firenze: Sansoni, 1968, p. 307.

[38] PUIGARNAU, Jaime M. Mans. *Los principios generales del derecho*. Repertorio de reglas, máximas y aforismos juridicos. Barcelona: Bosch, 1947. p. XXXI-XXXII. O doutrinador deixa claro que as *regulæ* também apareciam em outras obras jurisprudenciais, não sendo exclusivas das ora referidas. Nesse sentido: JOLOWICZ, H. F. *Historical introduction to the study of roman law*. 2. ed. Cambridge: Cambridge University, 1952. p. 386.

[39] PATTARO, Enrico. Al origen de la noción "principios generales del derecho": lineamiento histórico-filosófico. *Boletin Mexicano de Derecho Comparado*, n. 59, p. 539, 1987. Disponível em: <http://biblio.juridicas.Unam.mx/revista/pdf/DerechoComparado/59/art/art5.pdf>. Acesso em: 27 set. 2015.

[40] Fragmento atribuído a Paulo: *"regulæ est, quæ rem, quæ est, breviter enarrat. Non ex regula ius sumatur, sed ex iure, quod est, regula fiat"*. *Regulæ* deve ser compreendida como regra e *res* como o mesmo direito geral aplicado a várias coisas. Nesse sentido encontram-se traduções do fragmento em referência: *"regra é a <proposição> que expõe brevemente a coisa como ela é; o direito não se toma da regra, pois essa é realizada do direito preestabelecido"*. PUIGARNAU, Jaime M. Mans. *Los principios generales del derecho*. Repertorio de reglas, máximas y aforismos juridicos. Barcelona: Bosch, 1947. p. XXXIII.

À jurisprudência romana seguiu-se, historicamente, a recepção do *Direito Romano*, ocorrida a partir do século XII.[41] A universidade de Bolonha, inicialmente, e outras universidades, mais tarde, passaram a constituir-se em centros de estudos do Direito Romano, sendo que uma das escolas de estudo e exegese dos textos romanos que merece especial destaque pela relevância e farta literatura produzida é a dos *glosadores* ou *comentadores*.[42] Esses empreenderam um vasto trabalho de integração por meio da exegese e da busca contínua pela harmonização dos textos estudados, considerados esses como verdadeira *ratio scripta* e dotados, portanto, de autoridade incontestável[43] e realizando uma transformação dos métodos de raciocínio dialéticos recuperados da antiga filosofia grega. ARISTÓTELES negava o caráter apodítico do raciocínio dialético, na medida em que esse não podia chegar à certeza em face da incerteza de suas premissas (axiomas). Contudo, os juristas medievais usaram a dialética para *demonstrar* o verdadeiro e o justo e, nesse sentido, viraram *"pelo avesso"* o pensamento do estagirita ao fundirem os raciocínios dialético e apodítico na análise e síntese dos textos jurídicos romanos. Para o jurista medieval, os textos de Direito Romano eram verdadeiros e justos e, portanto, podiam fundamentar raciocínios apodíticos, visando novas verdades e justiça. Mas, como também continham lacunas, ambiguidades e contradições, exigiam também a dialética para a colocação de problemas, realização de classificações e

---

[41] A distinção entre *"jurisprudência romana"* e *"Direito Romano"* é realizada porque esse último normalmente é referido como sinônimo do *Corpus Iuris Civilis,* monumental obra legislativa compilada por ordem de Justiniano entre 529 e 535. Essa compilação é resultado da análise e junção dos materiais e fragmentos de textos jurídicos romanos (*lex* e *ius*) mediante seleção e modificação pelos compiladores. Ver, para tanto, JOLOWICZ, H. F. *Historical introduction to the study of roman law*. 2. ed. Cambridge: Cambridge University, 1952. p. 496. Não se pode perder de vista que a obra em questão foi compilada no âmbito da sociedade multi-racial e cristã de Bizâncio, bastante diferente da romana, razão pela qual o trabalho foi direcionado de forma a harmonizar a legislação com as exigências de uma nova sociedade cristã, com os costumes do Oriente helênico e, também, respaldar a autoridade do Imperador. (Cf. TAMAYO-SALMORAN, Rolando. *Razonamiento y argumentación jurídica. El paradigma de la racionalidad y la ciencia del derecho*. México: Universidad Nacional Autónoma del México, 2003. p. 161-163).

[42] Conforme Harold J. BERMAN, o *curriculum* das Faculdades de Direito do século XII consistiam, em primeiro lugar, na leitura dos textos de Direito Romano. O professor lia e corrigia a linguagem dos manuscritos, fazendo as correções necessárias. Sendo esse texto difícil, tinha de ser explicado, razão pela qual o professor o glosava, isto é, interpretava palavra por palavra, linha por linha. Tais explicações – ou glosas – eram copiadas pelos estudantes entre as linhas do texto e, com o tempo, adquiriram uma autoridade quase igual ao do próprio texto glosado. (*Direito e revolução*. Trad. Eduardo Takemi Kataoka. São Leopoldo: Unisinos, 2006. p. 165-166).

[43] "As premissas das quais os glosadores partiam impunham certas restrições. Para eles, não havia como questionar a doutrina do *Corpus Juris,* pois este expressava a *ratio scripta,* a razão escrita. Qualquer atentado aos textos era, portanto (literalmente), algo destituído de razão e sentido. Também não viam o *Corpus Juris* como o produto de uma civilização determinada; longe de considerá-lo um documento histórico, elevavam-no à categoria de modelo universal e eterno, de revelação". CAENEGEM, R.C. van. *Uma introdução histórica ao direito privado*. Trad. Carlos Eduardo Lima Machado. São Paulo: Martins Fontes, 2000. p. 71.

afirmação de opiniões divergentes visando sintetizar e resolver os conflitos verificados.⁴⁴

Nesse contexto, o estudo da *regulæ* foi muito valorizado como instrumento de sistematização do Direito Romano, possibilitando a sua diferenciação em regras e princípios.⁴⁵ Nesse sentido, as *maximas* surgiram como princípios independentes e com validade universal.⁴⁶ Por outro lado, cabe também a referência aos *brocardos* que, nas suas versões mais antigas, constituíam coleções de *glosas* que justapunham, aos textos glosados, regras gerais, proposições dogmáticas, sentenças ou máximas jurídicas contrapostas às passagens duvidosas ou discordantes com vista a sanar a contradição. Com o tempo, entretanto, os brocardos passaram a significar uma regra abstrata de direito, às vezes com o objetivo de conciliar antinomias,⁴⁷ situação essa que acabou atenuando a distinção entre *regulæ* e brocardos a ponto de fazê-la desaparecer. Nesse processo histórico, os juristas medievais acabaram identificando a *regulæ* como princípios gerais.

A discussão teórica sobre a natureza das *regulæ* continuou durante os séculos XV e XVI e consolidou a sua compreensão como princípios gerais de direito com um significado abstrato, desligado dos casos concretos dos quais foram derivados. Veja-se, como exemplo, *De Iuris Arte Libellus* (Corasius, 1560), que considera a *regulæ* da última parte do Digesto como *generalia iuris principia et elementa,* um universal necessário para qualquer sistema racional de direito. Também em *Bronchorst* que, em sua obra *Prolegomena,* asseverou que a *regulæ* constitui os primeiros princípios de direito com os quais podiam ser identificados os axiomas para resolver qualquer caso por meio da dedução.⁴⁸ Os glosadores medievais contribuíram com a distinção da ideia de regra como norma jurídica e de regras em forma de regulæ, brocardos ou máximas, equivalentes aos *lugares-comuns* dos retóricos, ou da *problemata* para os geômetras.⁴⁹ Essa distinção foi reforçada pela própria teologia moral, que

---

⁴⁴ BERMAN, Harold J. *Direito e revolução.* Trad. Eduardo Takemi Kataoka. São Leopoldo: Unisinos, 2006. p. 178.

⁴⁵ STEIN, Peter. *Regulae iuris.* From justice rules to legal maxims. Edinburg: Edinburg University, 1966. p. 131.

⁴⁶ BERMAN, Harold J. *Direito e revolução.* Trad. Eduardo Takemi Kataoka. São Leopoldo: Unisinos, 2006. p. 177.

⁴⁷ PUIGARNAU, Jaime M. Mans. *Los principios generales del derecho.* Repertorio de reglas, máximas y aforismos juridicos. Barcelona: Bosch, 1947. p. XXXXVII.

⁴⁸ STEIN, Peter. *Regulae iuris.* From justice rules to legal maxims. Edinburg: Edinburg University, 1966. p. 162-167.

⁴⁹ Idem. p. 167.

contribuiu para a introdução, no direito secular, de princípios como *æquitas, bona fides, conscientia, honestas, misericordia,* etc.[50]

O passo seguinte foi dado pelo jusracionalismo,[51] resultado de diversos fatores, incluindo o esgotamento do modelo fundado na recepção prática dos textos justinianeus, do modelo escolástico e do raciocínio dialético medieval. Com o passar do tempo, aquele modelo se tornou extremamente complexo e de difícil aplicação ao multiplicar as questões controversas e dilatar as suas figuras lógicas para que as mesmas pudessem comportar as novas realidades sobrevindas. Por essas razões, o mesmo fora caindo em desuso. Assim, o Direito Romano antes estudado sob o reconhecimento de uma *auctoritas* que lhe era inerente, como autêntica *ratio scripta,* passou a ser cotejado como mais uma fonte de direito, localizada historicamente.[52]

Mostra-se importante essa referência porque o jusracionalismo, em sua diversidade de autores e de ideias, comungou, no seu conjunto, a ideia de que é possível uma *verdadeira ciência* da moral, entendendo como *verdadeiras ciências* aquelas que haviam aplicado com sucesso o método matemático. O jurista medieval caracterizara-se pelo emprego do método dialético e tópico em disciplinas que se situavam na lógica do *provável,* extraindo conclusões a partir da análise argumentativa das opiniões dos doutores. Nessa medida, a tarefa do jurista não se mostrava tão diferente daquela desempenhada pelo teólogo, na medida em que aceitava a *autoridade* do texto, circunscrevendo-se aos seus comentários a partir das várias regras que servem à sua compreensão

---

[50] WIEACKER, Franz. *História do direito privado moderno.* Trad. A. M. Botelho Hespanha. 3. ed. Lisboa: Calouste Goulbenkian, 2004. p. 75.

[51] A identificação e problematização do *jusnaturalismo* não integra os objetivos desse trabalho. De forma muito sintética, contudo, pode-se afirmar que esse movimento tem seus precursores no século XVI e constitui uma herança do *jusnaturalismo* ao partilhar a pretensão de validade universal e interporal de suas proposições, – abandonando a revelação *(ius divinum)* ao remetê-la para a teologia moral – e o racionalismo dos seus processos de prova, bem como regressando ao dualismo da antiguidade entre o *ius naturale* e o *ius civile (positivum).* (Cf. WIEACKER, Franz. *História do direito privado moderno.* Trad. A. M. Botelho Hespanha. 3. ed. Lisboa: Calouste Goulbenkian, 2004. p. 298.) O jusracionalismo como *herdeiro* (e, não, como solução de continuidade) do jusnaturalismo transparece também em BOBBIO e BOVERO, em suas referências ao *direito natural moderno* (BOBBIO, Norberto; BOVERO, Michelangelo. *Sociedade e estado na filosofia moderna.* Trad. Carlos Nelson Coutinho. 4. ed. Brasília: Brasiliense, 1994. p. 16) ou, ainda, em GOYARD-FABRE quando refere que o "jusnaturalismo *'moderno'* vê no direito natural um *dictamen rationis".* GOYARD-FABRE, Simone. *Os princípios filosóficos do direito político moderno.* Trad. Irene A. Paternot. São Paulo: Martins Fontes, 1999. p. 101.

[52] "Ao demonstrar a historicidade e, desse modo, a relatividade do *Corpus iuris,* os humanistas destruíram a autoridade absoluta de que desfrutara até então. Se o direito romano fosse apenas o produto de uma dada sociedade num dado período, que razão poderia haver para submeter-se a ele em outro período ou para dar-lhe uma autoridade superior ao direito dos povos modernos?" CAENEGEM, R.C. van. *Uma introdução histórica ao direito privado.* Trad. Carlos Eduardo Lima Machado. São Paulo: Martins Fontes, 2000. p. 80.

(regras de "*interpretatio*"). O jusracionalismo, entretanto, recusou essa *interpretatio* até porque deixou de acatar a *auctoritas* dos textos de Direito Romano. Não que deixasse de comentar leis, mas, ao fazê-lo, tornava-se um *descobridor*, e não um intérprete.[53] Assim, o jusracionalismo compreendeu uma *verdadeira* ciência da moral e, ao refutar o *método medieval*, negou também a *dialética* de Aristóteles (e a consequente lógica do *provável*), recorrendo método demonstrativo característico das ciências exatas.[54]

O jusracionalismo, ao fornecer as bases de sistematicidade e, consequentemente, de metodologia específica à sistematização/produção do conhecimento jurídico, aprofundou a tradição de construção dos *princípios gerais de direito* por via de elaboração dos "*conceitos gerais*". Há uma sensível modificação de paradigma nesse processo histórico, dado o abandono dos textos de Direito Romano e da dialética e, consequentemente, das *regulæ*. O triunfo da *razão natural* impôs uma consequente abstração e sistematização do Direito com vistas à construção de princípios com validade universal, ou seja, um sistema pelo qual seria possível a dedução de soluções detalhadas a partir de poucas premissas.[55] Nesse sentido, os princípios assumem uma importante função de sistematização do direito (do conhecimento jurídico), pois "terminam por constituir aqueles conceitos gerais que permitem que se fale em 'teorias gerais'".[56]

É possível afirmar, portanto, que as matrizes do pensamento aristotélico, tanto relativo aos princípios da ciência como aos princípios de obrar foram recebidas pelo pensamento jurídico ocidental e repercutiram também na noção de *princípios gerais de direito*. Isso ocorreu tanto sob a perspectiva da recepção do Direito Romano quanto pela própria reflexão metaética e ética acerca do Direito Natural. Nos séculos XVII e XVIII, verifica-se que a razão prática deixa de refletir uma *razão prudencial*, passando a ser configurada sob os moldes da razão científica aristotélica, isto é, como uma razão geométrica ou demonstrativa

---

[53] BOBBIO, Norberto; BOVERO, Michelangelo. *Sociedade e Estado na filosofia moderna*. Trad. Carlos Nelson Coutinho. 4. ed. Brasília: Brasiliense, 1994. p. 22-23.

[54] "A pretensão moderna de conhecimento das leis naturais é agora estendida à natureza da sociedade, ou seja, ao direito e ao Estado; também para estes devem ser formuladas leis com a imutabilidade das deduções matemáticas". WIEACKER, Franz. *História do direito privado moderno*. Trad. A. M. Botelho Hespanha. 3. ed. Lisboa: Calouste Goulbenkian, 2004. p. 288.

[55] STEIN, Peter. *Regulae iuris*. From justice rules to legal maxims. Edinburg: Edinburg University, 1966. p. 176.

[56] MAGALHÃES, Juliana Neuenschwander. O Uso criativo dos paradoxos do Direito: a aplicação dos princípios gerais do Direito pela Corte de Justiça Européia *in* ROCHA, Leonel Severo (org). *Paradoxos da auto-observação*: percursos da teoria jurídica contemporânea. Curitiba: JM, 1997. p. 260.

passível de ser operada também no campo da ética.[57] Na linha do que foi dito antes, portanto, há uma redução substancial do conceito de *ciência* na modernidade, decorrente da autoridade granjeada pelas ciências físico-matemáticas.[58]

No período das grandes codificações europeias, os princípios gerais sofreram uma expressiva *guinada* ao serem incorporados nos ordenamentos jurídicos de forma supletiva como se vê, por exemplo, no art. 7º do Código Civil Austríaco de 1811, cuja redação disciplinava que, *na ausência de lei e na falta de disposições análogas, o caso será decidido segundo os princípios gerais de Direito natural*. Ainda, o Código Civil Albertino de 1838, ao referir, no seu art. 1.815, que, os casos ainda duvidosos, deveriam ser decididos segundo os referidos princípios. O próprio Código Civil Italiano de 1865 seguiu a redação do seu antecessor referido, como se vê no seu art. 3º, ao dispor que nos casos em que a controvérsia não pudesse ser decidida com uma disposição legal, deveria ser levado em consideração as disposições relativas aos casos análogos e, se ainda restasse duvidoso, seria decidido conforme os princípios gerais de Direito. Enfim, o art. 6º do Código Civil Espanhol de 1888 segue idêntica senda,[59] sem esquecer o próprio conteúdo do art. 4º do Decreto-Lei nº 4.4657/42 (Lei de Introdução às Normas de Direito Brasileiro, anteriormente denominada de Lei de Introdução ao Código Civil Brasileiro), que dispõe: "quando a lei for omissa, o juiz decidirá o caso de acordo com a analogia, os costumes e os princípios gerais de direito". No direito codificado, portanto, os princípios gerais ingressam de forma supletiva às normas positivas para *fechar* o sistema jurídico, evitando, assim, a existência de lacunas e, também, evitar que essas últimas sejam supridas mediante a discricionariedade do intérprete.[60]

---

[57] PATTARO, Enrico. Al origen de la noción "principios generales del derecho": Lineamiento histórico-filosófico. *Boletin Mexicano de Derecho Comparado*, n. 59, p. 535 e p. 537, 1987. Disponível em: <http://biblio.juridicas.Unam.mx/revista/pdf/DerechoComparado/59/art/art5.pdf>. Acesso em: 27 set. 2015.

[58] GUARIGLIA, Osvaldo. *La ética en Aristóteles:* o la moral de la virtud. Buenos Aires: Eudeba, 1997. p. 72. O doutrinador anota, nesse contexto, que o próprio uso da expressão *epistēmē* pelos gregos fora mais liberal, coincidindo mais com o que denominados hodiernamente de *conhecimento (cognitio)*.

[59] COUSUELO, José Maria Díaz. *Los princípios generales del derecho*. Buenos Aires: Plus Ultra, 1971. p. 30-41. O doutrinador fornece muitos outros exemplos de codificações que seguiram idêntica senda, isto é, previram expressamente os princípios gerais de direito como fontes supletivas – ou subsidiárias – de direito (art. 3º do Código Civil Italiano/1942, art. 19 do Código Civil Mexicano/1928, § 2º, do Código Civil Suíço/1912, dentre outros).

[60] SANCHÍS, Luis Prieto. Teoria general del derecho *in* SANCHÍS, Luis Prieto (coord.) *Introducción al derecho*. Cuenca: Universidad de Castilla, 1996. p. 23-24. Entende-se, nesse sentido, oportuna a referência de Lenio Luiz STRECK quando aduz que os princípios foram introduzidos no Direito como um "critério positivista de fechamento do sistema" (*Hermenêutica jurídica e(m) crise:* uma exploração hermenêutica da construção do Direito. 10. ed. Porto Alegre: Livraria do Advogado. p. 139).

Dada a compreensão dos princípios supletivos das regras de direito positivo, sua discussão foi deslocada para a identificação de sua origem, isto é, se adviriam do Direito Natural ou se seriam resultado direto do Direito Positivo. Para os adeptos da origem no Direito Natural, os princípios representariam um conjunto de exigências de índole axiológica que servem de fundamento para as prescrições de direito positivo; para os adeptos do Direto Positivo, entretanto, seriam o resultado do estudo das normas jurídicas vigentes com o objetivo de obter tais diretrizes por meio do método indutivo.[61] Nesse contexto, a própria dogmática jurídica exerceu um papel importante para o reconhecimento dos princípios gerais como se observa no que WARAT denominou de *etapas do método dogmático*. Para o doutrinador, a primeira etapa da dogmática é constituída pela atividade de conceitualização do discurso jurídico. A segunda, por sua vez, implica a fixação dos dogmas jurídicos, elaboração de preposições, categorias e princípios obtidos a partir dos conceitos jurídicos e que, na cultura novecentista, são extraídos dos textos legais. Assim é que são obtidos princípios gerais, isto é, dogmas que fixam a pauta diretora e que passam ordenar teoricamente o funcionamento do conjunto de normas por meio dos institutos e demais construções jurídicas. Enfim, a terceira etapa é caracterizada pela sistematização significada pela constituição de uma disciplina específica, objeto de conhecimento em um sistema. Nesse momento, são estabelecidos conceitos e princípios com características de universalidade e invariabilidade e que marcam presença estrutural comum a todos os institutos e construções jurídicas. É nesse ponto, em suma, que se forma a dogmática geral ou teoria geral do direito.[62]

A dogmática construída a partir das codificações diferenciou os *princípios gerais de Direito* dos *princípios jurídicos*. Os primeiros pos-

---

[61] MAYNEZ, Eduardo Garcia. Los «principios generales del derecho» y la distinción entre principios juridicos normativos y no normativos *in Scritti giuridici in memoria di Piero Calamandrei*. Padova: CEDAM, 1958, vol. 1. p. 229. A discussão conta com grande lista de autores. Exemplificativamente, autores que entendem tais princípios como derivados do *Direito Natural:* ENTERRÍA, Eduardo García. *Reflexiones sobre la ley y los principios generales del derecho*. Madrid: Civitas, 1984. p. 67; VECCHIO, Giorgio del. *Los principios generales del derecho*. trad. Juan Ossorio Morales. Barcelona: Bosch, 1933. p. 23 e segs; RIPERT, George. *A regra moral nas obrigações civis*. Trad. Osório de Oliveira. Campinas: Bookseller, 2000. p. 39 e segs.; FRANÇA, Limongi R. *Teoria e prática dos princípios gerais de direito*. 2. ed. São Paulo: RT, 1971. p. 179. Exemplificativamente, autores que entendem esses princípios como derivados do próprio *Direito Positivo:* CARNELUTTI, Francesco. *Sistema de direito processual civil*. Trad. Hilmar Martins Oliveira. São Paulo: Classic Book, 2000, vol. I. p. 191; BOBBIO, Norberto. *Teoria do ordenamento jurídico*. 10. ed. Brasília: UnB, 1997. p. 158-159. GUASP, Jaime. *Derecho procesal civil*. Introducion y parte general. 3. ed. Madrid: Instituto de Estudios Políticos, 1968, vol. I. p. 51.

[62] WARAT, Luis Alberto. *Introdução geral ao direito*. A epistemologia jurídica da modernidade. Trad. José Luis Bolzan de Moraes. Porto Alegre: Sergio Antonio Fabris, 1995, vol II. p. 17-19.

suem caráter geral e com inspiração jusnaturalista;[63] os últimos, por sua vez, são elementos de organização e sistematização do conhecimento do Direito, formulados pela dogmática a partir das suas etapas acima descritas. No âmbito dessa *dogmática*, ainda, os princípios gerais acabaram sendo compreendidos como aforismos, estereótipos ou lugares-comuns, assumindo características de *fórmulas ocas* pelas quais são veladamente introduzidos, no sistema jurídico, determinados critérios axiológicos que permitem a obtenção da completude do sistema e cujo processo de incorporação ao Direito pretende regular. Assim, os princípios podem atuar como um modo indireto de redefinição das palavras da lei,[64] sendo que a *vagueza* de sentido permite a manutenção de certas ficções tão caras à citada dogmática como, por exemplo, a coerência e a completude do sistema jurídico.[65]

Em síntese, percebe-se que, no âmbito da dogmática jurídica, os princípios aparecem em duas grandes vertentes: **(i) os jurídicos**, que são produtos do estudo sistemático do Direito Positivo, característicos, portanto, da *ciência jurídica* e; **(ii) os gerais,** que constituem aforismos, estereótipos ou máximas do Direito Natural incorporadas ao sistema jurídico e podendo (ou não) serem regulados pela dogmática.[66] Essa duplicidade dificultou a acomodação dos princípios em uma disciplina específica, trazendo, por consequência, *confusões* em torno de sua estruturação e juridicidade. Ocorreu, portanto, uma dissociação não bem resolvida porque o trabalho dogmático inspirado por valores próprios do formalismo codificador e do próprio positivismo jurídico desembocou em compreensão *cientificista* dos princípios mas esses também assumiram uma axiologia moldada em aforismos e lugares-comuns advindas do jusnaturalismo e, nesse sentido, sequer apresentados de forma sistematizada. Vale a pena, pois, citar FIGUEROA, para quem *"se origina en los principios un conflicto de ideologías que, sin duda, reproduce ceirta*

---

[63] VECCHIO, Giorgio del. *Los principios generales del derecho.* Trad. Juan Ossorio Morales. Barcelona: Bosch, 1933. p. 06-07.

[64] Idem. p. 18-19.

[65] FIGUEROA, Alfonso García. *Principios y positivismo juridico:* el no positivismo principialista en las teorías de Ronald Dworkin y Robert Alexy. Madrid: Centro de Estudios Políticos y Constitucionales, 1998. p. 21.

[66] *"El positivismo jurídico, en su versión normativista, ha tendido a enfatizar la identificación de los principios generales com las reglas inducidas del propio sistema normativo; mientras que algunas de sus orientaciones dogmáticas y la jurisprudencia de conceptos conciben a los principios como aquellas categorías formales que resumen la quintaesencia de los conceptos jurídicos fundamentales. Para la Escuela histórica los principios jurídicos representaron preferentemente las fuentes tradicionales generadoras del derecho. En tanto que las diversas posturas iusnaturalistas han coincidido en potenciar la concepción axiológica de los principios".* LUÑO, Antonio Enrique Perez. Los principios generales del derecho: ¿um mito juridico? *Revista de Estudios Políticos (Nueva Época).* Espanha: Ministério de la Presidencia, n. 98, ouctubre-deciembre, p. 09, 1997. Disponível em: <http://www.cepc.gob.Es/publicaciones/revistas/revistaselectronicas?IDR=3&IDN=255&IDA=17117>. Acesso em: 15 set. 2015.

esquizofrenia de la que parecen adolecer muchos dogmáticos: positivistas e su ejercicio, iusnaturalistas de convicción".[67]

2.1.2. Mutações da tradição no período pós-guerra

A discussão em torno dos princípios ganhou novos contornos a partir do fim da Segunda Guerra Mundial. Com o processo de Nuremberg, constatou-se que determinados crimes praticados pelos dirigentes alemães não podiam ficar imunes à justiça, mesmo que tivessem ocorrido sob a égide – e resguardo – de leis vigentes à época ou mesmo na ausência de leis sancionadoras expressas.[68] Observou-se, para tanto, que a Lei Fundamental da República Federal da Alemanha, de 23 de maio de 1949, prescreveu a submissão dos juízes à lei e *ao Direito* no seu artigo 20.[69] Foi nesse contexto que o Tribunal Federal Constitucional alemão (TFC) foi demandado a julgar casos concretos ocorridos sob a vigência do direito nazista. "Pela tradição, este é um típico caso resolvido pela aplicação do adágio latino *tempus regit actum*. Contudo, isso significaria dar vigência às leis nazistas em pleno restabelecimento da democracia e fundação de um novo Estado".[70]

Na experiência jurídica alemã do Pós-Guerra, os impasses referidos foram resolvidos por via de uma argumentação fundada em princípios axiológicos-materiais capazes de remeter a justificação das decisões para fatores *extra legem* gerando, como consequência, a afirmação de um *direito distinto da lei*.[71] Essas foram as bases da construção

---

[67] Ver FIGUEROA, Alfonso García. *Principios y positivismo jurídico:* el no positivismo principialista en las teorías de Ronald Sworkin y Robert Alexy. Madrid: Centro de Estudios Políticos y Constitucionales, 1998. p. 41-42.

[68] PERELMAN, Chäim. *Logica jurídica*. Trad. Vergínea K. Puppi. São Paulo: Martins Fontes, 1999. p. 102.

[69] "*Artigo 20 [Princípios constitucionais – Direito de resistência]* (1) A República Federal da Alemanha é um Estado federal, democrático e social. *(2)* Todo o poder estatal emana do povo. É exercido pelo povo por meio de eleições e votações e através de órgãos especiais dos poderes legislativo, executivo e judiciário. *(3)* O poder legislativo está submetido à ordem constitucional; os poderes executivo e judiciário obedecem à lei e ao direito". ALEMANHA. *Lei Fundamental* da República Federal da Alemanha. Trad. Aachen Assis Mendonça. Berlin: Deuttscher Bundestag (Parlamento Federal Alemão), 2011. p. 31.

[70] DAWSON, John P. *The oracles of the law*. New York: William S. Hein & Co., 1968. p. 493.

[71] OLIVEIRA, Rafael Tomaz. *Decisão judicial e o conceito de princípio*. A hermenêutica e a (in)determinação do Direito. Porto Alegre: Livraria do Advogado, 2008. p. 60. Veja-se também: "*La possibilidad de que existan leyes que no constituam Derecho es para nosotros un princípio de una certeza incontrovertible. [...]. Pero, gracias a Dios, podemos incluso desde el punto de vista del Derecho positivo, apoyándonos en disposiciones como la de la Ley Fundamental, artículo 20, parágrafo 3, llegar a la conclusión de que semejante imposición no puede ser asimilada a lo que entienden las leyes fundamentales de Alemania occidental por vinculación de los jueces*". SCHMIDT, Eberhardt. La ley y los jueces: valores positivos y negativos del positivismo *in* RADBRUCH, Gustav; SCHMIDT, Eberhardt; WENZEL, Hans. *Derecho injusto y derecho nulo*. Trad. José Maria Rodrigues Paniagua. Madrid: Aguilar, 1971. p. 53.

de uma nova orientação jurisprudencial fundada em argumentos calcados em "cláusulas gerais", "enunciados abertos" e princípios, que remetiam a justificação das suas decisões para fatores externos à lei.[72] Com isso, abriu-se um novo registro capaz de tornar aquele Tribunal menos um "guardião da Constituição" e mais em garantidor da sua própria história jurisprudencial de modo autorreferenciada. O Tribunal, ao dispor dessa compreensão de Constituição, "encontra-se livre para tratar de litígios sociais como objetos cujo conteúdo já está previamente decidido na Constituição 'corretamente interpretada', podendo assim disfarçar o seu próprio decisionismo sob o manto de uma 'ordem de valores' submetida à Constituição".[73] Tal como o movimento do *direito livre*, esse hodierno Direito Natural também obteve um forte impacto e a adesão de inúmeros discípulos. Os juízes passaram a invocar livremente conceitos como "sentimento natural de justiça", "consciência pública" ou direito natural puro e simples, sendo que os textos de direito positivo servem para legitimar ("positivar") as ideias morais na forma predispostas pelas Cortes de Justiça.[74]

Em realidade, pode-se afirmar que problema do (re)assentamento jurídico no pós-Guerra tem dimensões mais amplas, pois a Alemanha pré-Nazista já contava com inúmeros adeptos ao movimento denominado de jurisprudência dos valores. Com a ascensão do nazismo, o Estado Totalitário subverteu as fontes jurídicas tradicionais por via de um retorno ao jusnaturalismo representado pela ideia de que, acima do direito positivo, existia uma ideia de Direito que incluía os valores do Nacional-Socialismo. Os juízes ficaram em uma situação de incerteza, tendo em vista que os novos princípios com os quais deviam interpretar as velhas fontes normativas eram vagos. Essa incerteza, por sua vez, interessava ao regime político instalado tanto por recusar uma racionalidade quanto por permitir quaisquer mudanças interpretativas necessárias ao poder.[75] O regime pós-Guerra, entretanto, *culpou* o positivismo jurídico pelas "degenerações nacional-socialistas" e, com base

---

[72] OLIVEIRA, Rafael Tomaz. *Decisão judicial e o conceito de princípio*. A hermenêutica e a (in)determinação do Direito. Porto Alegre: Livraria do Advogado, 2008. p. 60.

[73] MAUS, Ingeborg. O Judiciário como superego da sociedade e o papel da atividade jurisprudencial na "sociedade órfã". Trad. Martonio Lima e Paulo Albuquerque. *Novos Estudos*. São Paulo: Centro Brasileiro de Análise e Planejamento, n. 58, p. 191-192, 2000. Disponível em: <http://www.direitocontemporaneo.com/wp-content/uploads/2014/02/JUDICI%C3%81RIO-COMO-SUPEREGO-DA-SOCIEDADE.pdf>. Acesso em: 15 mar. 2015.

[74] DAWSON, John P. *The oracles of the law*. New York: William S. Hein & Co., 1968. p. 493.

[75] LOSANO, Mario G. *Sistema e estrutura no direito*. Trad. Luca Lamberti. São Paulo: WMF, 2010. p. 207-209.

nisso, buscou o caminho de reconstrução do Estado de Direito nas fontes jusnaturalistas.[76]

Vários doutrinadores passaram a tratar dessa temática a partir desse novo registro histórico, podendo destacar-se o pensamento de ESSER dentre esses. É que, para o doutrinador, a qualidade jurídica de um princípio não pode ser definida *em abstrato*, isto é, sem conhecer previamente o método de descobrimento do direito empregado em uma dada constituição. Entende, assim, que os princípios não atuam *per se* como criadores de normas porque extraem sua força – ou valor – da sua união com o ordenamento jurídico de forma a terem função bem definida nesse. Os princípios somente estão aptos para formarem normas quando acessíveis à uma argumentação de natureza jurídica, a partir dos pontos de vista da justiça e da adequação, fixados de forma que possam ser circunscritos do mesmo modo diante de uma dada *tarefa* ou *problema*.[77]

O doutrinador verifica, ainda, que, no âmbito do pensamento codificador moderno, tem-se introduzido uma multiplicidade de princípios como produto de uma invenção *aberta* que é convertida em parte de um pensamento de *aparência* puramente axiomática no qual as considerações de política jurídica e da própria casuística vinculam-se às questões voltadas às cláusulas gerais, normas em branco e outras instituições de recente criação e, portanto, estranhas à temática própria dos princípios.[78] Assim, o ESSER efetua uma classificação dos princípios em *axiomáticos* (no sentido construtivo moderno), problemáticos (ou ideias básicas em sentido retórico) e dogmáticos.[79] Dada a discrepância entre os critérios apontados, entende não ser possível realizar a conceituação unitária dos princípios,[80] razão pela qual realiza uma formulação negativa, aplicável para todas as categorias referidas: princípios jurídicos não se constituem preceitos jurídicos e, tampouco, normas jurídicas em sentido técnico, pois não contém instruções vinculantes de tipo imediato para um determinado campo de questões.[81]

Por último, cabe referir que ESSER identificou também importante diferença no trato da matéria *princípios* e *regras* no âmbito do *civil law* e do *common law*. Com efeito, para o autor, a primeira família de sistemas

---

[76] LOSANO, Mario G. *Sistema e estrutura no direito*. Trad. Luca Lamberti. São Paulo: WMF, 2010. p. 239-240.
[77] ESSER, Josef. *Principio y norma en la elaboración jurisprudencial del derecho privado*. Trad. Eduardo Valentí Fiol. Barcelona: Bosch, 1961. p. 88-89.
[78] Idem, p. 61-62.
[79] Idem, p. 61-62.
[80] Idem, p. 61-62.
[81] Idem, p. 65.

jurídicos possui uma diferenciação muito maior dos institutos em análise se comparada com a segunda. É que, naquela, a distinção não se dá em razão da *abstração* ou do *caráter geral* dos princípios jurídicos, mas pela possibilidade de precisar – ou não – *a priori* seus casos de aplicação. Os princípios não se constituem *instruções per se,* mas, sim, em causas, critérios e justificativas dessas. Assim, encontram-se incluídos na instrução enquanto *ratio legis,* determinando a posição dessa no âmbito do ordenamento jurídico. Os princípios até podem converterem-se em instruções concretas, desde que exista um sistema de dedução ou um método que estabeleça a constituição dessa norma partindo da casuística e que, em virtude dessa, sejam fixados os valores normativos ou constitutivos dos princípios.[82]

LARENZ partilha da posição de ESSER quando refere que os princípios jurídicos não são regras concebidas de forma muito geral às quais possam ser subsumidas situações de fato, também de forma muito geral. Os princípios jurídicos "carecem, antes, sem excepção, de ser<*em*> concretizados".[83] O doutrinador efetua uma análise dos vários graus de concretização dos princípios, apontando que, no seu grau mais elevado, não contém especificação de previsão ou de consequência jurídica, mas "só uma «ideia jurídica geral»". Os indícios de uma especificação de previsão e ou consequência jurídica ou, nas palavras de LARENZ, do "começo da formação de regras" são obtidos nos princípios subsequentes ou "subprincípios". Mas adverte que, mesmo esses, ficam muito longe de representar regras que possam ser aplicadas diretamente na resolução de casos particulares, sendo que tal concretização necessita de investigações ulteriores que "em primeiro lugar, já o legislador levou à cabo". Quanto à concretização final, essa é efetuada sempre pela jurisprudência dos tribunais. Enfim, partilha com ALEXY o entendimento de que os princípios podem entrar em contradição entre si, razão pela qual entende que o sistema jurídico está orientado, em última análise, ao " valor posicional dos princípios individualmente considerados".[84]

CANARIS, enfim, acrescenta que os princípios jurídicos possuem conteúdo axiológico explícito.[85] Não se pode considerá-los, todos, neces-

---

[82] ESSER, Josef. *Principio y norma em la elaboración jurisprudencial del derecho privado.* Trad. Eduardo Valentí Fiol. Barcelona: Bosch, 1961. p. 66-67.

[83] LARENZ, KARL. *Metodologia da ciência do direito.* Trad. José Lamego. Lisboa: Fundação Calouste Goulbenkian, 1996. p. 674.

[84] Idem, p. 675-676. Para o doutrinador, também existem princípios jurídicos que, "[...] condensados numa regra imedatamente aplicável, não só são *ratio legis,* mas, em si próprios, *lex".* (p. 682).

[85] CANARIS, Claus Wilhelm. *Pensamento sistemático e conceito de sistema na ciência do direito.* Trad. A. Menezes Cordeiro. 5. ed. Lisboa: Fundação Calouste Gulbenkian. p. 77.

sariamente como *portadores de unidade* e, assim, como *sistematizadores*.[86] O autor reconhece a existência de *subsistemas* jurídicos (exemplicando-os como o Direito das Obrigações, o Direito Sucessório, etc.) e, nesses, os princípios de uns podem não ser relevantes para outros e, por isso, "[...] uma parte dos princípios constituintes do sistema mais pequeno penetra, como 'geral', no mais largo e, inversamente, o sistema mais pequeno só em parte se deixa, normalmente, retirar dos princípios do mais largo".[87] Enfim, comunga com a ideia de que os princípios não valem sem exceção, podendo entrar em contradição – ou oposição – entre si, ostentado sentido próprio apenas em uma relação de complementação e restrição recíprocas.[88]

Também merecem referências as obras de DWORKIN e de ALEXY no âmbito da hodierna discussão acerca dos princípios de direito. DWORKIN efetuou, nas suas próprias palavras, um ataque ao positivismo jurídico, entendendo que esse se mostra *cego* ao papel central desempenhado pelos princípios na experiência cotidiana dos tribunais.[89] Assim, propõe um modelo de distinção de natureza *lógica* entre regras e princípios no qual as regras são aplicáveis à maneira do *tudo ou nada*, razão pela qual suas respostas são analisadas no âmbito da validade/invalidade ou, em outras palavras, se duas regras são conflitantes entre si uma delas não poderá ser válida. Já os princípios possuem uma dimensão de peso ou importância, algo que as regras não têm. O doutrinador concluiu que os princípios podem se entrecruzar, hipótese em que o aplicador terá de resolver os eventuais conflitos levando em consideração a força de cada um.[90] Sua tese, portanto, é de que o positivismo parte do pressuposto de que o Direito é um modelo de *regras* e que esse se mostra sua insuficiência especialmente para a resolução dos

---

[86] CANARIS, Claus Wilhelm. *Pensamento sistemático e conceito de sistema na ciência do direito.* Trad. A. Menezes Cordeiro. 5. ed. Lisboa: Fundação Calouste Gulbenkian. p. 79.

[87] Idem, p. 79.

[88] Idem, p. 88 e p. 92. Mais adiante, o doutrinador conclui: "Finalmente, os princípios necessitam, para a sua realização, da concretização através de subprincípos e de valorações singulares com conteúdo material próprio. De facto, eles não são normas e, por isso, não são capazes de aplicação imediata, antes devendo primeiro ser normativamente consolidados ou «notmativizados»". (p. 96) (o itálico está no original).

[89] DWORKIN, Ronald. *Levando os direitos à sério.* Trad. Nelson Boeira. São Paulo: Martins Fontes, 2002. p. 35. Nas palavras do autor: "Argumentarei que o positivismo é um modelo de e para um sistema de regras e que sua noção central de um único teste fundamental para o direito nos força a ignorar os papéis importantes desempenhados pelos padrões que não são regras". (p. 36). Todavia, é relevante observar que o *ataque* efetuado pelo autor foi dirigido a um modelo específico de positivismo, qual seja, a "versão de H. L. A. HART". (p. 35).

[90] Idem, p. 39-43.

denominados casos difíceis. Em sua visão, o direito constitui-se em um modelo de regras e princípios.[91]

ALEXY, por sua vez, compreende a distinção entre regras e princípios tendo em mira que esses últimos são normas que ordenam que se realize algo na maior medida possível em relação às possibilidades jurídicas e fáticas, enquanto as regras impõem cumprimento pleno. Assim, eventual conflito entre regras é resolvido no plano da *validez*, isto é, declarando-se a validade de uma e invalidade da outra. Os princípios, por sua vez, constituem *mandatos de otimização* que se caracterizam por serem cumpridos em diversos graus, e as colisões entre os princípios são resolvidas de forma a dar prevalência a um sem que isso implique declarar o outro inválido, nem que tenha de ser introduzida alguma cláusula de exceção.[92] Para o doutrinador, caso a atividade de sopesar (*ponderar*) princípios fosse resumida a um enunciado de preferências pessoais ou subjetivas, então essa não poderia ser considerada um procedimento racional, dando lugar a um modelo *decisionista*. A esse modelo, contrapõe o *fundamentado*,[93] razão pela qual conclui que uma teoria dos princípios exige um complemento via teoria da argumentação jurídica.[94]

Um balanço possível, relativo aos registros epistemológicos dos princípios gerais de Direito a partir do Período Pós-Guerra, é que partilha da pretensão (consciente ou não) de afastamento em relação tanto do modelo científico aristotélico seguido pelos juristas do jusracionalismo quanto ao positivismo jurídico novecentista, de forma a

---

[91] Isso fica melhor explicitado em outra passagem na qual explica as *mudanças* de uma regra de direito pelos juízes pela atividade de interpretação e reinterpretação, podendo resultar, disso, inclusive, a não-execução da "vontade do legislador". Ocorre que, se fosse *discricionário* o poder de o Tribunal mudar regras, então não haveria direito "nos termos do modelo positivista". No caso de mudanças de regras com base nos princípios, "[...] não é qualquer princípio que pode ser invocado para justificar a mudança; caso contrário, nenhuma regra estaria a salvo. É preciso que existam alguns princípios com importância e outros sem importância e é preciso que existam alguns princípios mais importantes que outros. Esse critério não pode depender das preferências pessoais do juiz, [...] se fosse assim, não poderíamos afirmar a obrigatoriedade de regra alguma". DWORKIN, Ronald. *Levando os direitos à sério*. Trad. Nelson Boeira. São Paulo: Martins Fontes, 2002. p. 59-60.

[92] ALEXY, Robert. Sistema jurídico, principios jurídicos y razón práctica. *DOXA – Cuadernos del Filosofía del Derecho*. Alicante: Departamento del Filosofía del Derecho Universidad de Alicante, nº 5, p. 143-150, 1988. Disponível em: <http://www.cervantesvirtual.com/portales/doxa/obra/n-5---1988/>. Acesso em: 14 set. 2015. O autor complementa dizendo que as regras, por sua vez, exigem seu cumprimento pleno o que pode, ou não, ocorrer, isto é, sendo válida, então haverá a obediência à sua determinação, nem mais nem menos.

[93] ALEXY, Robert. *Teoria dos direitos fundamentais*. Trad. Virgílio Afonso da Silva. 2. ed. São Paulo: Malheiros, 2011. p. 164-165.

[94] ALEXY, Robert. Sistema jurídico, principios jurídicos y razón práctica. *DOXA – Cuadernos del Filosofía del Derecho*. Alicante: Departamento del Filosofía del Derecho Universidad de Alicante, nº 5, p. 143-150, 1988. Disponível em: <http://www.cervantesvirtual.com/portales/doxa/obra/n-5---1988/>. Acesso em: 14 set. 2015.

inaugurarem uma nova etapa em relação à temática. Assim, os princípios jurídicos já não contam mais com o pressuposto de *causa primeira*, independentemente de sua configuração a partir do Direito Natural ou do Direito Positivo e, também, não são mais configurados a partir de um dado método de raciocínio.[95] Não que isso se configure uma novidade no cenário jurídico, eis que, no direito romano, ao serem obtidos a partir de resumos *a posteriori*, por meio do trabalho de recapitulação ou síntese do direito preexistente, já detinham características mais *consequencialistas*.[96] Nessa medida, também poderia ser referida a obra dos glosadores medievais que, a partir da identificação de um *problema*, extraíam os princípios por meio do método dialético, muito embora a introdução do conjunto de preceitos cristãos tenha contribuído para uma ideia de formação de princípios gerais no sentido de causas primeiras. Tal concepção dos princípios – como causas primeiras – pode ser encontrada de forma mais explícita no jusracionalismo. Em todos os caso, ocorre uma grande variação da metodologia empregada na busca e identificação desses princípios ao longo da história.

ESSER parece correto ao afirmar que existe uma discrepância substancial entre as diferentes definições de princípios, o que impede um trato unitário do tema e explica a disparidade de lições a respeito dentre os doutrinadores,[97] muito embora sofra críticas como a encontrada em KELSEN.[98] Também DWORKIN sofreu críticas doutrinárias: CARRIO, por exemplo, critica a diferenciação entre regras e princípios e o próprio espírito *antipositivista* do primeiro doutrinador. Para

---

[95] Josef ESSER, por exemplo, refere que os princípios axiomáticos – ou autênticos por possuírem valor de deduções – constitui uma limitação do conteúdo dos princípios a uma só técnica jurídica (*Principio y norma em la elaboración jurisprudencial del derecho privado*. Trad. Eduardo Valentí Fiol. Barcelona: Bosch, 1961. p. 65). Karl LARENZ, por sua vez, refere que os princípios e subprincípios jurídicos, pelas suas características, não formam um sistema dedutivo (*Metodologia da ciência do direito*. Lisboa: Fundação Calouste Goulbenkian, 1996. p. 676). Também Klaus Wilhelm-CANARIS, para quem os princípios gerais de direito são inadequados para fundamentar um sistema axiomático-dedutivo (*Pensamento sistemático e conceito de sistema na ciência do direito*. Trad. A. Menezes Cordeiro. 5. ed. Lisboa: Fundação Calouste Gulbenkian. p. 100).

[96] PUIGARNAU, Jaime M. Mans. *Los principios generales del derecho*. Repertorio de reglas, máximas y aforismos jurídicos. Barcelona: Bosch, 1947. p. XXXIII.

[97] ESSER, Josef. *Principio y norma em la elaboración jurisprudencial del derecho privado*. Trad. Eduardo Valentí Fiol. Barcelona: Bosch, 1961. p. 63.

[98] KELSEN realiza uma crítica direta à ESSER entendendo, em síntese, que os princípios ou são jurídicos (isto é, incorporados expressamente) ou são alheios ao Direito (como os da Moral, Política ou Costume). Esses últimos até podem influenciar a produção das normas individuais (leia-se, *decisões judiciais*), mas isso não implica em transforma-los em princípios jurídicos *per se*. Isso porque a influência desses princípios tem a autoridade da coisa julgada como fundamento de validade da decisão, e não o próprio Direito. (Ver KELSEN, Hans. *Teoria geral das normas*. Trad. José Florentino Duarte. Porto Alegre: Sergio Antonio Fabris, 1986. p. 146-147). O capítulo inteiro dessa obra, aliás, é voltado para a crítica da obra de ESSER, percebendo-se que KELSEN não vê sentido na identificação das discrepâncias conceituais dos princípios na forma propugnada por ESSER, resumindo a problemática dos princípios à autoridade da decisão que os utiliza/referencia.

tanto, chama atenção para o fato de que DWORKIN realiza seu *ataque* a um tipo específico de positivismo jurídico, qual seja, o professado por HART. Só que, ao realizar esse ataque, trata de insculpir um conceito de *regra* muito restrito, limitado ao binômio *"tudo ou nada"*. Assim, esquece que o positivismo atacado prevê hipóteses de regras muito gerais ou *standards*, que podem não exigir condutas específicas de seus destinatários.[99] Ainda, que as regras podem conviver com exceções variadas e que, portanto, existe a pretensa diferenciação lógica entre regras e princípios.[100] Nessa medida, CARRIO sustenta que nada obsta que o conjunto de pautas de segundo nível, primordialmente dirigidas aos juízes e que servem para ajustar, ampliar ou restringir, as regras de primeiro nível, sejam também denominadas de regras, tal qual aquelas metas, objetivos, *polices*, exigências de equidade e de moral.[101] Assim, finaliza sua exposição com a assertiva de que a artilharia *dworkiana* dirigida contra um *"modelo e regras"* acabou, em realidade, por diferir substancialmente da teoria que pretendia atingir.[102]

ALEXY, por fim, também sofre críticas como, por exemplo, a formulada por STRECK. Para esse último, a (trans)formação dos princípios em *postulados* ou *mandados de otimização* tem, por trás, um projeto que não conseguiu superar o positivismo *lato sensu*.[103] Nesse sentido, o projeto do positivismo jurídico (*lato sensu*) representou a formação de um *sistema de regras*, do qual a *faticidade* (isto é, o mundo prático) ficou de fora. Os princípios são instrumentos que possibilitam reintroduzir a *faticidade* no mundo jurídico, sendo que concebê-los como mandados de otimização significa "[...] resgatar a abstratalidade da regra e afastar o mundo prático ínsito aos princípios".[104] Ao fim, portanto, se cabe

---

[99] CARRIÓ, Genaro. *Principios juridicos y positivismo juridico*. Buenos Aires: Abeledo-Perrot, 1970. p. 58. Mesmo HART refere textualmente que "[...] é seguro que não tencionava sustentar através do uso que fiz da palavra «regra» que os sistemas jurídios só contêm regras de «tudo ou nada» ou regras quase conclusivas. [...]. HART, L . A. *O conceito de direito*. Trad. A. Ribeiro Mendes. 2. ed. Lisboa: Calouste Gulbenkian, 1994. p. 327.

[100] CARRIÓ, Genaro. *Principios juridicos y positivismo juridico*. Buenos Aires: Abeledo-Perrot, 1970. p. 59.

[101] Idem, p. 63.

[102] CARRIÓ, Genaro. *Principios juridicos y positivismo juridico*. Buenos Aires: Abeledo-Perrot, 1970. p. 74. Nesse sentido, uma outra linha crítica constatada em doutrina ao pensamento de Dworkin é relativa a uma suposta falta de precisão da linguagem *dworkiana* sobre os princípios, o que pode ser observado pelo fato desses serem utilizados para referirem fenômenos diversos. (Ver LUÑO, Antonio Enrique Perez. Los principios generales del derecho: ¿um mito juridico? *Revista de Estudios Políticos (Nueva Época)*. Espanha: Ministério de la Presidencia, n. 98, ouctubre-deciembre, p. 09, 1997. Disponível em: <http://www.cepc.gob.Es/publicaciones/revistas/ revistaselectronicas ?IDR=3&IDN=255&IDA=17117>. Acesso em: 15 set. 2015.

[103] STRECK, Lenio Luiz. *Verdade e consenso*. Constituição, hermenêutica e teorias discursivas. 4. ed. São Paulo: Saraiva, 2011. p. 225.

[104] Idem, p. 225.

ao intérprete ponderar (hierarquizar e escolher) o princípio ou a regra aplicável, mostra-se possível perguntar qual a real diferença entre o "intérprete ponderador" e o "intérprete positivista" que, de forma discricionária, escolhe a "melhor" interpretação.[105]

Conclui-se, portanto, com NERY JUNIOR, ao referir que o pecado mais sério da doutrina atual é o de tratar esse tema de forma *sincrética*, "[...] misturando-se as teorias que se utilizam de critérios e parâmetros distintos uns dos outros".[106] Para se falar em princípios, mostra-se imprescindível um prévio acordo sobre o método (critério) usado para a sua adequada identificação.[107] Fora disso, é incorrer no risco de promover-se o sincretismo antes referido, misturando-se espécies e naturezas diversas, contribuindo, portanto, para o seu uso descriterioso e propiciando dessa forma, em última análise, que qualquer decisão possa ser justificada a partir do uso daqueles.

2.2. (*Além* ou *Aquém* do princípio na) construção dogmática do processo

2.2.1. Um breve escorço histórico

Pode-se visualizar o *livre* convencimento como um dos frutos resultantes da fusão do direito romano e germânico. Com efeito, a *actio* romana, situada no âmbito do *ordo privatorum judiciorum*, desenvolvia-se em duas fases distintas entre si: uma primeira fase, *in iure*, que ocorria perante o magistrado, que era encerrada com a *litiscontestatio* por meio da redação de uma *fórmula*. A segunda, denominada de *apud iudicem*, desenvolvia-se perante o *iudex*, cidadão romano que recebia a formula do magistrado e que julgava o litígio nos limites dessa, por meio de uma sentença.[108]

Para o exercício das suas atribuições, o magistrado instituía conselho próprio, formado por *experts* que haviam estudado o direito e,

---

[105] STRECK, Lenio Luiz. *Verdade e consenso.* Constituição, hermenêutica e teorias discursivas. 4. ed. São Paulo: Saraiva, 2011. p. 235-236. As expressões em aspas são utilizadas com essas no original. Mais abaixo, o doutrinador conclui que: "Parece-me que o positivismo, neste ponto, era mais explícito. E mais sincero". (p. 236).

[106] NERY JUNIOR, Nelson. *Princípios do processo na Constituição Federal.* Processo civil, penal e administrativo. 9. ed. São Paulo: Revista dos Tribunais, 2009. p. 35.

[107] Idem, p. 35.

[108] BUZAID, Alfredo. Do agravo de petição no sistema do código de processo civil. 2. ed. São Paulo: Saraiva, 1956. p. 18.

assim, poderiam auxiliá-lo nas suas atividades.[109] O *iudex,* por sua vez, também formava o seu próprio conselho, formado por pessoas experientes. Não se vislumbram regras de predeterminassem *como* deveriam ser julgados os litígios, salvante os limites desse julgamento representados pela fórmula. Daí por que possível afirmar que o *iudex* era dotado de liberdade para decidir, muito embora a existência dos conselhos antes referidos também demonstre que tal liberdade não era total, já que não havia *"[..] librado completamente a su propia y a menudo poco iluminada conciencia, sino que debía recabar de la ciencia de los demás las luces que a é el faltaban".*[110]

Com a queda de Roma no ocidente, a prática judiciária germânica sucedeu o direito romano na Europa ocidental. Essa orientava-se em uma concepção de direito e de processo profundamente diferente da romana porque espelhava uma cultura voltada à crença na intervenção divina no mundo dos homens, a qual cuidava de tomar partido a favor de quem tem razão e contra quem não a tem[111] (daí propiciar o *Juízo de Deus,* cujo instrumento era o ordálio[112]). Em síntese, pode-se afirmar que, enquanto a *actio* romana visava ao convencimento do magistrado, o processo germânico tinha por objetivo alcançar um juízo divino,[113] razão pela qual a função do juiz estava orientada para estabe-

---

[109] SCIALOJA, Vittorio. *Procedimiento civil romano:* ejercicio y defensa de los derechos. Buenos Aires: Ediciones Jurídicas Europa-America, 1954. p. 124. O autor conclui: "[...] *y esto resulta fácil de comprender porque, tenendo que ejercer la jurisdicción personas que a menudo no habían hecho estudio alguno de derecho (sabido es que los magistrados romanos se elegían las más de las veces por razones políticas y no por razones de capacidad especial en la administración de justicia), era naturalmente necesario que se ilustraran por medio de consejeros expertos. Estos consejeros se llaman assessores; porque, efectivamente, se sentaban en torno al magistrado".*

[110] Idem, p. 125.

[111] CHIOVENDA, Giuseppe. *Saggi di diritto processuale civile* (1894-1937). Milano: Giuffré, 1993, vol. secondo. p. 213.

[112] "No latim bárbaro *Ordalia* é evidente derivação de *Urtell (Urtheil* em alemão, julgamento)". HERCULANO, Alexandre. *Opúsculos.* Coimbra: Imprensa da Universidade, 1885, vol. 05. p. 401 (nota nº 127). Os ordálios constituíram-se em um sistema probatório comum na resolução dos litígios cíveis e penais introduzidos na Europa com as invasões bárbaras após a queda de Roma. Constituem-se em uma grande variedade de técnicas utilizadas em diferentes situações, de acordo com as tradições particulares e com base nas escolhas feitas pelos juízes ou pelas partes sendo, o mais comum (e mais duradouro) o duelo judicial, no qual as partes ou seus campeões combatiam perante os juízes. Outras formas de ordálios também foram comuns como, por exemplo, a *prova d'água,* a prova do *calderão fervente,* a prova do *ferro incandescente,* a prova *do fogo* e respectivas variações. Todos esses meios estavam situados no âmbito dos denominados *juízos divinos,* visto que fundados na premissa de que Deus, uma vez requerido a assistir as partes, deveria determinar diretamente o resultado da prova e tornar evidente a inocência ou a culpa do sujeito que a ela se submetera. Cf. TARUFFO, Michelle. *Uma simples verdade.* O juiz e a construção dos fatos. Trad. Vitor de Paula Ramos. São Paulo: Marcial Pons, 2012. p. 18-19.

[113] Parte da doutrina refere que tal Juízo, instrumentalizado pelo ordálio, representou um primitivo e irracional direito à prova (vide, por exemplo, CAENEGEM, R.C. van. *Uma Introdução histórica ao direito privado.* Trad. Carlos Eduardo Lima Machado. São Paulo: Martins Fontes, 2000. p. 27). Outros, entretanto, ressaltam que uma avaliação como essa incorre nos riscos da interpretação

lecer *quem deve realizar a prova e com quais meios*. Uma vez realizada essa tarefa, caberá, ao juiz, tão somente averiguar a realização dessa prova. A convicção individual do juiz não assume qualquer importância, sendo possível afirmar mesmo que a (*livre*) valoração do magistrado não teria qualquer sentido no contexto desse sistema processual.[114] Afinal, o "[...] triunfo, ou malogro da causa depende unicamente do bom, ou mau êxito na produção da prova, não entrando o juiz na apreciação do seu merecimento, mas tão-só na verificação se foi, ou não realizada".[115]

Cabe referir que o sistema dos ordálios foi gradativamente suprimido ao longo da Idade Média, merecendo destaque o ano de 1215, quando o Papa Inocêncio III impôs, no Concílio Laterano, a proibição dos ordálios como meio de prova para o estabelecimento da vitória ou derrota em controvérsias judiciárias.[116] Verdade é que essa proibição derivou de um longo processo histórico, não havendo, aí, propriamente um movimento ruptural em relação ao estágio em que se encontrava a cultura jurídica medieval de então. Cita-se, como exemplo, o reino Lombardo, formado no século VI, como resultado da conquista lombarda sobre grande parte da península itálica e que manteve em Pavia (sua capital) um tribunal supremo e uma importante escola de direito na qual o direito longobardo e legislações romano-barbáricas eram ensinadas àqueles que se tornariam juízes ou notários. Ali, o direito romano permaneceu sendo ensinado em um ambiente cultural elevado no qual os juristas longobardos permaneceram utilizando o latim,[117] sendo esse um modelo representativo de uma transição historicamente precoce do modelo germânico dos ordálios para o moderno modelo de provas. Em que pese os primeiros documentos jurídicos escritos – a exemplo do Edito de Rotário (643) – seguirem, em linhas gerais, o modelo germânico tradicional quanto ao processo, é possível verificar que os juízes lombardos não estavam limitados estritamente à função de

---

de eventos passados à luz do pensamento contemporâneo. *V.g.* "Naqueles tempos, a vida cotidiana das pessoas era dominada pelo sangue e pela violência e estava profundamente imersa em um mundo místico repleto de milagres, santos demônios, bruxas e magos: em uma cultura desse gênero, dominada pelo *enchantment*, a convicção de que o divino pudesse desempenhar um papel importante na determinação da vida dos seres humanos podia parecer profundamente justificada. Mais especificamente, não havia qualquer extravagância em pensar que Deus devesse intervir na determinação de eventos importantes como as controvérsias judiciárias". TARUFFO, Michelle. *Uma simples verdade*. O juiz e a construção dos fatos. Trad. Vitor de Paula Ramos. São Paulo: Marcial Pons, 2012. p. 20.

[114] CHIOVENDA, Giuseppe. *Saggi di diritto processuale civile* (1894-1937). Milano: Giuffrè, 1993, vol. secondo. p. 213.

[115] BUZAID, Alfredo. *Do agravo de petição* no sistema do código de processo civil. 2. ed. São Paulo: Saraiva, 1956. p. 55.

[116] TARUFFO, Michelle. *Uma simples verdade*. O juiz e a construção dos fatos. Trad. Vitor de Paula Ramos. São Paulo: Marcial Pons, 2012. p. 18.

[117] Idem, p. 23.

verificação formal dos ordálios. Na realidade, mostra-se provável que levassem em consideração outros meios de prova antes daqueles.[118]

As reformas ulteriores àquele Edito – notadamente as realizadas por Liutprando – colocaram um novo conceito no centro da administração da justiça: da verdade objetiva ou *certa veritas,* considerada como o *escopo fundamental da produção das provas* e que, portanto, gerou um novo modelamento do processo para que aquela verdade fosse apurada.[119] Isso permitiu aos litigantes que carregassem, para o processo, provas orais e escritas para análise do juiz: "Os documentos tornaram-se rapidamente um tipo de prova muito comum [...]: a partir do século VIII a redação de documentos era uma prática corrente para qualquer tipo de acordo contratual e, portanto, era uma prática normal também sua utilização em juízo".[120] FERRAJOLI refere que o princípio da *livre* convicção e o repúdio das provas legais foram firmes durante a primeira fase da Idade Média, juntamente com o princípio *iuxta alligata et probata.* "Sentenciar segundo as provas e valorar estas com pura consciência, tendo Deus como juiz: eis aí a norma seguida nas escolas e tribunais".[121]

Acrescenta-se, ainda, que o florescimento das cidades na Europa Ocidental também contribuiu para novas exigências decorrentes da própria complexidade das relações sociais trazidas pelo progresso urbano e comercial verificado a partir do século XI. Este aumento da complexidade impulsionou, por sua vez, o domínio político e a formação de uma cultura literária profana, dentre outros. "Se este último facto incentivou o recurso à tradição romana, o primeiro fez crescer as necessidades de uma expressão oral e escrita precisa e de rigor nas concepções jurídicas".[122] Esse é o germe do surgimento da regulação legal na valoração da prova. Citam-se, como exemplo, as *Partidas,* documento legislativo a meio caminho entre um corpo legislativo e um manual e que regulou, de forma detalhada, diversos casos de valoração legal (além de uma proibição genérica dos ordálios).[123] Denota-se, também, na *Constitutio Criminalis Carolina* (1532), de Carlos V (Sacro Império Romano-Germânico), algumas regras atinentes à valoração legal

---

[118] TARUFFO, Michelle. *Uma simples verdade.* O juiz e a construção dos fatos. Trad. Vitor de Paula Ramos. São Paulo: Marcial Pons, 2012. p. 24.

[119] Idem, p. 27.

[120] Idem, p. 27

[121] FERRAJOLI, Luigi. *Direito e razão.* Teoria do garantismo penal. Trad. Ana Paulo Zomer Sica; Fauzi Hassan Choukr; Juarez Tavares *et allii.* 4. ed. São Paulo: Revista dos Tribunais, 2014. p. 180.

[122] WIEACKER, Franz. *História do direito privado moderno.* Trad. A. M. Botelho Hespanha. 3. ed. Lisboa: Calouste Goulbenkian, 2004. p. 41.

[123] FENOLL, Jorge Nieva. *La valoración de la prueba.* Madrid: Marcial Pons, 2010. p. 57.

da prova, bem como de *livre* valoração do juiz.[124] Importante frisar, entretanto, que esse isso não implicou a supressão do amplo leque de *livre* valoração da prova, até porque esse último não foi banido no âmbito das referidas *Partidas*. Em todo o caso, passou-se a verificar, a partir desse período, aplicações cada vez mais frequentes da valoração *fixa* (tarifada) da prova.[125]

O *livre* convencimento se constituiu, portanto, como uma das muitas reações dos movimentos codificadores dos séculos XVIII e XIX às instituições jurídicas medievais. Citam-se, como exemplos, os códigos processuais Frederico II (Prússia) e o de Napoleão (França) dentre outros.[126] De destacar, contudo, que ambas as codificações contam com matizes contextuais substancialmente diversas entre si. O *Code de Procédure* napoleônico de 1806 está inserido em um contexto ideológico de ruptura total com o direito antigo em face à Revolução que o precedeu e, portanto, tratou de materializar as exigências do primeiro liberalismo quanto à política judiciária,[127] apresentando importantes características conservadoras como, por exemplo, a manutenção da ideia do processo civil enquanto disputa entre cidadãos *livre*s e responsáveis em que não se fazia nenhuma iniciativa ou intervenção por parte da administração ou de um juiz.[128] Já a experiência alemã contou com o governo de *déspotas esclarecidos*, sendo que as reformas legislativas – e consequente edição do ZPO – foram fruto da deliberação de imperadores, reis e altos funcionários conquistados pelas novas ideias,[129] razão pela qual seu código foi resultado do trabalho de um corpo de juízes com alta qualificação técnica, e não obras de letrados. Na codificação processual alemã, portanto, foi possível verificar o dever de o tribunal investigar a verdade, mesmo se isso envolvesse o juiz em uma inves-

---

[124] FENOLL, Jorge Nieva. *La valoración de la prueba*. Madrid: Marcial Pons, 2010. p. 60.

[125] Para CALOGERO, a vulgarização do sistema de valoração legal guardava sintonia com o pensamento escolástico, dado que, pela sua sistemática de construção de raciocínio, era frequente a busca de fundamentação que corroborasse as conclusões do agente em textos de autoridades. (Ver CALOGERO, Guido. *La logica del giudice e il suo controllo in cassazione*. Padova: CEDAM, 1937. p. 75-77). FENOLL, entretanto, confere uma explicação mais pragmática acerca desse processo histórico, vinculado à própria lógica de funcionamento do *iudicium* medieval: [...] *lo que probablemente debió ocurrir es que igual que para los abogados debía ser más cómodo recurrir a estas normas de valoración legal, también lo era para los jueces, porque podían resolver los casos de forma prácticamente matemática, renunciando [...] proceder a una auténtica valoración de la prueba*. FENOLL, Jorge Nieva. *La valoración de la prueba*. Madrid: Marcial Pons, 2010. p. 68-69.

[126] CAENEGEM, R.C. van. *Uma Introdução histórica ao direito privado*. Trad. Carlos Eduardo Lima Machado. São Paulo: Martins Fontes, 2000. p. 185.

[127] WIEACKER, Franz. *História do direito privado moderno*. Trad. A. M. Botelho Hespanha. 3. ed. Lisboa: Calouste Goulbenkian, 2004. p. 531.

[128] CAENEGEM, R.C. van. *Uma introdução histórica ao direito privado*. Trad. Carlos Eduardo Lima Machado. São Paulo: Martins Fontes, 2000. p. 15.

[129] Idem, p. 170.

tigação que fosse além dos elementos apresentados pelas partes. Sua ideia de processo baseava-se nos princípios da *Instruktionsmaxime* e da *Offizialmaxime*, nas quais o *officium iudiciis* é o princípio condutor do processo civil. A tarefa do juiz é proteger o cidadão e convencer-se dos méritos do caso, independentemente das alegações das partes, mesmo quando nada dizem ou cometem erros.[130]

Em todo o caso, uma característica comum do processo judicial decorrente dos Estados Liberais pode ser encontrado no repúdio ao modelo de provas legais do medievo, tido como excessivamente teórico e complicado. Ainda assim, é possível verificar que esse não se constituiu em uma invenção verdadeiramente *"moderna"*,[131] o que pode ser dito, aliás, também sobre a própria ideia verdade judicial como uma verdade não necessária, mas, apenas, provável.[132] Daí, portanto, segue-se um passo para que a doutrina processual passasse a construir, de forma dogmática, o conteúdo do *livre convencimento*.

2.1.2. Dogmática "versus" princípio

CHIOVENDA fazia referência ao livre convencimento como um *princípio*. Para o doutrinador, o livre convencimento figura como um princípio geral sobre a prova, aduzindo que *"el derecho moderno rechaza el sistema de la prueba legal adoptando el princípio de que la convicción del juez deve formarse libremente"*.[133] Também defende que "o direito moderno proscreveu, na generalidade, o sistema da prova legal, agasalhando o princípio de dever a convicção do juiz formar-se livremente".[134] Contudo, adverte que são numerosas as reminiscências de outros *sistemas*, notadamente o da prova legal, parecendo tratar as categorias de princípio e de sistema como equivalentes em seu texto.

CARNELUTTI construiu premissas metodológicas mais precisas acerca do livre convencimento, ao diferenciar de forma mais clara juízos de fato e juízos de direito. Fez referência, nesse sentido, à regra

---

[130] CAENEGEM, R.C. van. *Uma introdução histórica ao direito privado*. Trad. Carlos Eduardo Lima Machado. São Paulo: Martins Fontes, 2000. p. 185.

[131] FERRAJOLI, Luigi. *Direito e razão*. Teoria do garantismo penal. Trad. Ana Paulo Zomer Sica; Fauzi Hassan Choukr; Juarez Tavares *et allii*. 4. ed. São Paulo: Revista dos Tribunais, 2014. p. 131.

[132] Idem, p. 111. Nesse sentido, pode-se rememorar lições modernas no sentido de que o processo obtém juízos de probabilidades, uma *verdade provável* que é alçada, com o trânsito em julgado da decisão, ao patamar de *certeza jurídica* (Cf. CALAMANDREI, Piero. Verità e Verosimiglanza nel processo civile. *Rivista di Diritto Processuale*. Padova: CEDAM, v. 10, parte 1. p. 166).

[133] CHIOVENDA, Giuseppe. *Principios de derecho procesal civil*. Trad. José Casais y Santalo. Madrid: Editorial Reus, 1925, tomo II. p. 282.

[134] CHIOVENDA, Giuseppe. *Instituições de direito processual civil*. Trad. Paolo Caitanio. 3. ed. São Paulo: Bookseller, 2002, vol. I. p. 110.

geral de *livre* valoração com base na liberdade de valoração das provas. Quanto à qualificação jurídica dos fatos, entretanto, refere que o magistrado deve seguir as normas legais: *"la reconstrucción libre de los hechos es la regla y, em cambio, su valoración libre es la excepción"*.[135] Contudo, sobre a qualificação jurídica do fato, o autor vai pontuar mais adiante que *"[...] el juez está vinculado en cuanto no puede elegir la norma fuera del campo legislativo; pero dentro de este campo se mueve con perfecta libertad, aun respecto a la inciativa de las partes"*.[136]

O doutrinador também refere a notória antítese entre prova livre e prova legal para, mais adiante, tecer considerações sobre a superioridade do princípio da prova livre sobre o princípio oposto.[137] Assim, faz referência a um princípio de prova livre, muito embora aparente alguma confusão – ou imprecisão – conceitual no uso dessa categoria pois também afirma que a avaliação livre e a legal correspondem a dois *princípios,* nenhum dos quais assume caráter de *regra* diante do outro.[138] Pelo exposto, não resulta claro se o doutrinador está laborando na perspectiva de regras ou de princípio ao tecer suas considerações sobre a livre convicção.

CALAMANDREI não faz referências à expressão "princípio" ao aludir a livre convicção ou persuasão racional; faz, sim, alusão à expressão "sistema": *"[...] por lo que se refiere a la valorización de las pruebas, la ley puede seguir, como se sabe, dos **sistemas** opuestos (o, como hace nuestro Código, um **sistema** misto); el de la libre convicción o de la persuasión racional [...] y el de a prueba legal"*.[139] O doutrinador explica que a valoração dos meios de prova é confiada ao Juiz, sem que seja obstado às partes efetuarem suas alegações em relação àquela[140] e o dever de *"[...] fundar las sentencias es um eficaz correctio de cuanto se podia encontrar de demasia-*

---

[135] CARNELUTTI, Francesco. *Derecho y proceso.* Trad. Santiago Sentis Melendo. Buenos Aires: Ediciones Juridicas Europa-America, 1971. p. 156-157.

[136] Idem, p. 160-161.

[137] CARNELUTTI, Francesco. *Sistema del diritto processuale civile.* Funzione e compozione del proceso. Padova: Cedam, 1936, vol. I. p. 580. Embora também afirme, logo após, que "se tal superioridade for indiscutível *quo ad justitiam*, não acontece o mesmo quando se tratar da incerteza, à qual, dentro de determinados limites, pode sacrificar a justiça no processo civil".

[138] Idem, p. 583. Ao final, *mescla* os dois princípios (ou, na confusão que estabelece, as regras) para aduzir que "o princípio retroexposto é precisado, pois, nos seguintes termos: as provas cuja avaliação não vem regulada pela lei, expressamente ou por analogia, avaliam-se de acordo com a prudência do juiz".

[139] CALAMANDREI, Piero. *Estudios Sobre el proceso civil.* Buenos Aires: Editorial Bibliografica Argentina, 1968. p. 381.

[140] "La valuación de los medios de prueba, por su parte, está confiada por la ley al Juez nada máx, sin impedir a las partes ilustrarle en esta obra sumamente importante y delicada. La valuación de las pruebas para la decisión es hecha por el Juez; pero la ley no prohibe ciertamente a las partes exponer al Juez la valuación hecha por las mismas". LESSONA, Carlos. *Teoria general de la prueba en derecho civil.* Trad. Enrique Aguilera de Paz. 3. ed. Madrid: Editorial Reus, 1928, vol. I. p. 438.

do arbitrario en el sistema del íntimo convencimiento".¹⁴¹ O doutrinador não nega que o sistema em exame possa ter seus defeitos, mas entende que esses são indubitavelmente menores que o sistema oposto (da prova legal).¹⁴² Nesse linha, aliás, também pode ser referido que LESSONA não menciona relaciona a expressão *princípio*, referindo-se ao livre convencimento como um *sistema*.¹⁴³

TARUFFO, enfim, entende que a livre convicção como um princípio que marca a racionalidade moderna no processo, posto que livre de vínculos formais e baseada em uma lógica de probabilidades *"inspirada en critérios científicos y en el sentido común, flexible y adaptable a las exigências de la verdad empírica"*.¹⁴⁴ O doutrinador alude às afirmações encontradas em doutrina no sentido de que esse princípio se constitui em *cláusula de estilo* em todas as legislações processuais, considerado inclusive como *fundamental* ou *geral*. Mas adverte que *"[...] dicho principio sufre frecuentemente excepciones relevantes y, especialmente, que no supone em absoluto el uso de métodos racionales para la valoración de las pruebas"*.¹⁴⁵ O doutrinador aduz, ainda, que o *princípio* em causa *"[...] supune também la libertad de este de escoger, entre el material probatorio incorporado a la causa, los elementos que considere significativos y determinantes para la decisión sobre el hecho"*.¹⁴⁶ Também faz referência ao *"princípio"* do livre convencimento do juiz como oposto ao *"sistema"* de prova legal,¹⁴⁷ donde pode se vê que ambas as expressões são utilizadas sem um critério metodológico definido.

COUTURE também não faz referência, em sua obra, a um *princípio* de livre convencimento, mas, sim, de um *método* (de decisão). Assim é que afirma que, por *"[...] la libre convicción, debe entenderse por tal aquel modo de razonar que no se apoya necesariamente en la prueba que el proceso exhibe al juez, ni en medios de información que pueden ser fiscalizados por las partes. Dentro de ese <u>método</u> [...]"*.¹⁴⁸ Em outras passagens, entretanto,

---

¹⁴¹ LESSONA, Carlos. *Teoria general de la prueba en derecho civil*. Trad. Enrique Aguilera de Paz. 3. ed. Madrid: Editorial Reus, 1928, vol. I. p. 356.

¹⁴² Idem, p. 441.

¹⁴³ Idem, p. 439.

¹⁴⁴ TARUFFO, Michelle. *La Prueba de los hechos*. Trad. Jordi Ferrer Beltrán. 2. ed. Madrid: Trotta, 2005. p. 395.

¹⁴⁵ Idem, p. 398.

¹⁴⁶ Idem, p. 402.

¹⁴⁷ COMOGLIO, Luigi Paolo; FERRI, Corrado; TARUFFO, Michelle. *Lezione sul processo civile*. Bolonha: Mulino, 1998. p. 523. A passagem em referência aduz que: *"Il problema della valutazione delle prove in senso proprie si pone [...] quando há modo di aplplicarsi il principio del libero convincimento del giudice (ar. 116, comma 1). Esso costituisce inverso l'antitesi del sistema della prova legale [...]"*.

¹⁴⁸ COUTURE, Eduardo. *Fundamentos del derecho procesal civil*. Buenos Aires: Roque Depalma Editor, 1958. p. 273.

afirma a livre convicção como um princípio, demonstrando a mesma ausência de critério metodológico de outros doutrinadores já apontada anteriormente. Enfim, aponta uma preocupação com o que se pode entender como o problema da discricionariedade judicial ao *método* em questão[149] para advertir, que *"el sistema de la libre convicción llevado hasta sus últimos límites, no es sino un régimen voluntarista de apreciación de la prueba, paralelo con el del derecho libre preconizado para la interpretación de la ley"*.[150]

ARAZI, por sua vez, reproduz em linhas gerais as lições vertidas por COUTURE, fazendo referências ao *sistema* em questão, que *"[...] exige un proceso lógico de razonamiento, debiendo el juez explicar dicho proceso"*.[151] MELENDO também refere o *sistema* de livre convicção motivada como intermediário entre a livre convicção e o da prova legal. Não faz alusão, portanto, a um princípio de processo em relação ao tema em análise.[152] RODRIGUEZ, a seu turno, entende que a livre valoração constitui um princípio que confere ao julgador apreciar o valor ou força de convicção dos meios probatórios. Embora faça referência, nesse contexto, à faculdade discricionária do juiz, refere que essa não é absoluta, pois essa margem de atuação está limitada às noções da *ciência da prova*, que exclui e circunscreve aquela liberdade. O *"juez, al pesar el valor de las pruebas, solo puede tener por establecido o por veradero el hecho controvertido cuando, de las pruebas producidas para demonstrarlo, aparezca claramaente excluída toda duda de lo contrario"*.[153]

Cabe anotar, no contexto da análise doutrinária aqui elaborada, a crítica de GORPHE que, sem fazer referências a algum princípio ou sistema de valoração, cuida de se opor a uma concepção puramente subjetiva de convicção do juiz.[154] Para o doutrinador, a moderna concepção racional de provas deve ser resultado de um exame analítico dos fatos submetidos à prova e uma apreciação crítica *de todas as circunstâncias pró e contra*. Dessa forma, *"[...] se eleva así, dentro de lo posible, desde el nivel de la simple creencia subjetiva al del verdadero conocimiento objetivo,*

---

[149] COUTURE, Eduardo. *Fundamentos del derecho procesal civil*. Buenos Aires: Roque Depalma Editor, 1958. p. 274.

[150] Idem, p. 275.

[151] ARAZI, Roland. *La prueba em el proceso civil*. 3. ed. Buenos Aires: Rubinzal – Culzoni, 2008. p. 208.

[152] MELENDO, Santiago Sentis. *La prueba:* los grandes temas del derecho probatorio. Buenos Aires: Ediciones Juridicas Europa-America, 1979. p. 258.

[153] RODRIGUEZ, Tulio Enrique Espinosa. *La valoración de la prueba en el proceso*. Bogotá: Temis Bogotá, 1967. p. 63-64.

[154] GORPHE, François. *Las resoluciones judiciales*. Estudio Psicológico y Forense. Trad. Luis Alcalá-Zamora y Castillo. Buenos Aires: Ediciones Jurídicas Europa-América, 1953. p. 116.

basado sobre razones impersonales, de natureza capaz para imponerse a cualquer otro juez".[155]

CABRITA, ao examinar a livre apreciação de provas pelo juiz, refere que esse decidirá segundo sua *prudente* convicção acerca de cada fato, salvo em relação àqueles para cuja a lei exija alguma formalidade específica. Essa análise tem natureza crítica e exige: **(i.)** indicação das ilações extraídas dos fatos instrumentais; **(ii.)** especificação dos demais fundamentos que foram decisivos para a sua convicção; **(iii.)** sejam considerados os fatos admitidos por acordo, provados por documentos ou por confissão escrita; **(iv.)** compatibilização de toda a matéria de fato adquirida no processo e; **(v.)** extração dos fatos a partir das presunções impostas por lei ou por regras de experiência. A doutrinadora também refere que inexistem formas absolutamente consagradas e infalíveis de proceder essa análise crítica, verificando-se várias estruturas e formulações utilizadas para tanto. Em todo o caso, essa análise crítica deve – idealmente – ser elaborada de forma a permitir que qualquer pessoa possa compreender quais os meios de prova concretos que basearam a determinação do fato como provado – ou não – bem como as razões pelas quais esses foram considerados críveis e idôneos para sustentar tal juízo.[156]

Em *terrae brasilis*, anota-se, em obras de doutrina processual, a referência ao *princípio* do livre convencimento do juiz. Assim é que MARQUES aduz que, pelo princípio em exame, o juiz aprecia livremente os elementos probatórios no processo, sem vincular-se a critérios aprioristicos de supremacia de uma prova sobre a outra. Contudo, o autor parece demonstrar a mesma indefinição conceitual sobre a categoria princípio, pois entende que o "princípio da livre convicção se situa entre o sistema da prova legal e o sistema do julgamento *segundo conscientiam*".[157]

MARTINS faz referências à preocupação com a discricionariedade judicial. Para tanto, alude que a atribuição de poderes discricionários ao juiz não significa lhe atribuir poderes indeterminados. Então, tais poderes são definidos e limitados, sendo que as partes os observam

---

[155] GORPHE, François. *Las resoluciones judiciales*. Estudio Psiológico y Forense. Trad. Luis Alcalá-Zamora y Castillo. Buenos Aires: Ediciones Jurídicas Europa-América, 1953. p. 118.

[156] CABRITA, Helena. *A fundamentação de facto e de direito da decisão cível*. Coimbra: Coimbra, 2015. p. 181-183.

[157] MARQUES, José Frederico. *Instituições de direito processual civil*. Campinas: Millenium, 2000, vol. II. p. 122. Vide, por exemplo, sua afirmação: "A regra da livre convicção não desvincula o juiz das provas dos autos: *quodi non est in actis non est in mundo*. No entanto a apreciação dessas provas não fica dependendo de critérios legais discriminados *a priori*. O juiz só decide com a prova dos autos, mas avaliando-as segundo o critério da crítica são e racional".

e fiscalizam por meio do dever de motivação das decisões judiciais.[158] Assim é que refere a existência do princípio da liberdade do juiz na apreciação da prova, reforçando, entretanto, a exigência de que o juiz indique, em sua decisão, os motivos determinantes do seu convencimento.

Por outro lado, SANTOS faz referência ao sistema da persuasão racional, o qual concebe como equidistante dos dois outros conhecidos (livre convicção e valoração legal da prova). Menciona, ainda, que a convicção do juiz está condicionada aos fatos nos quais se funda a relação jurídica controvertida, às provas desses fatos constantes nos autos, às regras legais e; máximas de experiência e motivação.[159]

A seu turno, BAPTISTA DA SILVA usa as expressões *princípio* e *sistema* como equivalentes para explicar que esse é intermediário entre a prova legal e o livre convencimento que "impõe ao juiz a observância das regras lógicas e das máximas de experiência comum considerando ilegítima, por exemplo, uma convicção que o juiz haja formado exclusivamente com base numa intuição pessoal".[160] Também refere que o instituto confere uma iniciativa probatória que se reconhece com bastante *largueza* ao juiz pelos sistemas processuais modernos. Esse *sistema* pressupõe, no juiz, condições pessoais de independência e maior capacidade intelectual e cultural do que a exigida ao magistrado sujeito ao sistema de avaliação legal da prova. Por outro lado, "[...] o dever de fundamentar a sentença, indicando os elementos de prova de que se valeu para formar sua convicção, é uma garantia contra o arbítrio da persuasão racional".[161] Por fim, entende que existe uma íntima relação entre o princípio da oralidade[162] e o convencimento pois aquele pressupõe um juiz em condição de avaliar livremente a prova que oralmente recebe, tirando dela, sem limitações técnicas, o próprio convencimento.[163]

ASSIS refere que o sistema processual brasileiro rejeitou os sistemas de íntima convicção e de apreciação legal da prova, adotando

---

[158] MARTINS, Pedro Baptista. *Comentários ao Código de Processo Civil* (Decreto Lei nº 1.608, de 18 de setembro de 1939). Rio de Janeiro: Forense, 1940. p. 341.

[159] SANTOS, Moacyr Amaral. *Prova judiciária no cível e comercial*. 3. ed. São Paulo: Max Limonad, 1968, vol. 1. p. 346-347.

[160] BAPTISTA DA SILVA, Ovídio Araújo; GOMES, Fábio Luiz. *Teoria geral do processo civil*. 4. ed. São Paulo: Revista dos Tribunais, 2006. p. 306.

[161] Idem, p. 307.

[162] Idem, p. 52.

[163] Idem, p. 55. Esse argumento, aliás, é aprofundado por RIBEIRO, para quem o campo mais fecundo da oralidade é o da prova. Nessa linha, a realização do convencimento (não só da prova dos fatos, mas, também, das circunstâncias constantes dos autos) é melhor contextualizado no âmbito das regras da oralidade. (ver em RIBEIRO, Darci Guimarães. *Provas atípicas*. Porto Alegre: Livraria do Advogado, 1998. p. 42-43).

o princípio da livre apreciação (art. 118 do CPC/1939; art. 131 do CPC/1973 e art. 371 do CPC/2015). Refere que esse sistema não vincula, em regra, "[...] o juiz à força probante de certa prova, permitindo-lhe liberdade para formar a respectiva convicção a veracidade, ou não, das alegações de fato controvertidas".[164] Mas, logo a seguir, deixa claro que essa livre apreciação é relativa, pois existem situações legais que subordinam o juiz ao reconhecimento da veracidade de certas alegações de fato.

THEODORO JÚNIOR, a seu turno, refere que o CPC/2015 adotou o sistema do *livre* convencimento motivado ou persuasão racional, visto que o convencimento não é livre ou arbitrário, restando condicionado às alegações das partes e provas nos autos. Além disso, existem certos critérios legais para a apreciação das provas e, também, determinadas presunções legais que não podem ser ignoradas. Também o juiz fica adstrito às regras de experiência somente nos casos em que faltam normas legais sobre as provas e, por fim, as decisões devem ser sempre fundamentadas e tratar sobre todos os pontos suscitados pelas partes de sorte a impedir o julgamento arbitrário ou divorciado da prova.[165]

De todo o exposto, o que se percebe é que a doutrina não é precisa em relação à categorização da persuasão racional como *princípio* ou *sistema*, muito embora seja uníssona em afirmar que esse pertine ao campo relativo ao exame das provas ou, ainda, dos fatos. Nesse sentido, vários dos doutrinadores mencionados usam ambas as expressões como sinônimos ou equivalentes entre si, o que justifica, em parte, a denominação de *"princípio"* adotada pela jurisprudência brasileira. Entretanto, pode-se afirmar que a doutrina estabelece marcos precisos ao *livre* convencimento ao circunscrevê-lo à avaliação de provas.

2.3. Síntese possível (sincretismos e imprecisões do *livre* convencimento)

Ciente da advertência efetuada por NERY JUNIOR já mencionada, há de cuidar-se com o uso *sincrético* do termo *princípio*. O seu sentido aristotélico – enquanto causa primeira – não pode ser empregado ao se laborar com o instituto processual do *livre* convencimento, sendo

---

[164] ASSIS, Araken. *Processo civil brasileiro*. Parte especial: procedimento comum (da demanda à coisa julgada). São Paulo: Revista dos Tribunais, 2016, vol. III. p. 468. O doutrinador refere, ainda, que "esse método, por si só, colocou o órgão judiciário no ápice dos agentes políticos do Estado Constitucional Democrático".

[165] THEODORO JUNIOR, Humberto. *Curso de direito processual civil*. 56. ed. Rio de Janeiro: Forense, 2015, vol. I. p. 864.

que esse pode ser afastado ou limitado por regras legais relativas à prova como, por exemplo, o art. 444 do CPC/2015. O *livre* convencimento, se compreendido como um princípio, não pode ser configurado em um sentido axiomático, portanto.

Poder-se-ia cogitar em debater o instituto enquanto *princípio* no sentido aristotélico a partir de uma *formulação negativa* (para usar a expressão de ESSER), isto é, suprimindo em tese a regra-matriz que lhe dá suporte do sistema jurídico e verificar as consequências desse raciocínio. No caso da externalização do convencimento judicial, havendo – ou não – regras processuais fixadas em Leis Ordinárias, destaca-se que o art. 93, IX, da Constituição Federal dispõe sobre a obrigatoriedade de *fundamentação* das decisões judiciais e, portanto, em relação ao conteúdo dessa regra, mostra-se necessário verificar o que a própria Carta Política impõe/determina *a priori*, ou seja, antes das regras processuais ordinárias. Mesmo nesse caso, entretanto, o *livre* convencimento também não se sustenta como um princípio porque não se consegue extraí-lo do comando constitucional que obriga a *fundamentação* da decisão judicial.

Afirmar o *livre* convencimento como um *princípio derivado* ou subprincípio ou, ainda, um *princípio setorial* parece mais condizente com uma forma de organização do conhecimento jurídico de cariz positivista, principalmente com a construção *dogmática* do Direito à luz do *dado observável*, isto é, do direito positivo. Vale dizer, a identificação de certos princípios que constituem os elementos organizadores do estudo lógico-sistemático de uma dada disciplina especializada[166] como é o processo civil faz parte da própria elaboração do citado método. Nesse sentido, o emprego da expressão abandona o sentido aristotélico e passa a adotar outro, voltado a introduzir e organizar o estudo da disciplina do processo civil. Assim é que, apesar de constituir mais um dado extraído do conjunto de regras que disciplinam o processo, passa a ser compreendido como um conhecimento *a priori* que será referendado pelo futuro exame do Direito Positivo (do qual foi extraído), em uma circularidade cognitiva percebida de forma puramente abstrata.[167] As várias obras dogmáticas na área do processo civil intituladas de *"princípios"*[168] demonstram muito bem o argumento.

---

[166] OLIVEIRA, Rafael Tomaz. *Decisão judicial e o conceito de princípio*. A hermenêutica e a (in)determinação do Direito. Porto Alegre: Livraria do Advogado, 2008. p. 54.

[167] Idem, p. 54-55.

[168] É nesse sentido que deve ser entendida a expressão *princípio* contida em títulos de obras doutrinárias como a de Hans PLANITZ *(Princípios de derecho privado Germanico.* Trad. Carlos Melon Infante. Barcelona: Bosh, 1957), Marco Gerardo Monroy CABRA *(Princípios de derecho procesal civil.* Bogotá: Temis, 1974); Giuseppe CHIOVENDA *(Princípios de derecho procesal civil.* Trad. José Casáis y Santaló. Madrid: Reus, 1922), etc. Em todos esses, transparece a pretensão de organização e sistematização da disciplina processual com base no exame precípuo da legislação vigente.

Por fim, pode-se mencionar que não subsiste, na persuasão racional, algum veio que possa lhe conferir um caráter *problemático*. Sua construção histórica e dogmática não entra em choque com outras *regras* ou *princípios* do processo em face do seu estreito campo de incidência, sendo mesmo incabível uma eventual *"ponderação"* sobre sua aplicação. Entende-se, por isso, que não há espaço para a sua análise pelo crivo principiológico na ótica das teorias de DWORKIN ou ALEXY.

Unindo os fios de raciocínio, o aspecto *sincrético* de que adverte NERY JUNIOR parece ficar claro pelo contraste entre a acepção dogmática em que o *livre* convencimento – como expressão de um *princípio* – é utilizado pela doutrina e a axiomática com que é utilizada por decisões judiciais. Ironicamente, entretanto, ao utilizá-la na forma axiomática (ou seja, limitando a sua aplicação apenas ao exame da presença – ou não – de algum *iter* lógico da decisão), tais decisões judiciais acabam por sufragar certas lições do positivismo jurídico normativista.[169] De tudo isso, portanto, recomendável seria desfazer essas confusões – ou sincretismos – o melhor seria abandonar a expressão princípio para qualificar juridicamente o instituto da persuasão racional e utilizar, em seu lugar, a expressão *sistema*, tal qual parcela da doutrina a ser analisada mais adiante.

---

[169] Nesse sentido, o positivismo normativista se mostra substancialmente diverso do positivismo exegético do século XIX, pois nesse *o juiz não interpreta* (é caudatário da lei via *método* de subsunção e da dedução) enquanto aquele reconhece a presença da atividade discricionária do julgador nos seus múltiplos *modos* de interpretar e aplicar as regras: aliás, para KELSEN, existem mesmo várias possibilidades de aplicação jurídica, como já referido anteriormente. (ver, sobre o tema, STRECK, Lenio Luiz. *Jurisdição constitucional e decisão jurídica*. 3. ed. Porto Alegre: Livraria do Advogado, 2013. p. 206).

3. Objeto do processo

SANCHES refere que a palavra *objeto* é usada na terminologia comum com o sentido de *fim, finalidade, escopo* ou de *objetivo*. Nesse sentido, esmiuçou, na doutrina nacional, os mais variados escritos jurídicos que trazem a palavra *objeto* com aquele sentido. Importa notar, contudo, que o citado doutrinador adverte que *finalidade* ou *escopo* possuem significados inconfundíveis, os quais não podem ser compreendidos como equivalentes ao termo *objeto*. Ao doutrinador parece, portanto, conveniente fazer a distinção entre a *finalidade do processo* e *objeto do processo*.[170] Seguindo a sua senda, não se pretende tratar, aqui, do objeto do processo no sentido de *finalidade*. Nesse particular, pode-se referir SANTOS, quando aduz que aquilo que carece de *objeto* também carece de *finalidade*, mas, principalmente, que o primeiro tem sentido próprio, constituindo-se naquilo sobre o que se projeta a atividade jurisdicional ou processual em cada processo.[171]

Etimologicamente, a palavra *objeto* possui origem latina, sendo resultado de *ob* (preposição) + *jacio, jactum* ou *jacere* (verbo). A preposição *ob* significa *diante, defronte, à vista*, e o verbo *jacio, lançar, arremessar, estar num estado de arremessado*.[172] Daí por que o substantivo *objectus* designa algo que se põe diante de alguém ou de uma pessoa.

---

[170] SANCHES, Sydney. Objeto do processo e objeto litigioso do processo. *Revista da AJURIS*. Porto Alegre: Associação dos Juízes do Rio Grande do Sul, n. 16, ano VI, julho, p. 135, 1979. A delimitação é relevante. Veja-se, por exemplo, a doutrina que, ao se dedicar sobre o tema do processo, inicia sua exposição com o capítulo *"concepto, contenido y objeto del proceso"*, mas se debruça, nele, à determinação sobre o *fim* do processo (por exemplo, ALSINA, Hugo. *Tratado teorico practico de derecho procesal civil y comercial*. Buenos Aires: Compañia Argentina de Editores, 1941, tomo I. p. 232-233. FERRÁNDIZ também refere essa acepção na parte inicial da sua obra, destinando capítulo próprio ao exame dos *objetos gerais do processo* e, neles, realizando o delineamento de várias finalidades desse (FERRÁNDIZ, Leonardo Prietro-Castro. *Derecho procesal civil*. 5. ed. Madrid: Tecnos, 1989. p. 34-35).

[171] SANTOS, Andrés de la Oliva. *Objeto del proceso y cosa juzgada en el proceso civil*. Navarra: Aranzadi, 2005. p. 23.

[172] HECKLER, Evaldo (SJ); BACK, Sebald; MASSING, Egon. *Dicionário morfológico da língua portuguesa*. São Leopoldo: Unisinos, 1984, vol. III. p. 2253-2256. Os autores esclarecem que, com o prefixo, o *jac* passou para *jec* no próprio latim.

No processo civil, pode-se afirmar, de forma genérica, que o objeto do processo é aquilo (coisa no seu sentido amplo) que esse coloca diante do Estado-Juiz.[173] Nos processos regidos pelo princípio do dispositivo, a *res de qua agitur* (coisa de que se trata) constitui-se na *res in iudicio deducta* (coisa levada a juízo). Parcela da doutrina exclui desse objeto as denominadas questões processuais e certas questões incidentais porque, embora a atividade processual também recaia sobre essas últimas, as mesmas não guardam relação com o que justifica o processo e não justificam que a atividade jurisdicional se ponha em marcha se consideradas *per se*.[174]

A doutrina em geral aponta em relação à identificação do objeto do processo, um tema de grande importância, na medida em que contribui para a compreensão da demanda proposta e seus limites e, assim, para a investigação de fenômenos processuais correlatos como o da *litispendência, coisa julgada*, a cumulação de ações e outros.[175] A preocupação maior da teoria do objeto do processo é, portanto, determinar como o direito substantivo comparece no processo.[176] Todavia, o esgotamento dessa temática não é escopo desse trabalho, tampouco a análise exaustiva das suas consequências em relação aos institutos correlatos como os acima referidos. Sua análise será realizada à luz – e na medida – de interesse da compreensão da persuasão racional.

A legislação brasileira não recepcionou a expressão *objeto do processo* com um sentido unívoco. O CPC/1973, ao mencionar a palavra *objeto*, raras vezes o fez referindo o *objeto do processo* ou *objeto litigioso*. Sua utilização foi realizada com outros sentidos como o de pedido, ou como causa de pedir, ou ainda como pedido e causa de pedir, bem como ato processual, coisa (bem) ou prestação e até mesmo como decisão judicial. A expressão em exame não se encontra nem mesmo na

---

[173] DINAMARCO, Cândido Rangel. *Fundamentos do processo civil moderno*. 6. ed. São Paulo: Malheiros, 2010, vol. I. p. 305.

[174] SANTOS, Andrés de la Oliva. *Objeto del proceso y cosa juzgada en el proceso civil*. Navarra: Aranzadi, 2005. p. 24.

[175] Idem, p. 128. Também em LEONEL, Ricardo de Barros. Objeto litigioso do processo e o princípio do duplo grau de jurisdição *in* TUCCI, José Rogério Cruz e; BEDAQUE, José Roberto dos Santos. *Causa de pedir e pedido no Processo Civil* (questões polêmicas). São Paulo: Revista dos Tribunais, 2002. p. 343; ASSIS, Araken de. *Cumulação de ações*. 4. ed. São Paulo: RT, 2002. p. 103; DINAMARCO, Cândido Rangel. *Fundamentos do processo civil moderno*. 6. ed. São Paulo: Malheiros, 2010, vol. I. p. 339. CRESCI SOBRINHO, Elicio de. *Objeto Litigioso no Processo civil*. Porto Alegre: Sergio Antonio Fabris, 2008. p. 9. SANTOS, Andrés de la Oliva. *Objeto del proceso y cosa juzgada en el proceso civil*. Navarra: Aranzadi, 2005. p. 23; FERNANDEZ, Miguel Angel. *Lecciones de derecho procesal*. 2. ed. Barcelona: Promociones Publicaciones Universitarias, 1985. p. 16.

[176] MENDEZ, Francisco Ramos. *Derecho y proceso*. Barcelona: Bosch, 1978. p. 217. O doutrinador complementa: "Basta con observar este planteamiento para deducir que en el fondo late una concepción dualista del derecho y del proceso". Também em JAUERNIG, Othmar. *Direito processual civil*. Trad. F. Silveira Santos. 25. ed. Coimbra: Almedina, 2002. p. 203.

obra de BUZAID – autor do anteprojeto legislativo que resultou no CPC/1973 – pois esse doutrinador preferiu falar em *lide* para designar o mérito da causa. Nesse sentido, BUZAID repetiu lição de CARNELUTTI, definindo a lide "como o conflito de interesses qualificado pela pretensão de um dos litigantes e pela resistência do outro"[177] e, assim é que afirmou que a "lide é, portanto, o objeto fundamental do processo e nela se exprimem as aspirações em conflito de ambos os litigantes".[178] Daí por que, na legislação processual de 73, o vocábulo *lide* foi usado com o "inegável intuito de designar o mérito da causa",[179] sendo certo que seus dispositivos legais alternaram o uso de ambas as expressões (lide e mérito) com idêntico *sentido* ("objeto principal do processo").[180]

O CPC/2015, por sua vez, salvo na redação do seu art. 457,[181] manteve a tradição do Código revogado, na medida em que utiliza o termo *lide* como sinônimo de *mérito* em pelo menos 03 (três) dos seus dispositivos legais. Por outro lado, utiliza, ainda, a expressão mérito sem referência explícita à lide em outros 66 (sessenta e seis) dispositivos.[182] Além disso, empregou a palavra *lide* com significado diverso de *mérito* em alguns dos seus dispositivos,[183] fazendo também referências a *objeto* com diferentes sentidos. Verifica-se, assim, certa *polissemia*, tanto

---

[177] BUZAID, Alfredo. *Do Agravo de petição* no sistema do código de processo civil. 2. ed. São Paulo: Saraiva, 1956. p. 103.

[178] Idem, p. 104.

[179] DINAMARCO, Cândido Rangel. *Fundamentos do processo civil moderno*. 6. ed. São Paulo: Malheiros, 2010, vol. I. p. 300.

[180] Idem, p. 300. Muito embora o doutrinador identifique, no contexto daquele Código, usos da expressão *lide* de forma diversa à ideia de mérito.

[181] Nesse dispositivo legal observa-se a referência expressa ao *objeto do processo*: "Antes de depor, a testemunha será qualificada, declarará ou confirmará seus dados e informará se tem relações de parentesco com a parte ou interesse no objeto do processo".

[182] No *CPC/2015*, verifica-se o uso da expressão lide como mérito: *(i.) art. 113, III* (dispõe sobre a formação de litisconsórcio facultativo nos casos em duas ou mais tiverem comunhão de direitos ou de obrigações relativas à *lide*); *(ii.) art. 505* (dispõe que o juiz não decidirá novamente a mesma *lide*, salvo nas hipóteses que especifica) e; *(iii.) art. 509, § 4º* (dispõe que é vedado discutir de novo a lide no âmbito do incidente de liquidação). Ainda, diretamente a expressão *mérito*: *(i.) art. 4º* (direito de as partes obterem a solução integral do mérito em prazo razoável); *(ii.) art. 6º* institui o dever de cooperação entre os sujeitos do processo para que se obtenha, em tempo razoável, decisão de mérito justa e efetiva); *(iii.) art. 36, § 2º*, que veda a revisão do mérito da sentença estrangeira pela autoridade judiciária brasileira; *(iv.) art. 45, § 2º*, que veda o exame de mérito sobre pedido na hipótese em que especifica; *(v.) art. 57*, pelo qual, verificada a continência, será proferida sentença sem resolução de mérito em relação à ação contida e; ainda, em outras 61 (sessenta e uma) regras.

[183] Vide os seguintes dispositivos legais: *(i.) o art. 303* (dispõe sobre o requerimento de tutela antecipada em petição inicial com exposição da *lide*) e; *(ii.) art. 305* (dispõe sobre o requerimento de tutela cautelar em caráter antecedente com a indicação da *lide*). Em ambos os casos, o que o autor deverá indicar é "[...] a pretensão principal que pretende trazer depois ao exame do Poder Judiciário". DINAMARCO, Cândido Rangel. *Fundamentos do processo civil moderno*. 6. ed. São Paulo: Malheiros, 2010, vol. I. p. 300 e; *(iii.2.) denunciação da lide*, eis que, nessa, a *lide* designa, conforme uso tradicional, o *processo* (idem).

no CPC/2015, quanto no Código que lhe antecedeu, relativa ao uso de *objeto*, bem como a ausência de definição e ou conceituação de *lide* ou *mérito* nos referidos textos legislativos, muito embora, em relação aos dois últimos, aquelas legislações façam referência às hipóteses em que ocorrem as decisões de mérito,[184] estabelecendo a relação dessas com os limites da coisa julgada, etc. Contudo, se é possível extrair o referencial dogmático relativo à lide na Exposição de Motivos do CPC/1973, o mesmo não ocorre em relação ao CPC/2015. É que a Exposição de Motivos desse último silenciou a respeito da matéria, muito embora se verifique que a palavra *lide* transparece nas inúmeras discussões engendradas ao longo da sua tramitação na Câmara dos Deputados com o sentido claro de *mérito*.[185] Por fim, cabe a referência de que, se a expressão *objeto do processo* mostra-se relativamente refratária à redação das regras previstas no CPC/2015 (ressalvado seu art. 457), a mesma aparece na jurisprudência brasileira hodierna – em conjunto ou não – com a expressão *objeto litigioso*.[186]

---

[184] Ver o *art. 485* e o *art. 487* do CPC/2015, que estabelecem as hipóteses em que a decisão judicial não resolve o mérito ou que decide o mérito, respectivamente, cuja redação é muito próxima dos arts. 267 e 269 do CPC/1973.

[185] BRASIL. Câmara dos Deputados. *Relatório da Comissão Especial destinada a proferir parecer sobre o projeto de lei nº 6.025/2005 e nº 8.046/10, ambos do Senado Federal, e outros, que tratam do "Código de Processo Civil" (revogam a Lei nº 5.869/73)*. Brasília, 2012. p. 35. Disponível em: <http://www.camara.gov.br/proposicoesWeb/prop_mostrarintegra?codteor=1026407>. Acesso em: 14 set. 2015. Ver, exemplificativamente, fl. 31, 82, 97, 102, 105, 123, etc.

[186] BRASIL. Superior Tribunal de Justiça. *Recurso Especial nº 1.368.210 – SP*, da 3ª Turma. Recorrente: São Paulo Alpargatas S/A e San Remo Empreendimentos Comerciais Ltda. Recorrido: Os Mesmos. Relatora: Ministra Nancy Andrighi. Brasília, DF, julgado em 04 de junho de 2013. Disponível em: <https://ww2.stj.jus.br/processo/revista/documento/mediado/?componente=ITA&sequencial=1240402&num_registro=201202649647&data=20130617&formato=PDF>. Acesso em: 18 nov. 2016. Nesse mesmo sentido: BRASIL. Superior Tribunal de Justiça. *Recurso Especial nº 1.230.097 – PR*, da 4ª Turma. Recorrente: Silvana Galarca Moraes e outro. Recorrido: União. Relator: Ministro Luis Felipe Salomão. Brasília, DF, julgado em 06 de setembro de 2012. Disponível em: <https://ww2.stj.jus.br/processo/revista/documento/mediado/?componente=ITA&sequencial=1175958&num_registro=201100076880&data=20120927&formato=PDF>. Acesso em: 18 nov. /2016. Também em BRASIL. Superior Tribunal de Justiça. *AgRg no Conflito de Competência nº 52.424 – PB*, da 1ª Seção. Agravante: Telemar Norte Leste S/A. Agravado: Valdilene Félix de Andrade. Relator: Ministro Humberto Martins. Brasília, DF, julgado em 13 de fevereiro de 2008. Disponível em: <https://ww2.stj.jus.br/processo/revista/documento/mediado/?componente=ITA&sequencial=753318&num_registro=200501154175&data=20080303&formato=PDF>. Acesso em: 18 nov. 2016. Consta na ementa desse acórdão a assertiva de que a "[...] relação jurídica entre autor e réu foi delimitada pela coisa deduzida em juízo (res in iudicium deducta) em suma, o objeto litigioso do processo [...]". Por fim: "[...] o objeto do processo (pois neste incluem-se também as questões suscitadas pelo réu) é diferente do objeto litigioso, sendo este último a lide, ou o mérito, exclusivamente fixado pelo pedido do autor" (Manual de Direito Processual Civil, Arruda Alvim, vol. 1, Parte Geral, 7ª edição, Ed. Revista dos Tribunais, 2000, p. 370) [...]". BRASIL. Superior Tribunal de Justiça. *Recurso Especial nº 239.038 – CE*, da 2ª Turma. Recorrente: Fazenda Nacional. Recorrido: Raymundo Farias e outros. Relator: Ministro Franciulli Netto. Brasília, DF, julgado em: 17 de outubro de 2000. Disponível em: <https://ww2.stj.jus.br/processo/revista/documento/mediado/?componente=IMG&sequencial=61706&num_registro=199901052009&data=20010319&formato=PDF>. Acesso em: 18 nov. 2016.

Permanece atual, portanto, a lição de BAPTISTA DA SILVA, ao referir que uma das questões centrais na análise de um corpo legal, como o formado pelo Código de Processo Civil, diz respeito ao conjunto de regras que estabeleçam conceitos ou que alberguem doutrinas específicas esposadas pelo legislador. O doutrinador inquire se tais regras devam ser entendidas como *sóis* ao redor dos quais devem girar constelações menores ou se, pelo contrário, devam – como as demais – ser inseridas no contexto global do sistema de forma a se acomodar harmonicamente às *proposições básicas do conjunto*.[187] No caso, uma maior aproximação do conceito de *objeto do processo* e respectivas distinções com as *questões* por esse engendradas se mostrará útil para fins de exame da sua eventual correlação com o *livre* convencimento.

3.1. Objeto e *mérito* do processo

Na perspectiva etimológica, a palavra *mérito* tem origem no latim *"merescere"*, incoativo de *merere*, que significa ganhar, merecer, receber. *"Mer"*, por sua vez, tem raiz grega, significando parte ou divisão (parte de alguma coisa).[188] Como se vê, os termos *mérito* e *objeto* (do processo) não são sinônimos entre si em uma perspectiva etimológica, sendo que a sua aproximação conceitual no plano jurídico é fruto de construção doutrinária. Como SANTOS, portanto, deixa-se assentado que *mérito* significa objeto do processo.[189]

A tradição jurídica brasileira liga-se ao método italiano centrado na *ação*,[190] a qual tem como centro de convergência, razão pela qual o objeto do processo é estudado sob o prisma da teoria do *trea eadem*.[191]

---

[187] BAPTISTA DA SILVA, Ovídio Araújo. *Sentença e coisa julgada* (ensaios e pareceres). 4. ed. Rio de Janeiro: Forense, 2003. p. 104.
[188] HECKLER, Evaldo (SJ); BACK, Sebald; MASSING, Egon. *Dicionário morfológico da língua Portuguesa*. São Leopoldo: Unisinos, 1984, vol. III. p. 2704-2705.
[189] SANTOS, Andrés de la Oliva. *Objeto del proceso y cosa juzgada en el proceso civil*. Navarra: Aranzadi, 2005. p. 24.
[190] Ciente da aguda crítica no sentido de "[...] não haver, nem na doutrina dos juristas romanos e nem nos juristas modernos clássicos, qualquer preocupação com o estudo da 'ação' processual [...]". BAPTISTA DA SILVA, Ovídio. *Processo e ideologia*. O paradigma racionalista. Rio de Janeiro: Forense, 2004. p. 167. Anota-se que o presente estudo não tem, como escopo, o aprofundamento – e respectiva problematização – do tema *ação*. Daí porque assume que a ação (processual) é o direito público e subjetivo imediato de exercer, contra o Estado, a pretensão de uma tutela jurídica, podendo ser compreendida também como um direito subjetivo pois o seu exercício se faz de forma a individualizar *o que entende ser seu*. (Cf. RIBEIRO, Darci Guimarães. *La pretensión procesal y la tutela judicial efectiva*. Hacia una teoría procesal del derecho. Barcelona: Bosch, 2004. p. 87 e p. 90). No mesmo sentido: CARVALHO, Milton Paulo. *Do Pedido no processo civil*. Porto Alegre: Sergio Antonio Fabris, 1992. p. 66.
[191] "*El objeto del proceso, o lo que es lo mismo la acción, viene constituido por tres elementos esenciales que lo identificam*". DEU, Teresa Armenta. *La acumulacion de autos* (reunion de procesos conexos). Madrid:

"Diversamente do que ocorreu com a doutrina do direito alemão, que procurou determinar o objeto litigioso partindo da ideia de pretensão, os autores italianos preferiram o defini-lo, servindo-se da ideia de ação".[192] Nesse sentido, alemães e italianos divergem em relação ao cerne do polo metodológico do estudo do objeto do processo, sendo que os primeiros o realizaram pelo prisma da pretensão enquanto que, os segundos, pela ideia de *ação*.[193] A doutrina processual brasileira segue a tradição italiana, definindo o objeto do processo por meio dos elementos da demanda, isto é, partes, pedido e causa de pedir.[194]

Verifica-se, portanto, que expressão *objeto do processo* encontra maior eco no direito processual alemão, devendo muito à existência – e imprecisão – do conceito legal de *Anspruch* constante na ZPO como será melhor visto abaixo, não sendo assimilada com essa dimensão pelas regras jurídicas que compõem o processo civil brasileiro. Em realidade, a lei processual pátria prefere as expressões "lide" e "mérito", reconhecendo-se, nesse sentido, que BUZAID é responsável pelos padrões dogmáticos que permeiam as regras que compõem o direito processual brasileiro, ao menos na vigência do CPC/1973.[195] Essa terminologia permanece no CPC/2015 sem maiores soluções de continuidade.

Montecorvo, 1983. p. 165. Lição similar também pode ser referida: *"[...] secondo l'impostazione tradizionale, [...] l'oggetto del processo e del conseguente giudicato sostanziale attraverso gi elementi di identificazione dell'azzione o, più esattamente, del diritto fatto valere in giudizio [...]"*. PISANI, Andrea Proto. *Lezioni di diritto processuale civile*. Napoli: Dott. Eugenio Jovene, 1996. p. 66. Ou, ainda, *"[...] rende evidente che l'oggetto sostanziale del processo si determina preminentemente attraverso l'esercizio dell'azzione [...]*. MANDRIOLI, Crisanto. *Corso di diritto processuale civile*. Torino: G. Giappichelli, 1973, vol. I. p. 103. Aliás, ROCCO prefere falar em objeto do direito de ação e, não, em objeto do processo (ROCCO, Ugo. *Tratado de derecho procesal civil*. Parte general. Trad. Santiago Sentís Melendo y Marino Ayerra Redín. Buenos Aires: Depalma, 1969, vol I. p. 373-374). Nesse sentido, também pode ser encontrado em FERRÁNDIZ, Leonardo Prietro-Castro. *Derecho procesal civil*. 5. ed. Madrid: Tecnos, 1989. p. 99. No Brasil, vale anotar lição de Araken de ASSIS (*Cumulação de Ações*. 4. ed. São Paulo: RT, 2002. p. 105). Em outra obra, o doutrinador citado refere que: "no direito brasileiro, o art. 337, § 2º, «do CPC/2015» encarregou-se de ministrar um critério seguro para caracterizar esse objeto «do processo», que reside na ação afirmada pelo autor e individualizada por seus três elementos – as partes, a causa de pedir e o pedido". (ASSIS, Araken de. *Processo civil brasileiro*. Parte Geral: fundamentos e distribuição de conflitos. São Paulo: Revista dos Tribunais, 2015, vol. I. p. 315.

[192] BUZAID, Alfredo. Da lide: estudo sobre o objeto litigioso *in Estudos e pareceres de direito processual civil*. São Paulo: Revista dos Tribunais, 2002. p. 111. De outro lado, a doutrina esclarece que os "autores alemães, aliás (mesmo os mais modernos), jamais se apegaram ao conceito de ação e à sua colocação metodológica ao centro do sistema, ou em polo de destaque. [...] o estudo de temas que os processualistas latinos colocam em torno da ação, num capítulo de primeira grandeza na teoria do processo, os germânicos pulverizam em outros capítulos, sem conferir à ação esse poder magnético de polarização a que estamos habituados nós". DINAMARCO, Cândido Rangel. O conceito de mérito em processo civil. *Revista de Processo*. Rio de Janeiro: Forense, ano IX, vol. 34, abril-junho, p. 35, 1984.

[193] Idem, p. 111.

[194] KIMMICH, Liane Boll. Teorias do objeto do processo no direito brasileiro e alemão *in* OLIVEIRA, Carlos Alberto Alvaro (org.). *Elementos para uma nova teoria geral do processo*. Porto Alegre: Livraria do Advogado, 1997. p. 167.

[195] ASSIS, Araken de. *Cumulação de ações*. 4 ed. São Paulo: RT, 2002. p. 121.

Abaixo, serão averiguadas diferentes concepções doutrinárias acerca do objeto do processo – aqui entendido como sinônimo de mérito. Claro que, em uma primeira aproximação, seria possível dizer que o objeto do processo é o *caso* (ou o sucesso histórico com relevância jurídica), já que a jurisdição se utiliza do processo como instrumento para resolução dos *casos concretos*. Contudo, essa aproximação não se mostra muito precisa em vista dos processos regidos pelo princípio dispositivo.[196] Enfim, em que pese ser possível efetuar esse estudo à luz da divisão entre autores alemães e italianos, para fins desse trabalho, entende-se mais adequado fazê-lo com base nas delimitações relativas ao *conteúdo*, agrupando, em torno desse, as várias posições doutrinárias (e respectivos doutrinadores) estudados.

3.1.1. Mérito e lide

Não obstante a identificação da *lide* como o objeto do processo – ou o seu *mérito* – tenha inspiração confessadamente *carneluttiana* como dito acima, tal identificação não foi realizada pela obra de Carnelutti, ao menos nos termos claros e radicais como os professados por BUZAID.[197] De fato, ainda que CARNELUTTI tenha, em suas Instituições, definido a lide na forma citada por BUZAID, não há um estabelecimento explícito daquela como o objeto do processo, limitando-se, aquele doutrinador, em realidade, a definir o *objeto* da lide como *"objeto del interés es un bien. Tal es necesariamente también el objeto del conflicto de intereses y, por tanto, de la relación jurídica y de la litis"*.[198]

Dessa forma, a assertiva de que o "julgamento da lide é o julgamento do mérito da causa"[199] pode ser atribuída somente ao <u>próprio</u> BUZAID, muito embora esse doutrinador tenha reconhecido a pertinência da crítica de LIEBMAN relativamente à identificação da lide *carneluttiana* com o mérito da causa.[200] Para o Mestre italiano, é inegável o reconhecimento do valor teórico e sistemático da associação da lide com o mérito, muito embora isso somente poderia ser aceito com

---

[196] SANTOS, Andrés de la Oliva. *Objeto del proceso y cosa juzgada en el proceso civil*. Navarra: Aranzadi, 2005. p. 26-27.

[197] DINAMARCO, Cândido Rangel. *Fundamentos do processo civil moderno*. 6. ed. São Paulo: Malheiros, 2010, vol. I. p. 320.

[198] CARNELUTTI, Francesco. *Instituciones del proceso civil*. Trad. Santiago Sentis Melendo. Buenos Aires: Ediciones Juridicas Europa-America, 1973, vol I. p. 30.

[199] BUZAID, Alfredo. Da lide: estudo sobre o objeto litigioso *in Estudos e pareceres de direito processual civil*. São Paulo: Revista dos Tribunais, 2002. p. 122.

[200] BUZAID, Alfredo. *Do Agravo de petição no sistema do código de processo civil*. 2. ed. São Paulo: Saraiva, 1956. p. 95 e segs.

alguns *reparos*, já que nem sempre o *conflito de interesses* é submetido ao Juiz em sua inteireza (as partes é que decidem – de forma soberana – a porção do conflito a ser trazida ao conhecimento do Estado). Aliás, seria mesmo possível afirmar que não existe processo integral – isto é, que contenha toda a lide existente – pois não existem conflitos de interesses que não apresentem aspectos diferentes daqueles configurados pelos advogados ou, ainda, problemas secundários que as partes entenderam por bem ignorar. Assim, não há como associar a noção de objeto do processo com a de conflito de interesses em sua realidade pura. Aliás, mesmo a noção de *justa composição* é insuficiente, visto que o Juiz não resolve o conflito da forma que mais achar justa.[201]

LIEBMAN também refere que o autor da demanda deve expor ao juiz as circunstâncias fáticas e jurídicas que provocaram o conflito, bem como pedir uma providência concreta, que considere adequada para o caso, de forma a satisfazer seu interesse. Ora, nem sempre o conflito é tão simples que possa comportar uma única solução; pelo contrário, poderá dar lugar a tantas soluções diferentes entre si que cabe ao autor realizar o diagnóstico concreto do caso e escolher aquela solução que melhor lhe sirva, apresentando-a ao juiz para exame. Esse último, por sua vez, fica ligado e limitado pela escolha do autor.[202] Em síntese, o conflito de interesses não entra para o processo tal qual manifestado na vida real, mas, sim, indiretamente, conforme a feição e configuração que lhe dá o autor em seu pedido. Por tudo isso, o Mestre conclui que CALAMANDREI estava certo ao afirmar que o conceito *caneluttiano* de lide tem natureza sociológica, e não jurídica. O conflito de interesses existente fora do processo é a razão de ser ou, ainda, a causa remota, mas, não, o objeto do processo.[203] Nesse sentido, afirma que a lide se distingue rigorosamente do processo, sendo esse o *continente* e, aquela, o *conteúdo*.[204] Pode-se afirmar, com base na citada crítica *carneluttiana*,

---

[201] LIEBMAN, Enrico Tulio. O despacho saneador *in* LIEBMAN, Enrico Tullio. *Estudos sobre o processo civil brasileiro*. São Paulo: Saraiva, 1947. p. 127 e segs.

[202] Idem, p. 129-130.

[203] Idem, p. 130.

[204] Idem, p. 131. No mesmo sentido, José Louis ESTEVEZ entende que a teoria do conflito de interesses não pode ser aceita, porque padece do defeito de ser mais sociológica do que jurídica, além de deixar de fora as hipóteses de processos sem lide e não ser aplicável ao processo penal. Sua construção foi realizada sobre a noção de interesse, cuja compreensão é oscilante e imprecisa. (La teoría del objeto del proceso *in Anuario de derecho civil*. Madrid: Boletín Oficial del Estado. n. 2, vol. 2, 1949. p. 615-616). Não fossem essas críticas, a concepção *carneluttiana* de lide também merece *reparos* quando contrastada com as contingências atuais do processo, visto que se restringe ao âmbito privado, sendo insuficiente, portanto, para a compreensão das disputas que contrapõe interesses coletivos, difusos e questões ligadas ao próprio interesse do Estado ASSIS, Araken de. *Cumulação de ações*. 4. ed. São Paulo: RT, 2002. p. 51. Disso decorre que a "ideia de lide, no sentido original, caneluttiano, está praticamente abandonada pela doutrina brasileira". KIMMICH, Liane Boll. Teorias do objeto do processo no direito brasileiro e alemão *in* OLIVEIRA, Carlos Alberto

que só muito secundariamente a composição do litígio constitui o objeto do processo.[205]

A despeito da crítica acima, encontra-se em Thereza ALVIM que o objeto litigioso é a lide, definida pela doutrinadora como o "conflito de interesses tal qual trazido à juízo e delimitado pela pretensão do autor."[206] A doutrinadora *deseja deixar claro que, em seu entender*, "a lide somente existe no processo; é aquilo que, do conflito de interesses, é levado, perante o Estado-Juiz pelo autor, que lhe fixa os contornos para aplicação concreta da lei [...]".[207] CAMPOS, por sua vez, entende que o conceito de lide (junto com o de *questão*) é central no sistema processual brasileiro, a ponto de referir que as formulações *carneluttianas* constituem pontos de partida para a análise correta de institutos como a coisa julgada. Assim, mostra-se incorreto ignorar o tratamento técnico dado por aquele doutrinador aos conceitos de *lide* e de *questão*.[208] LEAL, por fim, entende que a matéria de mérito define a lide a que ser referia Carnelutti, visto envolver a litigiosidade entre as partes em torno de um bem da vida ou *res deducta in iudicium*. Nesse sentido, propugna que a lide constitua a qualidade ontológica do mérito ou, ainda, o discurso procedimental que narra o conflito e que tem raiz no espaço procedimental no *objeto mediato do pedido*, que é o mérito.[209]

3.1.2. Mérito e o complexo de questões (de mérito)

Uma outra corrente de pensamento compreendeu o *mérito* como o complexo de *questões*, levando DINAMARCO a concluir pela confusão conceitual que esses realizaram entre o *mérito* e as *questões* de mérito.[210] Com efeito, para LIEBMAN:

> O conhecimento do juiz é conduzido com o objetivo de decidir se o pedido formulado no processo é procedente ou improcedente e, em consequência, se deve ser acolhido ou rejeitado. Todas as questões cuja resolução possa direta ou indiretamente influir em tal decisão formam, em seu complexo, o *mérito da causa* [...]. Não se pode estabelecer

---

Alvaro (org.). *Elementos para uma nova teoria geral do processo*. Porto Alegre: Livraria do Advogado, 1997. p. 166.

[205] ECHANDIA, Hernando Devis. *Nociones generales de derecho procesal civil*. Madrid: Aguilar, 1966. p. 135.

[206] ALVIM, Thereza. *Questões prévias e limites da coisa julgada*. São Paulo: Revista dos Tribunais, 1977. p. 08.

[207] Idem, p. 09.

[208] CAMPOS, Ronaldo Cunha. *Limites objetivos da coisa julgada*. 2. ed. Rio de Janeiro: Aide. p. 44-46.

[209] LEAL, Rosemiro Pereira. *Teoria geral do processo*. Primeiros estudos. 6. ed. São Paulo: IOB Thomson. p. 113-114.

[210] DINAMARCO, Cândido Rangel. *Fundamentos do processo civil moderno*. 6. ed. São Paulo: Malheiros, 2010, vol I. p. 307.

qualquer regra sobre a ordem lógica em que as várias questões de mérito deverão ser examinadas: deverá o juiz, caso a caso, examiná-las e resolvê-las na ordem que lhe parecer mais conveniente.[211]

Daí por que o Mestre coloca, dentro do mérito, as *questões* que influem na sua decisão.[212] Idêntica linha pode ser apontado em CARNELUTTI, para quem o mérito (que, na sua obra, constitui o *"fundo"*) é o conjunto das questões materiais que apresenta a lide.[213] Em outras palavras, a decisão é a resolução das *questões do litígio*.[214] Tanto o é que refere, expressamente, que o pronunciamento de fundo se vincula com o princípio pelo qual o juiz deva se pronunciar sobre toda a demanda, isto é, sobre *todas as questões que tenha de resolver a fim de acolher ou rechaçar as conclusões propostas por cada uma das partes*.[215] Contudo, o doutrinador deixa claro que *questão* não é lide,[216] eis que aquela consiste em dúvida acerca de uma razão: quando uma afirmação compreendida na razão (da pretensão ou da discussão) possa engendrar dúvidas e, portanto, tenha de ser verificada, converte-se numa *questão*. Essa, por sua vez, pode ser definida como um ponto duvidoso, de fato ou de direito. Aquela, por sua vez, é um conflito de interesses, enquanto as questões constituem conflitos de *opiniões*.[217] Por isso, afirma que não só uma lide pode implicar várias questões como, também, uma questão pode interessar a várias lides.[218]

Ao estudar a legislação italiana então vigente, GARBAGNATI concluiu que o julgamento de mérito decorre da análise da *fattispecie* constitutiva do direito controvertido. A palavra "mérito" é usada, pois, para indicar não todo o complexo de questões cuja resolução pode influir no conteúdo do provimento jurisdicional de acertamento relativo à existência ou inexistência do direito controvertido, mas, unicamente,

---

[211] LIEBMAN, Enrico Tullio. *Manual de direito processual civil*. Trad. Cândido Dinamarco Rangel. 3. ed. São Paulo: Malheiros, 2005. p. 222-223. Em outra obra, entretanto, o Mestre associa o mérito do processo ao pedido, como será melhor visto abaixo.
[212] DINAMARCO, Cândido Rangel. *Fundamentos do Processo Civil Moderno*. 6. ed. São Paulo: Malheiros, 2010, vol. I. p. 307.
[213] CARNELUTTI, Francesco. *Instituciones del proceso civil*. Trad. Santiago Sentis Melendo. Buenos Aires: Ediciones Juridicas Europa-America, 1973, vol. I. p. 37.
[214] CARNELUTTI, Francesco. *Sistema del diritto processuale civile*. Funzione e compozione del proceso. Padova: Cedam, 1936, vol. I. p. 271.
[215] CARNELUTTI, Francesco. *Sistema del diritto processuale civile*. Atti del processo. Padova: Cedam, 1938, vol. II. p. 131.
[216] CARNELUTTI, Francesco. *Instituciones del proceso civil*. Trad. Santiago Sentis Melendo. Buenos Aires: Ediciones Juridicas Europa-America, 1973, vol. I. p. 36.
[217] CARNELUTTI, Francesco. *Sistema del diritto processuale civile*. Funzione e compozione del proceso. Padova: Cedam, 1936, vol. I. p. 353.
[218] CARNELUTTI, Francesco. *Instituciones del proceso civil*. Trad. Santiago Sentis Melendo. Buenos Aires: Ediciones Juridicas Europa-America, 1973, vol. I. p. 37-38.

o grupo de questões relativos à existência do fato constitutivo do direito afirmado processualmente pelo autor e à interpretação da norma jurídica que serão aplicadas sobre aquele.[219] Verifica-se, portanto, que o doutrinador entende como mérito um "grupo de questões" relativos ao fatos constitutivos, diferenciando-as, todavia, da *massa de questões* produzida em um processo.

MENESTRINA efetua a distinção, no processo, entre *pontos* – aqui significados pelos fundamentos ou defesas que tenham permanecidos incontroversos no processo, isto é, que as partes – ou o juiz, de ofício – não tenham levantado dúvida a respeito – e *questões* – aqui significados pela contestação de um ou mais *pontos*. Assim, o *ponto* contestado se torna uma *questão*.[220] O processo gera *pontos duvidosos* ao longo da sua tramitação, os quais são denominados de *questões* e que podem recair tanto sobre fatos sobre os direitos relativos à situação jurídico-material controvertida quanto sobre a própria regularidade do processo (condições da ação, pressupostos processuais), de onde se extrai a distinção entre questões substanciais e questões processuais. Pelo exposto, as questões relativas à relação material podem ser vistas como questões de mérito, muito embora não sejam, elas próprias, o mérito.[221] PALERMO, por fim, compreende a *questão fundamental da causa* como mérito, determinando aquela pelo contraste entre as razões deduzidas pelas partes em cotejo com a relação de direito substancial objeto do juízo. Mérito da causa é, portanto, o conjunto das questões relativas à relação substancial deduzida em juízo, as questões preliminares de mérito e as questões prejudiciais, salvo aquelas que digam respeito à competência.[222]

No Brasil, DINAMARCO critica a redação do inciso III do art. 458 do CPC/1973, que refere que, no dispositivo da sentença, o *juiz resolverá as questões que lhe foram submetidas*, visto que, no seu entender, a resolução dessas *questões* já terá ocorrido na segunda parte (fundamentação) da sentença, pois nessa são decididas todas as questões resultantes da controvérsia formada entre a *causa petendi* apresentada na petição inicial e *causa excipiendi* deduzida na contestação. O dispositivo, enquanto conclusão, constitui uma resposta do tipo *sim* ou *não* ao pedido formu-

---

[219] GARBAGNATI, Edoardo. Questioni preliminari di merito e questione pregiudiziali. *Rivista di diritto processuale*. Padova: CEDAM, vol XXXI (II serie), p. 259-260, 1976. Do mesmo doutrinador, também em Questione pregiudiciale *in* SANTORO-PASSARELLI, Francesco (dir). *Enciclopedia del diritto*. Milão: Giuffrè, 1987, vol. XXXVIII. p. 74.

[220] MENESTRINA, Francesco. *La prejudiciale nel proceso civile*. Viena: Manz, 1904. p. 121-123.

[221] DINAMARCO, Cândido Rangel. *Fundamentos do processo civil moderno*. 6. ed. São Paulo: Malheiros, 2010, vol. I. p. 309-310.

[222] PALLERMO, Antonio. *Il processo di formazione della sentenza civile*. Milão: Giuffrè, 1956. p. 96-97.

lado pelo autor, sendo que "isso não é resolver *questão*, mas decidir a pretensão mesma – ou, para quem preferir a linguagem *carneluttiana*, está aí a decisão da *lide*, ou sua *justa composição*".[223]

3.1.3. Mérito e demanda

Entende-se por demanda o primeiro ato do processo, ou seja, aquele que dá origem à relação processual. A demanda constitui-se em ato realizado pelo autor do processo, com a intenção de iniciá-lo e que traz dentro de si, uma pretensão processual. Desse conceito, depreende-se claramente que demanda e pretensão processual se constituem institutos diversos, sendo que o primeiro contém o segundo.[224]

É de DINAMARCO a advertência no sentido de apontar que as teorias que associam o mérito à demanda inicial não mostram muita preocupação por uma precisão conceitual em relação à palavra *demanda*.[225] CHIOVENDA, por exemplo, afirma que, pela sentença, o juiz recebe ou rejeita a *demanda* do autor.[226] Em outro momento, entretanto, refere que o objeto do processo é a vontade concreta da lei, cuja afirmação e atuação se reclama, assim como o próprio poder de reclamar-lhe a atuação, isto é, a ação.[227] Transparece, portanto, na obra do doutrinador, três diferentes elementos sob o âmbito do objeto do processo (demanda, atuação da vontade da lei e ação), muito embora deva-se dizer que os dois últimos estão, topograficamente, situados dentro de subcapítulo com denominação *"objeto do processo"* enquanto o primeiro, não. Nesse sentido, refere que o objeto do processo é: **(i.)** a vontade concreta da lei, de cuja atuação e existência se trata e; **(ii.)** o poder de *pedir* essa atuação.[228]

CALAMANDREI, por seu turno, realizou conhecido estudo no qual revisitou criticamente o conceito *caneluttiano* de lide, demonstrando que a lide não se constitui no objeto imediato do processo. Ao efe-

---

[223] DINAMARCO, Cândido Rangel. *Fundamentos do processo civil moderno*. 6. ed. São Paulo: Malheiros, 2010, vol. I. p. 309. Observa-se, todavia, que o legislador manteve, no art. 489, III, do CPC/2015, o dispositivo como *locus* no qual ocorrem *resolução das questões submetidas ao juiz*, em redação praticamente idêntica àquela existente no art. 458, III, do CPC/1973.

[224] RIBEIRO, Darci Guimarães. *La pretensión procesal y la tutela judicial efectiva*. Hacia una teoría procesal del derecho. Barcelona: Bosch, 2004. p. 121.

[225] DINAMARCO, Cândido Rangel. *Fundamentos do processo civil Moderno*. 6. ed. São Paulo: Malheiros, 2010, vol. I. p. 313.

[226] CHIOVENDA, Giuseppe. *Instituições de direito processual civil*. Trad. Paolo Capitanio. 3. ed. São Paulo: Bookseller, 2002, vol. I. p. 198.

[227] Idem, p. 71.

[228] CHIOVENDA, Giuseppe. *Principios de derecho procesal civil*. Trad. José Casais y Santalo. Madrid: Reus, 1922, tomo I. p. 100.

tuar uma reconstrução do conceito de lide das questões no pensamento *carneluttiano*, o doutrinador conclui que o juiz não toma contato (ou ciência) com a lide tal qual ocorrida fora do processo, mas, sim, tão somente com a sua porção colocada em evidência pela demanda do autor. Desse modo, o que é levado à presença do juiz não é a lide, mas, sim, a demanda, sendo certo que todos os problemas que devem ser resolvidos estão unicamente nessa última, sem necessidade alguma de ir mais além.[229]

Enfim, a associação entre mérito à demanda também é encontrada em MONTESANO quando refere que as sentenças de mérito são as que acolhem ou rejeitam a demanda, todas as demandas, uma ou alguma das demandas propostas no processo, apoiando-se, para tanto, no texto do art. 277 do Código de Processo Civil italiano de 1940.[230] Para MICHELI, o objeto do processo é o conteúdo das demanda proposta pela parte. O doutrinador menciona, ainda, que a *pretensão* constitui o conteúdo da demanda.[231] GUILLÉN entende que *demanda* possui várias acepções no âmbito do processo, destacando que pode ser entendida como: **(i.)** ato de postulação; **(ii.)** objeto sobre o qual versa o processo, ou seja, o conteúdo da pretensão que o autor faz valer por meio daquela e; **(iii.)** ato de incoação ou ato de iniciação (uma nova demanda promove um novo processo).[232] PISANI, enfim, destaca que o objeto do processo (e da coisa julgada) não constitui fato ou ato, mas sempre e somente o direito afirmado em juízo, o qual é determinado pelos três elementos clássicos – *trea eadem* (pessoas, pedido e causa de pedir). Assim, o objeto do processo é determinado com base na *demanda* do autor.[233] Na mesma linha, aliás, MENCHINI, para quem o objeto do processo é a situação subjetiva afirmada com a demanda, cuja existência é pronunciada pelo juízo[234] e, também, CARLI, ao dizer que a demanda determina o objeto do processo.[235]

---

[229] CALAMANDREI, Pierro. El concepto de "litis" en el prensamiento de F. Carnelutti *in Estudios sobre el proceso civil.* Trad. Santiago Sentis Melendo. Buenos Aires: Argentina, 1961. p. 290-291.

[230] MONTESANO, Luigi. Questioni preliminari e sentenze parziali di merito. *Rivista di diritto processuale.* Padova: CEDAM, vol. XXIV (II Serie), p. 581, 1969. O dado relativo ao texto legislativo citado é importante, visto que, conforme o doutrinador, naquele se encontra a seguinte referência: "«il collegio nel deliberare sul merito deve decidere su tutte le domande»".

[231] MICHELI, Gian Antonio. *Derecho procesal civil.* Trad. Santiago Sentis Melendo. Buenos Aires: Ediciones Juridicas Europa America, 1970. p. 36-37.

[232] GUILLÉN, Víctor Fairén. *Estudios de derecho procesal.* Madrid: Revista de Derecho Privado, 1955. p. 439.

[233] PISANI, Andrea Proto. *Lezioni di diritto processuale civile.* Napoli: Dott. Eugenio Jovene, 1996. p. 66-67.

[234] MENCHINI, Sergio. *I limiti oggettivi del giudicato civil.* Milão: Giuffrè, 1987. p. 45. Ver, nesse sentido, GIANNOZZI, Giancarlo. *La modificazione della domanda nel processo civil.* Milão: Giuffrè, 1958. p. 12-14).

DINAMARCO propõe alguns cuidados conceituais na associação de mérito à demanda. Ressalta que para os autores italianos, em especial os clássicos, *"domanda"* constitui o ato pelo qual o provimento jurisdicional é postulado (diferenciando-se da ação enquanto o *poder* de provocar o referido provimento). Nesse sentido, também explicita que, no direito alemão, *"Klage"* expressaria o pedido de tutela jurídica, diferente de *"Klagerecht"*, esse como o direito ao citado provimento. Para aqueles doutrinadores, portanto, pode-se falar em propositura da ação – não, da demanda – ou, ainda, de cúmulo de demandas – não, de ações – etc.,[236] sendo que a demanda – enquanto exercício da ação processual[237] – não corresponde ao mérito da causa, mas, tão somente, o veículo de algo externo e anterior ao processo. "A demanda é fato estritamente processual [...]. Ela é apenas o veículo da pretensão do demandante, entendida esta como uma aspiração a um determinado bem ou a determinada situação jurídica [...]".[238]

3.1.4. Mérito e pretensão

A palavra *pretensão* foi utilizada, pela primeira vez em doutrina, por WINDSCHEID no século XIX, em estudo que efetuou sobre a *actio romada* em confronto com *"Klagerecht"* germânica. Nesse estudo, o doutrinador acabou por concluir que a pretensão nasce da lesão a um direito, sendo que, em face daquela, surge um direito contra o violador, *direito esse que ainda não é o direito de ação*. O doutrinador denomina de *Anspruch* essa *tendência* que todo o direito tem de sujeitar a vontade alheia ao império próprio, terminologia essa que foi traduzida na Itália

---

[235] CARLI, Carlo. *La demanda civil*. Buenos Aires: LEX, 1977. p. 116.

[236] Veja-se, a respeito, o próprio texto normativo do CPC/2015, que emprega a expressão *demanda* no sentido de processo (ver, exemplificativamente, o *art. 12, § 2°, III*, que faz referência ao incidente de resolução de demandas repetitivas; *art. 46, §§*, que faz referência aos domicílios nos quais o réu será demandado; *arts. 51 e 52*, que fazem referência às pessoas jurídicas de direito público neles mencionadas, na qualidade de demandados; *art. 75, § 2°*, que faz referência à pessoa jurídica de direito privado nele mencionado, na qualidade de demandado; *art. 138*, que trata da intervenção do *amicus curiae* tendo em conta o tema objeto da demanda, etc.) ou, ainda, de pedido (ver, exemplificativamente, o *art. 324, § 1°*, que trata da impossibilidade de o autor individualizar os bens demandados; *art. 492*, que veda a condenação do réu em objeto diverso do que lhe foi demandado).

[237] ASSIS, Araken de. *Cumulação de ações*. 4. ed. São Paulo: RT, 2002. p. 86. Verifica-se, na doutrina, a distinção entre *demanda* e *ação*, entendendo que *ação* constitui o poder de demandar a todos concedido de forma indistinta, enquanto que a *demanda* constitui o exercício concreto desse poder. (CARVALHO, Milton Paulo. *Do Pedido no processo civil*. Porto Alegre: Sergio Antonio Fabris, 1992. p. 62-63). No mesmo sentido dessa distinção: COUTURE, Eduardo J. *Fundamentos del derecho procesal civil*. 3. ed. Buenos Aires: Roque Depalma, 1958. p. 34-74.

[238] DINAMARCO, Cândido Rangel. *Fundamentos do processo civil moderno*. 6. ed. São Paulo: Malheiros, 2010, vol. I. p. 315.

por *pretesa*, nos países hispânicos por *pretensión* e, em Portugal e Brasil, por *pretensão*.[239]

As teses materiais sobre a constituição do objeto do processo decorrem da construção dogmática da pretensão material obtida na obra do aludido doutrinador: nela, o objeto é a própria pretensão material que é trazida à juízo por meio do exercício do seu direito de ação, o qual permite ao titular do direito violado agir jurisdicionalmente contra o respectivo violador. Assim, o doutrinador acabou por "identificar *actio* com o *direito*, agora a vincula à ideia de 'exigência' que o titular do direito poderá fazer a outrem".[240] Em um segundo momento, entretanto, a doutrina processual acabou desvinculando a pretensão com a esfera de direito material e, ao ligar o mérito com aquela, acabou concebendo-o, portanto, sob o ponto de vista puramente *processual*.[241] Nesse sentido, pode-se apontar WACH como o primeiro doutrinador que desenvolveu o estudo da pretensão à tutela jurídica (*Rechtsschutzanspruch*)[242] demonstrando, por via do estudo da ação declaratória negativa, que poderia existir ação (processual) conferida a quem não tem direito (no plano material) e, dessa forma, apontando a autonomia da *ação processual* em relação ao direito material. Conforme o doutrinador, o objeto do processo não é, necessariamente, uma relação jurídica *litigiosa*; mais que isso, *"para que haya proceso y objeto procesal no es necesario que haya litis, ni antes del proceso ni durante el mismo"*.[243] Assim, WACH acabou definindo a "pretensão processual" como a exigência que o particular formula ao Estado, pedindo-lhe tutela processual,[244] colocando o

---

[239] FREIRE, Homero. Da pretensão ao direito subjetivo *in Estudos de direito processual in memoriam do ministro Costa Manso*. São Paulo: Revista dos Tribunais, 1965. p. 83.

[240] BAPTISTA DA SILVA, Ovídio Araújo. *Processo e ideologia. O paradigma racionalista*. Rio de Janeiro: Forense, 2004. p. 174.

[241] ARAGONESES ALONSO, Pedro. *Proceso y derecho procesal:* (introduccion). Madrid: Editoriales de Derecho Reunidas, 1997. p. 180-181.

[242] RIBEIRO, Darci Guimarães. *La pretensión procesal y la tutela judicial efectiva. Hacia una teoría procesal del derecho*. Barcelona: Bosch, 2004. p. 79. Para o doutrinador, "[...] el vocablo «*Anspruch*» en sí no es acción, sino *pretensión*, exigencia o derecho a algo. La nota de Pietro-Castro a mi entender, confirma que *Anspruch* es vocablo distinto de acción *(Klage)* [...]". Também em RIBEIRO, Darci Guimarães. *Da tutela jurisdicional às formas de tutela*. Porto Alegre: Livraria do Advogado, 2010. p. 40. Ainda, a Wach "[...] se le debe la doctrina del *Rechtsschutzanspruch* y a nadie se le há ocurrido, en este caso, traducir *Anspruch* por acción, sino pretensión o exigencia o por derecho". (CASTILLO, Niceto Alcala-Zamora. *Cuestiones de terminologia procesal*. México: Instituto de Investigaciones Juridicas, 1972. p. 48.

[243] WACH, Adolf. *Manual de derecho procesal civil*. Trad. Tomás A. Banzhaf. Buenos Aires: Ediciones Juridicas Europa-America, 1977, vol. I. p. 41.

[244] BAPTISTA DA SILVA, Ovídio Araújo. *Processo e ideologia. O paradigma racionalista*. Rio de Janeiro: Forense, 2004. p. 166. Nas palavras de WACH, "[...] el objeto de todo proceso es una pretensión, la pretensión de tutela jurídica, es decir, la pretensión del demandante, o en su caso del demandado, de que se conceda tutela jurídica procesal. El proceso es un medio para conceder la tutela jurídica justa, o visto subjetivamente: para satisfacer el interés legítimo en la tutela jurídi-

direito subjetivo do demandante como o objeto da demanda enquanto direito sobre o qual se busca a satisfação.[245] Se "Windscheid foi o criador do conceito de pretensão em direito privado, Wach foi o criador do conceito de pretensão em direito no direito processual civil, pondo-o como objeto imediato do processo civil".[246] Não obstante as críticas que se seguiram à obra do doutrinador em comento, fato é que essa teve o mérito de demonstrar a autonomia do direito processual frente ao material, abrindo, por isso, um registro inteiramente novo na dogmática do processo civil moderno.[247]

Cabe referir, ainda, que, no plano legislativo alemão, a primeira vez que a expressão pretensão (*Anspruch*) aparece em um texto legislativo é no § 194 do BGB, para o qual se configura como o direito de pretender de outrem um fazer ou não fazer. Ocorreu, entretanto, uma confusão conceitual da expressão porque essa também foi usada na Ordenança Processual alemã (*ZPO*) em seu § 281 (*Anspruch*). A ZPO usou, ainda, outros termos como sinônimos daquele: *Streitgegenstand* (§ 81), *Streitverhältnis* ou relação litigiosa (§ 118, III e 139, I), *streitiges Rechtsverhältnis* ou relação jurídica litigiosa (§§ 66 e 606).[248] Essa imprecisão terminológica acabou sendo disseminada em outras legislações, sendo, por vezes, usada no seu sentido processual e, por vezes, no seu sentido material, de forma a evidenciar a ausência de critérios seja qual for a norma analisada.[249] Essa crítica remonta à CHIOVENDA, para quem a confusão deriva de uma série de questões infinitas e confusas sobre o conceito de pretensão (*Anspruch*), pois cada um o entende a seu modo. Para o doutrinador, aquele que trabalha com essa categoria deve dizer que significado pretende dar ao mesmo, chegando ao ponto de

---

ca. Ese interés confiere pretensión al acto procesal de tutela". WACH, Adolf. *Manual de derecho procesal civil*. Trad. Tomás A. Banzhaf. Buenos Aires: Ediciones Juridicas Europa-America, 1977, vol. I. p. 42.

[245] WACH, Adolf. *Manual de derecho procesal civil*. Trad. Tomás A. Banzhaf. Buenos Aires: Ediciones Juridicas Europa-America, 1977, vol. I. p. 41.

[246] BUZAID, Alfredo. Da lide: estudo sobre o objeto litigioso *in Estudos e pareceres de direito processual civil*. São Paulo: Revista dos Tribunais, 2002. p. 94.

[247] As críticas à doutrina de WACH não integram os limites do presente estudo, mas podem ser conferidas, com profundidade, em RIBEIRO, Darci Guimarães. *Da tutela jurisdicional às formas de tutela*. Porto Alegre: Livraria do Advogado, 2010. p. 41-42.

[248] TUCCI, José Rogério Cruz. *A causa petendi no processo civil*. São paulo: Revista dos Tribunais, 1993. p. 77-78. O doutrinador adverte que os dispositivos se referem à ZPO anterior à importante reforma ocorrda em 1977. Por outro lado, a doutrina também rememora "[...] que o direito alemão muito deve, em torno do objeto litigioso, à existência e às imprecisões do conceito legal de *Anspruch* distribuido nos §§ 313, 118, 281 e 321 da ZPO". ASSIS, Araken de. *Cumulação de ações*. 4. ed. São Paulo: RT, 2002. p. 105.

[249] RIBEIRO, Darci Guimarães. *La pretensión procesal y la tutela judicial efectiva*. Hacia una teoría procesal del derecho. Barcelona: Bosch, 2004. p. 55.

considerá-lo indeterminado e infecundo.[250] Em todo o caso, a doutrina germânica acabou realizando uma distinção rigorosa de pretensão de direito material (*materiellrechtliche Anspruch*) e a pretensão de direito processual (*prozessuale Anspruch*),[251] sendo que essa última corresponde a um conceito puramente processual e, conforme SCHWAB, reina completo consenso na doutrina a esse respeito.

A doutrina sobre a *pretensão processual* como objeto do processo pode ser agrupada sob duas grandes linhas, sendo que uma delas constata que o direito material vive no processo em um mero estado de afirmação e, por isso, aquela é constituída na *afirmação jurídica do direito material constitui o objeto do processo*. A segunda, por sua vez, se afasta totalmente do direito substantivo, entendendo que o objeto do processo constitui algo unicamente processual. Em outras palavras, embora ambas as linhas divisem a pretensão como algo diferente do direito material, o primeiro grupo não realiza um rompimento completo entre ambos, pois identifica a pretensão em um direito material *afirmado*, não um direito material verificado. Já o segundo, efetua uma separação completa, não mais reportando a pretensão ao direito material (afirmado).[252]

Finalmente, cabe lembrar que, no Brasil, PONTES DE MIRANDA não confere uma definição clara do seu conceito de mérito, muito embora diga o que deve estar contido na sentença de mérito, diferenciando-a da sentença de *não-mérito* por meio de analogia entre a distinção do *error in iudicando* do *error in procedendo*.[253] O doutrinador preocupou-se mais com o estudo do conceito de *pretensão*, criticando a sua definição contida no § 194 do Código Civil alemão. Na sua ótica, tal conceito enquanto o *"[...] direito de exigir de outrem ato ou abstenção* está limitado às prestações de fazer e de não fazer, deixando de fora, portanto, pretensões de declaração e de constituição".[254] Por isso, entendeu que o dispositivo contido na lei alemã confundiu o direito e a pretensão,

---

[250] CHIOVENDA, Giuseppe. *L'azione nel sistema dei diritti*. Bologna: Nicolla Zanichelli, 1903. p. 44-49. Nesse sentido, também MENDEZ alerta que a expressão *pretensão* acabou por adquiriu as mais diversas significações e acepções a ponto de se encontrar, na doutrina, advertências de que cada autor deveria defini-la de forma prévia para que seu pensamento pudesse ser compreendido (ver MENDEZ, Francisco Ramos. *Derecho y proceso*. Barcelona: Bosch, 1978. p. 85).

[251] TUCCI, José Rogério Cruz. *A causa petendi no processo civil*. São paulo: Revista dos Tribunais, 1993. p. 78.

[252] RIBEIRO, Darci Guimarães. *La pretensión procesal y la tutela judicial efectiva*. Hacia una teoría procesal del derecho. Barcelona: Bosch, 2004. p. 129.

[253] LACERDA, Galeno. *Despacho saneador*. 3. ed. Porto Alegre: Sergio Antonio Fabris, 1990. p. 82.

[254] MIRANDA, Pontes de. *Tratado das ações*. Ação, classificação e eficácia. Campinas: Bookseller, 1998, tomo I. p. 60-61.

definindo o efeito pela causa.[255] Para o doutrinador, "dever corresponde a direito; obrigação, a pretensão". A pretensão não tem a ver com eventual execução forçada, haja vista que essa última corresponde a *pedido* feito ao Estado, *com* ou *após* o exercício da pretensão à tutela jurídica.[256] Assim, aduz que pretensão não é o direito, nem a ação (*a fortiori*) processual, muito embora seja *acionável* (mas, nem por isso, confunde-se com ação).[257] "A pretensão contém a ação, que é exigência + atividade para a satisfação".[258] *Ação* e *pretensão* não se confundem porque essa última é acionável, muito embora possa não o ser.[259] A ação pode ocorrer tanto extrajudicial – ação material – quanto judicialmente – ação processual.

Dito de outra forma, a *ação* pode ser desenvolvida no plano material, correspondendo a um *agir contra o obrigado,* para a realização do direito e de forma independente da sua colaboração. Essa ação tem, como pressuposto, um direito material que preexiste ao referido *agir*. Ocorre, entretanto, que as sociedades modernas coíbem, salvo raríssimas exceções, a ação material, com vistas a evitar o caos e a desintegração das relações sociais. Daí porque a *ação* toma rumo, em regra, por meio do processo, sendo dirigida contra o Estado para que esse, provocado pelo interessado (autor), exerça a atividade jurisdicional e preste a res-

---

[255] MIRANDA, Pontes de. *Tratado das ações*. Ação, classificação e eficácia. Campinas: Bookseller, 1998, tomo I. p. 69. Contudo, em outra passagem, o doutrinador refere que a pretensão se constitui na posição subjetiva de poder exigir de outrem alguma prestação positiva ou negativa (p. 68), o que levou outros pensadores à conclusão de que Pontes acabou por repetir o equívoco que levantou em relação à definição legal contida no Código Civil Alemão. (cf. KIMMICH, Liane Boll. Teorias do objeto do processo no direito brasileiro e alemão *in* OLIVEIRA, Carlos Alberto Alvaro (org.). *Elementos para uma nova teoria geral do processo*. Porto Alegre: Livraria do Advogado, 1997. p. 167).

[256] Idem, p. 67.

[257] Idem, p. 68-69.

[258] Idem, p. 63-64.

[259] Idem, p. 70. Também vale anotar a seguinte explicação: "Pode haver direito subjetivo sem que haja, ainda, ou não mais exista, a faculdade normal que seu titular deveria ter de poder exigir a observância e a realização do próprio direito. Se sou titular de um crédito ainda não vencido, tenho já direito subjetivo, estou na posição de credor. Há *status* que corresponde a tal categoria de direito das obrigações, porém, não disponho ainda da faculdade de *exigir* que meu devedor cumpra o dever correlato, satisfazendo a meu direito de crédito. No momento em que ocorrer o vencimento, nasce-me uma noa faculdade de que meu direito subjetivo passa a dispor, que seja o *poder exigir* que meu devedor preste, satisfaça, cumpra a obrigação. Nesse momento, diz-se que o direito subjetivo, que se mantinha em estado de latência, adquire dinamismo, ganhando uma nova potência a que se dá o nome de *pretensão*. A partir do momento em que posso exigir o cumprimento do dever que incumbe ao sujeito passivo da relação jurídica, diz-se que o direito subjetivo está dotado de pretensão. Contudo, a partir daí, se meu direito de crédito não é efetivamente exigido do obrigado, no sentido de compeli-lo ao pagamento, terei, pelo decurso do tempo e por minha inércia, prescrita essa faculdade de exigir o pagamento. Haverá, a partir de então, direito subjetivo, porém, não mais pretensão e, consequentemente, não mais ação [...]". BAPTISTA DA SILVA, Ovídio Araújo. Direito subjetivo, pretensão de direito material e ação. *Revista da AJURIS*. Porto Alegre: Associação dos Juízes do Rio Grande do Sul, n. 29, ano X, nov., p. 101, 1983.

pectiva tutela, dando resposta adequada ao pedido efetuado. Trata-se da *ação processual*, que corresponde a um *direito exigível* (=pretensão) e que nasce como decorrência da proibição da autotutela privada, pelo estabelecimento do monopólio da jurisdição. A esse *direito exigível* dá--se o nome de *pretensão de tutela jurídica*.[260] Pelo exposto, o monopólio da jurisdição implicou em uma duplicação do direito de ação, que pode tanto ser a material (compelir o obrigado a adimplir a pretensão, raramente facultada ao titular), quanto a processual (que não é dirigida contra o obrigado, mas, sim, contra o Estado para que esse, por meio do juiz, pratique a ação cuja realização privada foi proibida pelo referido Estado).[261] A pretensão processual visa uma tutela jurisdicional, que se traduz em *pretensão à sentença*. Cuide-se, entretanto, para a advertência de BAPTISTA DA SILVA no sentido de que a verdadeira essência da função jurisdicional não é o pronunciamento da sentença, visto que essa constitui apenas uma atividade-meio para a realização do direito material que o Estado impediu por via da autorrealização.[262] É nesse contexto pode ser melhor compreendida a assertiva no sentido de que, quando "[...] se exerce a pretensão à tutela jurídica, exerce-se pedindo que se cumpra a promessa estatal de tutela jurídica. Tal exercício dá ensejo a que nasçam pretensões à sentença, pretensões processuais".[263] Por isso é que "[...] a pretensão de tutela jurídica, como a 'ação processual', nunca é improcedente, mas simples veículo para se averiguar a procedência ou improcedência da *afirmação* sobre a *existência* do direito material invocado".[264]

---

[260] BAPTISTA DA SILVA, Ovídio Araújo. Direito subjetivo, pretensão de direito material e ação. *Revista da AJURIS*. Porto Alegre: Associação dos Juízes do Rio Grande do Sul, n. 29, ano X, nov., p. 114, 1983.
[261] Idem, p. 105, 1983.
[262] BAPTISTA DA SILVA, Ovídio Araújo. *Curso de processo civil*. 7. ed. Rio de Janeiro: Forense, 2005. p. 72.
[263] MIRANDA, Pontes de. *Tratado das ações*. Ação, classificação e eficácia. Campinas: Bookseller, 1998, tomo I. p. 299. KIMMICH alerta, contudo, que, em outra passagem, PONTES DE MIRANDA parece confundir ação com pretensão à tutela jurídica, ao dizer que só há pretensão de tutela jurídica para aquele que tem o direito (KIMMICH, Liane Boll. Teorias do objeto do processo no direito brasileiro e alemão *in* OLIVEIRA, Carlos Alberto Alvaro (org.). *Elementos para uma nova teoria geral do processo*. Porto Alegre: Livraria do Advogado, 1997. p. 169). A passagem referida é: "a perda, na lide, pelo autor da ação pode consistir em se decidir que a ele não assistia pretensão à tutela jurídica, ou que, na espécie ou no caso, o remédio jurídico era impróprio". MIRANDA, Pontes de. *Tratado das ações*. Ação, classificação e eficácia. Campinas: Bookseller, 1998, tomo I. p. 110.
[264] BAPTISTA DA SILVA, Ovídio Araújo. Direito subjetivo, pretensão de direito material e ação. *Revista da AJURIS*. Porto Alegre: Associação dos Juízes do Rio Grande do Sul. , n. 29, ano X, nov., p. 102, 1983. Anota-se, contudo, outra passagem da sua obra de PONTES DE MIRANDA, na qual esse refere que o mérito é o *fundo da causa*, o *direito material que se quer aplicado*. (*Tratado das ações*. Ação, classificação e eficácia. Campinas: Bookseller, 1998, tomo I. p. 301-302). Nessa passagem, portanto, não parece que o doutrinador trate o tema *pretensão* como objeto do processo, especialmente se entender esse último como *mérito*.

Na perspectiva do direito processual brasileiro, verifica-se que o termo *pretensão* também foi introjetada nos textos legislativos adjetivos, ainda que de forma gradativa. Com efeito, aparece em 01 (uma) oportunidade no CPC/1939; em 06 (seis) no CPC/1973 e; 11 (onze) no CPC/2015.[265] Pode-se concluir, portanto, que a expressão <u>entrou</u> para a linguagem jurídico-processual brasileira, sendo densificado seu uso com o passar do tempo. Contudo, ao ler os dispositivos processuais que a utilizam, verifica-se que, em muitos deles, a pretensão é utilizada como equivalente ao <u>pedido</u>.[266] Essa adaptação conceitual pode ter sido facilitada pelas teses processuais alemãs que compreenderam o pedido como objeto do processo, valendo, como exemplo, o magistério de SOUZA que não faz referência à *pretensão*, mas, sim, ao pedido e causa de pedir. Ou, como refere textualmente:

> [...] nem todas as teses processuais estruturam identicamente o objeto do processo, despontando na doutrina posições que reconduzem ao <u>pedido</u> – teses processuais uni-

---

[265] No *CPC/1939*, o *art. 201*, que dispõe que, a requerimento do réu, o juiz poderá absolve-lo da instância nos casos em que verificar interesse imoral ou ilícito do autor pelos fatos e provas nos quais o autor funda sua *pretensão*. No *CPC/1973*, verifica-se que a expressão aparece no *(i.) art. 14, III*, pelo qual as partes e seus procuradores não devem formular *pretensões* destituídas de fundamentos; *(ii.) art. 17, I*, que reputa litigante de má-fé aquele que deduzir *pretensão* contra texto expresso de lei ou fato incontroverso; *(iii.) art. 288, I*, que autoriza pedido genérico quando a *pretensão* recai sobre alguma universalidade; *(iv.) art. 390*, que determina a arguição de falsidade de documento em petição, expondo-se os motivos que a parte funda a sua *pretensão*, bem como os meios de prova; *(v.) art. 527, III*, que possibilita o deferimento pelo Relator, em antecipação de tutela, da *pretensão* recursal e; *(vi.) art. 712*, que determina aos credores formularem suas *pretensões* acerca da disputa sobre o direito de preferência na entrega de dinheiro. No *CPC/2015*, verifica-se que a expressão aparece no *(i.) art. 77, II*, pelo qual as partes e seus procuradores não devem formular *pretensões*, cientes de que destituídas de fundamentos; *(ii.) art. 80, I*, que reputa litigante de má-fé aquele que deduzir *pretensão* contra texto expresso de lei ou fato incontroverso; *(iii.) art. 302, IV*, que impõe responsabilidade pela efetivação da tutela de urgência nos casos em que o juiz acolher a decadência ou prescrição da *pretensão* do autor; *(iv.) art. 343*, que autoriza ao réu formular *pretensão* própria na reconvenção; *(v.) art. 431*, que determina a arguição de falsidade mediante exposição dos motivos em que a parte funda a sua *pretensão*; *(vi.) art. 487, III*, "c", que denomina de sentença de mérito aquela que homologa a renúncia à pretensão formulada na ação ou reconvenção; *(vii.) art. 557*, que veda, na pendência de ação possessória, a propositura de ação de domínio salvo se a *pretensão* for deduzida em face à terceira pessoa; *(viii.) art. 726, § 1º*, que trata dos requisitos da *pretensão* em dar conhecimento ao público do conteúdo da notificação; *(ix.) art. 792, I*, que trata da fraude à execução nos casos de alienação de bem sobre o qual pende ação fundada em direito real ou com *pretensão reipercussória*; *(x.) art. 909*, que determina aos credores formularem suas *pretensões* acerca da disputa sobre o direito de preferência na entrega de dinheiro; *(xi.) art. 1.019, I*, que possibilita o deferimento, pelo Relator do recurso de agravo de instrumento, de antecipação de tutela da *pretensão* recursal.

[266] Atenção, contudo: o *pedido* é o veículo da pretensão. "Ao formular o pedido, nele precisa o autor, em regra, incluir de modo expresso tudo que pretende". Ainda: "em termos gerais, é possível distinguir, no pedido, um objeto *imediato* e um objeto *mediato*. Objeto *imediato* do pedido é a providência jurisdicional solicitada (ex: a condenação do réu ao pagamento de x); objeto mediato é o bem que o autor pretende conseguir por meio dessa providência (ex.: a importância de x). o objeto imediato (de *um* pedido) é sempre único e determinado. Não assim o mediato". MOREIRA, José Carlos Barbosa. *O novo processo civil brasileiro* (exposição sistemática do procedimento). 28. ed. Rio de Janeiro: Forense, 2010. p. 12.

laterais – e orientações que o referem ao pedido e à causa de pedir – as teses processuais bilaterais.[267]

A identificação do pedido (*petitum*) e pretensão processual[268] também é encontrada em DINAMARCO, que *ora* sustenta que o objeto do processo é a pretensão, *ora* aduz que o referido objeto é o pedido. Com efeito, o doutrinador *empenha-se* "[...] em demonstrar a opinião de que o mérito é a *pretensão* trazida ao juiz, em busca de satisfação".[269] Mais adiante, na *mesma* obra, refere que "decididamente, tenho por objeto do processo somente o pedido, repudiando decisivamente a inclusão da causa de pedir".[270] Assim, em que pesem as *variações* terminológicas, mantendo-se, todavia, o núcleo comum de identificar, no âmbito nacional, a pretensão processual com o *pedido* ou com o *pedido + causa de pedir* e, esses, por sua vez, com o exame de mérito ou do objeto litigioso.

Por fim, cabe trazer a lume crítica de MANDRIOLI à associação do mérito como *pretensão*, pois o doutrinador afirma que a disputa em torno da identificação do objeto do processo, *"ancora viva"* na doutrina processual alemã e formulada em torno ou do pedido de um provimento com determinado conteúdo ou da afirmação de um direito, mostra-se pouco concludente, ao menos se levar em consideração, como pano de fundo, o direito positivo italiano.[271] Essa crítica também transparece em MENDEZ, para quem os estudos sobre o objeto do processo na sua perspectiva *processual* se mostram insatisfatórios em uma perspectiva dualista, porque não consegue obter uma compreensão uniforme da matéria. Isso ocorre porque não há unidade relativa à sua noção, sendo que a própria lei pode especificar diversas acepções do instituto. Para o doutrinador, uma concepção monista impõe, como ponto de referência, as relações entre direito e processo, ou seja, não se pode isolar o conteúdo do *processus iudicii* como algo distinto da própria atividade

---

[267] SOUSA, Miguel Teixeira. O objeto da sentença e o caso julgado material (estudo sobre a funcionalidade processual). *Revista Forense*. Rio de Janeiro: Forense, ano 81, vol. 292 (out/nov/dez), p. 143, 1985.

[268] CARVALHO, Milton Paulo. *Do pedido no processo civil*. Porto Alegre: Sergio Antonio Fabris, 1992. p. 76.

[269] DINAMARCO, Cândido Rangel. *Fundamentos do processo civil moderno*. 6. ed. São Paulo: Malheiros, 2010, vol. I. p. 323. Em *outro* artigo, refere que "[...] satisfaço-me em concluir quanto à *pretensão processual como objeto do processo*, excluídas as questões e excluído também que a lide ou a própria demanda inicial é que consubstanciem tal objeto. [...]. Se a pretensão que vem assim para ser alvo da medida judicial e constituir o mérito é representada pela afirmação ou pelo pedido, ou se a *causa petendi* também se considera incluía nela para esse efeito [...] – tais dúvidas constituem um desafio, a ser enfrentado convenientemente em nossa doutrina". DINAMARCO, Cândido Rangel. O conceito de mérito em processo civil. *Revista de Processo*. Rio de Janeiro: Forense, ano IX, vol. 34, abril-junho, p. 45, 1984.

[270] Idem, p. 348.

[271] MANDRIOLI, Crisanto. *L'azione esecutiva*. Contributo alla teoria unitaria dell'azzione e del processo. Milão: Giuffrè, 1955. p. 94 (nota nº 215).

das partes e do juiz.[272] Enfim, a crítica também pode ser encontrada em ESTEVEZ, para quem é incompleta a teoria que faz, da pretensão, o objeto do processo. Para o doutrinador, a pretensão é um ato do processo, razão pela qual não se compreende como possa ser, ao mesmo tempo, o objeto desse. Para o doutrinador, a pretensão constitui tema inexpressivo, já que o fundamental no processo é a resolução ou, ainda, a atividade prévia investigadora do juiz.[273]

a) O mérito associado à relação jurídica controvertida, à situação jurídica substancial ou à afirmação de uma ação.

Essa concepção do mérito pode ser identificada naquilo que DINAMARCO denomina de *situações externas ao processo,* cuja compreensão está associada ao pensamento tradicional constante no brocardo *res in iudicium deducta.* "Res está aí por *relação jurídica substancial,* e a locução vale para designar a *relação jurídica controvertida em juízo.* O mérito, portanto, seria representado pela relação jurídica substancial controvertida pelas partes".[274] Em outras palavras, essa concepção não faz uma identificação pura e simples do mérito com pretensão material, concebendo-o como um conceito processual, todavia, apoiado em grande medida no direito material do qual extrai seu conteúdo. *"La afirmación de varios derechos materiales configuraría, por lo tanto, una acumulación de aciones; la afirmación de un derecho material distinto, una modificación del objeto litigioso"*.[275]

Uma das doutrinas mais expressivas, no âmbito dessa concepção, é a de LENT,[276] em cuja obra pode ser verificada a compreensão de que o conteúdo da pretensão processual é determinado pelo direito material.[277] Para o doutrinador, o núcleo do objeto do processo constitui-se na afirmação de um direito ou relação jurídica pelo autor. Em outras palavras, não é necessário que exista o direito material, sendo suficiente a sua *afirmação*.[278] LENT refere que a decisão do juízo se refere ao pedido formulado, muito embora esse somente decida o mérito após

---

[272] MENDEZ, Francisco Ramos. *Derecho y proceso.* Barcelona: Bosch, 1978. p. 272-273.

[273] ESTEVEZ, José Louis. La teoría del objeto del proceso *in Anuario de derecho civil.* Madrid: Boletín Oficial del Estado. n. 2, vol. 2, 1949. p. 615-616.

[274] RIBEIRO, Darci Guimarães. *La pretensión procesal y la tutela judicial efectiva.* Hacia una teoría procesal del derecho. Barcelona: Bosch, 2004. p. 316.

[275] SCHWAB, Karl Heiz. *El objeto litigioso en el proceso civil.* Trad. Tomas A. Banzhaff. Buenos Aires: Ediciones Juridicas Europa-America, 1968. p. 06-07.

[276] Idem, p. 129.

[277] Idem, p. 13.

[278] LENT, Friedrich. *L'oggetto della lite.* Parte prima: il procedimento di cognizione. Trad. Edoardo F. Ricci. Napoli: Morano, 1963. p. 147.

verificar se existe – ou não – o *direito substancial*.²⁷⁹ Ou, por outras palavras, "[...] a sentença recairá, necessariamente, sobre *Rechtsbehauptung* (afirmação jurídica) e sobre a consequência jurídica material; sendo assim, nessa doutrina importa sublinhar a *Rechtsbehauptung* (afirmação de Direito)".²⁸⁰ Verifica-se, portanto, que o direito material adquire grande relevância dentro dessa concepção, muito embora não se confunda com o próprio *objeto* (ou direito afirmado).²⁸¹

REDENTI realizou um apanhado das orientações relativas à concepção processual e material da pretensão enquanto objeto do processo, referindo que as múltiplas abordagens e diferenças doutrinárias se mostram insatisfatórias. Entretanto, reconhece inicialmente que existe uma conexão íntima entre o objeto e causa de pedir, a qual esvazia qualquer tentativa de discutir somente um desses elementos de forma *asséptica*, sem referência ao outro. Objeto e causa de pedir diferenciam um processo de outro, sendo que o que se denomina de *objeto* contém seu ponto de referência na *ação jurídica*. A causa de pedir, por sua vez, é um elemento cuja pureza é supérflua.²⁸² Contudo, ao esmiuçar o tema relativo ao objeto do processo, aduz que a ação (*ação-pretensão*)²⁸³ investe o juiz para a cognição de eventuais motivos de impugnação e demais exceções eventualmente produzidas pelo réu, que se somam àquela para identificar o aludido objeto. Em outra passagem, porém, o doutrinador refere que a propositura de uma ação (pretensão) ou de uma exceção (pretensão) com o intuito de que se forme um juízo sobre essa é expressada pela locução *deduzir em juízo* (*res in iudicium deducta* ou coisa levada a juízo).²⁸⁴

FAZZALARI, por fim, refere que o objeto do processo pode ser visualizado a partir da relação de coordenação entre direito e processo, ou seja, entre desenvolvimento do processo e afirmação de uma *situação*

---

²⁷⁹ LENT, Friedrich. *L'oggetto della lite*. Parte prima: il procedimento di cognizione. Trad. Edoardo F. Ricci. Napoli: Morano, 1963. p. 150.

²⁸⁰ CRESCI SOBRINHO, Elicio de. *Objeto litigioso no processo civil*. Porto Alegre: Sergio Antonio Fabris, 2008. p. 31.

²⁸¹ RIBEIRO, Darci Guimarães. *La pretensión procesal y la tutela judicial efectiva. Hacia una teoría procesal del derecho*. Barcelona: Bosch, 2004. p. 129. Nessa linha, "[...] LENT [...] continuava a ammonire sulla impossibiltià di rescindere del tutto il collegamento tra oggetto del processo e della decisione, da un lato, e diritto sostanziale, dall'altro lato". MENCHINI, Sergio. *I limiti oggettivi del giudicato civil*. Milão: Giuffrè, 1987. p. 25.

²⁸² REDENTI, Enrico. *Derecho procesal civil*. Trad. Santiago Sentís-Melendo e Marino Ayerra Redín. Buenos Aires: Ediciones Juridicas Europa-America, 1957, vol. I. p. 272.

²⁸³ A expressão *ação-pretensão* utilizada é usada por Enrico REDENTI tendo em conta que, para o doutrinador, pretensão é o mesmo que ação na vida prática. A *pretensão em estado de controvérsia* é o que se propõe ao juiz como *objeto da litis*. (Idem, p. 50).

²⁸⁴ Idem, p. 60.

substancial.²⁸⁵ Essa "comparece no ato introdutório do processo, sendo declarada pelo autor" na sua exposição dos fatos e dos elementos de direito que constituem as razões da sua demanda. Mas, com a citação, podem-se inserir outros atos concernentes à situação substancial, sendo que esses vão criando um contexto processual com consequências para os novos atos, bem como capaz de provocar certas consequências.²⁸⁶

Mais especificamente, a existência do direito substancial deduzido *in limine* pelo autor não exaure o objeto de cognição do juízo, dado que é com o contraditório que se fornece ao juiz os elementos de convencimento.²⁸⁷ O objeto do processo abarca não só como afirmação do *fattispecie* e seus elementos de direito, mas, também, como outros elementos substanciais (lesão ao direito e legitimação).²⁸⁸ Ou, como refere TUCCI, "para fixar o conteúdo do objeto do processo, Fazzalari confessa preferir a orientação consolidada de há muito na doutrina peninsular, qual seja a que propala uma coordenação entre situação substancial e processo".²⁸⁹ Para FAZZALARI, os provimentos de mérito em sentido *lato* são aqueles que envolvem a cognição de mérito (isto é, o aspecto substancial deduzido), enquanto, em sentido estrito, são somente os jurisdicionais que acolhem a demanda e invocam alguma das medidas reparadoras (declaração, condenação, constituição), visto que essas desenvolvem efeitos substanciais no patrimônio das partes. Já a pronúncia de rejeição, entretanto, qualifica-se como "de rito" porque desenvolve efeitos somente no processo.²⁹⁰ ²⁹¹

Por último, calha lembrar a doutrina de SANTOS para quem o objeto do processo é uma concreta pretensão de tutela judicial, enten-

---

[285] FAZZALARI, Elio. *Note in tema di diritto e processo*. Milano: Giuffrè, 1957. p.119.

[286] FAZZALARI, Elio. *Instituições de direito processo*. Trad. Elaine Nassif. Campinas: Bookseller, 2006. p. 331.

[287] FAZZALARI, Elio. *Note in tema di diritto e processo*. Milano: Giuffrè, 1957. p. 138-139.

[288] Idem, p. 127. Mais adiante, o doutrinador diz que não é difícil precisar em que consiste a coordenação entre a afirmação do autor, relativa à situação substancial preexistente e a legitimação para agir: entre essa afirmação e o poder jurisdicional (p. 132).

[289] TUCCI, Rogerio Cruz e. A denominada "situação substancial" como objeto do processo na obra de Fazzalari. *Revista da AJURIS*. Porto Alegre: Associação dos Juízes do Rio Grande do Sul, nº 60, ano XXIV, p. 68, 1994.

[290] FAZZALARI, Elio. *Instituições de direito processo*. Trad. Elaine Nassif. Campinas: Bookseller, 2006. p. 441-442. Para o doutrinador, "os provimentos de rito são aqueles que incidem somente sobre o processo e não sobre o mérito; eles podem também ser qualificados [...] como jurisdicionais, mas somente *lato sensu* (de fato, não realizam medidas jurisdicionais)". (p. 493).

[291] Muito embora o autor dê a impressão, em outra passagem, de associar o mérito ao complexo de questões de mérito – ver item "*3.1.2 Mérito e o Complexo de Questões (de Mérito)* É o que transparece nesse trecho: "[...] o 'juízo de mérito' – isto é, a resolução da *quaestio* ou das *quaestiones* de mérito (aquelas preliminares e aquelas finais) – que precede o 'comando' e é exposto na 'motivação' não tem eficácia na esfera substancial, mas sim no interior do processo [...]". FAZZALARI, Elio. *Instituições de direito processo*. Trad. Elaine Nassif. Campinas: Bookseller, 2006. p. 526.

dendo, ainda, como *pretensão* (pressupondo-a como a processual) a afirmação de uma ou mais ações (porque podem ser várias ações afirmadas ainda que a pretensão seja uma só), que é o efeito de pretender uma tutela jurisdicional concreta, qual seja, uma sentença com determinado conteúdo. Para o doutrinador, a pretensão não configura o objeto do processo se considerada de forma puramente abstrata, como um *mero ato de pretender*, mas, sim, quando se encontra tingida com certos elementos. Em outras palavras, não é objeto do processo que o autor pretenda algo frente ao réu, mas, sim, que pretenda uma sentença com um conteúdo concreto em razão de determinados fatos e fundamentos jurídicos.[292]

No Brasil, a concepção do mérito como o exame da relação jurídica substancial tem aderência junto a doutrinadores como BUENO, para quem a decisão de *mérito* deve ser entendida como *indicativo* de concessão de tutela jurisdicional (se, efetivamente, será concedida, será *questão diversa)*, pois nem sempre essa reconhecerá o direito afirmado pelo autor.[293] Fica claro, portanto, que, para o doutrinador, o objeto do processo *(mérito)* está ligado ao direito *afirmado*. NOGUEIRA, por sua vez, refere que o direito subjetivo, a pretensão de direito material e, também, a ação de direito material ingressam no processo como *res in iudicium deducta*, integrando o objeto litigioso do processo, isto é, "o âmbito de abrangência da decisão do juiz em função dos pedidos formulados pelo autor". É o reconhecimento – ou não – da existência da pretensão de direito material deduzida que refletirá na procedência – ou não – da demanda.[294]

Enfim, faz-se anotação à crítica de LIEBMAN à concepção da pretensão como *afirmação* de um direito material. Para tanto, refere que essa identificação não se mostra adequada uma vez que é pelo processo que é averiguada a existência – ou não – dessa. Assim, pergunta: – caso chegue-se à conclusão de que aquela não existe, onde estaria, então, o obje-

---

[292] SANTOS, Andrés de la Oliva. *Objeto del proceso y cosa juzgada en el proceso civil*. Navarra: Aranzadi, 2005. p. 27-28. A lição é sintetizada da seguinte forma: *"Concretando algo más, cabe decir que el objeto principal y necesario del proceso es la concreta acción afirmada (por el demandante); o, si se prefiere: es objeto de un proceso el derecho a aquella concreta tutela jurisdicccional que el actor afirma que el juez debe otorgarle frente a cierto demandado. La materia o el "tema" que se debatirá en ese proceso es, cabalmente, si debe o no concederse al demandado esa tutela jurídica que solicita".* SANTOS, Andres de la Oliva; FERNANDEZ, Miguel Angel. *Lecciones de derecho procesal*. Barcelona: Promociones Publicanciones Universitarias, 1985. p. 13.

[293] BUENO, Cassio Scarpinella. *Curso sistematizado de direito processual civil*. Teoria geral do direito processual civil. 8. ed. São Paulo: Saraiva, 2013, vol. I. p. 334-335.

[294] NOGUEIRA, Pedro Henrique Pedrosa. O conceito de pretensão à luz da teoria do fato jurídico e sua influência sobre o direito processual *in* DIDIER JR., Fredie; EHRHARDT JR., Marcos (coord.). *Revisitando a teoria do fato jurídico*. Homenagem a Marcos Bernardes de Mello. São Paulo: Saraiva, 2010. p. 522.

to? Mesmo que fosse deslocada a discussão para dizer que o objeto do processo é a afirmação da existência dessa relação, então a definição seria frustrada pelo processo de execução, constituindo-se de forma muito vaga na visão do doutrinador.[295] Nesse sentido, também SCHWAB efetua a crítica à concepção material (referindo-se expressamente à obra de LENT), haja vista que, em sua ótica, o que interessa ao autor é a condenação do demandado, não importa o motivo. Se a concepção material do objeto litigioso fosse correta, então o juiz estaria obrigado e perguntar ao autor, em toda a ação de prestação, se deseja condenar o demandado em virtude de um determinado critério ou vários, ou se lhe é indiferente o critério que servirá de fundamento para a condenação.[296]

b) A concepção puramente processual do objeto do processo.

Outro grupo de doutrinadores identifica o objeto do processo com a pretensão processual, ou seja, o compreendem como um fenômeno de natureza processual que não deve ser identificado com *pretensão de direito material*.[297] Nesse contexto, GOLDSCHMIDT refere que o objeto do processo civil é unicamente uma pretensão de tutela jurídica formulada pelo autor. Não pode ser admitido, conforme o referido doutrinador, que o réu tenha uma pretensão de tutela jurídica independente.[298] Também pode ser referido ROSENBERG, precursor da doutrina sobre a *pretensão processual,* aduzindo que a ZPO utiliza a expressão objeto litigioso (*Streitgegenstand*) em diferentes sentidos, ora como direito ou relação jurídica, ora como objeto da pretensão processual, mas, quase sempre, como sinônimo de pretensão (*Anspruch*).[299] Conclui no sentido de que a pretensão referida pelo aludido caderno de regras não é a mesma que a referida pelo BGB.[300]

---

[295] LIEBMAN, Enrico Tullio. O despacho saneador *in* LIEBMAN, Enrico Tulio. *Estudos sobre o processo civil brasileiro.* São Paulo: Saraiva, 1947. p. 131-132. A crítica é saudada por DINAMARCO, Cândido Rangel. *Fundamentos do processo civil moderno.* 6. ed. São Paulo: Malheiros, 2010, vol. I. p. 316.

[296] SCHWAB, Karl Heiz. *El objeto litigioso en el proceso civil.* Trad. Tomas A. Banzhaff. Buenos Aires: Ediciones Juridicas Europa-America, 1968. p. 26-27. E conclui dizendo que tampouco *"[...] incumbe al actor reclamar una condena fundada en criterio determinado. A él le corresonde alegar los hechos y presentar una solicitud, que debe estar determinada en cuanto a los hechos y no en cuanto al derecho. [...]. Esta concepción el la única que responde al viejo principio:* Da mihi factum, dabo tibi ius. *Eso sí, es deber del tribunal elegir de entre las pretensiones materiales que justificarían la condena aquélla que sera más favorable al actor y que presente ventajas sobre las demás".* (p. 27).

[297] Idem, p. 3.

[298] GOLDSCHMIDT, James. *Derecho procesal civil.* Trad. Leonardo Prieto Castro. Barcelona: Labor, 1936. p. 03.

[299] RIBEIRO, Darci Guimarães. *La pretensión procesal y la tutela judicial efectiva.* Hacia una teoría procesal del derecho. Barcelona: Bosch, 2004. p. 109.

[300] BUZAID, Alfredo. Da lide: estudo sobre o objeto litigioso *in Estudos e pareceres de direito processual civil.* São Paulo: Revista dos Tribunais, 2002. p. 96.

Na determinação do conceito de pretensão processual torna-se necessário examinar de forma separada as atividades do autor e do juiz. Nesse sentido, o doutrinador conclui que cabe ao autor indicar o objeto e o fundamento da pretensão reclamada, formulando um pedido determinado. Assim, o autor postula um determinado efeito jurídico ou uma *afirmação* do efeito jurídico, sobre a qual suscita uma decisão, suscetível de coisa julgada. Já o juiz tem o direito e o dever de verificar, sob cada um dos seus pontos de vista jurídicos, o estado de fato apresentado pelo autor e, assim, sua afirmação de direito, desde que não verifique ausência de algum pressuposto processual, inadmissibilidade da via judiciária e a incompetência. Por isso, o objeto litigioso não consiste em fatos, mas, sim, no pedido jurídico deles derivado, constante da pretensão.[301]

Dada, por exemplo, a possibilidade de uma demanda possessória ser reconhecida como restituitória ou uma demanda de devolução de dinheiro (mútuo) ser tomada como uma relação de sociedade, etc., deve-se admitir que a pretensão processual deduzida é sempre a mesma no processo, sendo-lhe indiferente que o ator alegue uma pretensão de direito civil decorrente de posse ou de empréstimo. Daí porque não é a justificativa relativa à propriedade ou ao empréstimo ou à sociedade que transita em julgado. É a exigência baseada na situação de fato apresentada que constitui o objeto litigioso ou pretensão, não sendo possível confundi-la com a respectiva qualificação jurídica.[302] Dito de outro modo, o objeto do processo não é nem a relação jurídica material deduzida em litígio e, tampouco, o bem concreto da vida afetado pelo processo, já que esses poderiam aparecer de forma indistinta em uma multiplicidade de processos diferentes, sem significação objetiva especial. A relação jurídica material e o bem da vida constituem instrumentos ou suportes que servem para apoiar o verdadeiro elemento objetivo, que é a pretensão.[303] Para ROSENBERG, enfim, o objeto litigioso é <u>determinado</u> pelo *estado de coisas* e pelo *pedido* ou por esse de forma exclusiva. Entretanto, nenhum desses elementos é o objeto litigioso *per se*, sendo, esse último, a petição do autor dirigida a obter a declaração, suscetível de autoridade de coisa julgada, de uma consequência

---

[301] BUZAID, Alfredo. Da lide: estudo sobre o objeto litigioso *in Estudos e pareceres de direito processual civil*. São Paulo: Revista dos Tribunais, 2002. p. 96-97. "*A diferencia de* LENT, ROSENBERG *determina el objeto litigioso, también en cuanto a su contenido, según criterios puramente procesales. Su concepto no puede definirse en términos de derecho material*". SCHWAB, Karl Heiz. *El objeto litigioso en el proceso civil*. Trad. Tomas A. Banzhaff. Buenos Aires: Ediciones Juridicas Europa-America, 1968. p. 39.

[302] ROSENBERG, Leo. *Derecho procesal civil*. Trad. Angela Romera Vera. Buenos Aires: Ediciones Juridicas Europa-America, 1958, tomo II. p. 35. Ou, de forma mais resumida: "[...] *Rosenberg* [...] *prospetta una nozione di Anspruch processuale del tutto indipendente dalle figure sostanziali*". MENCHINI, Sergio. *I limiti oggettivi del giudicato civil*. Milão: Giuffrè, 1987. p. 29.

[303] Idem, p. 35

jurídica, sendo essa determinada pelos elementos acima citados.[304] Esse doutrinador foi um dos últimos processualistas alemães a utilizar o conceito de *pretensão*, pois, a partir de então, os doutrinadores alemães passaram a recorrer a outro conceito, mais restrito e relativo ao pedido (e respectiva causa de pedir) para individualizar o objeto litigioso.[305]

NIKISCH compreendeu o objeto litigioso como a afirmação de um direito pelo autor, sobre o qual peticiona uma resolução suscetível de autoridade de coisa julgada, mas, diferentemente de ROSENBERG, não como a petição *per se*. O objeto litigioso não poderia ser outra coisa que a afirmação que o autor faz de um direito, enquanto a petição serve para delimitar a afirmação do direito efetuada pelo autor.[306] A sua contribuição deriva da concepção de objeto litigioso determinado pelo pedido da ação (*Klageantrag*), que é a afirmação do direito reclamado pelo autor e sobre a qual se pronuncia o juiz mediante sentença passível de adquirir autoridade, afastando-se nesse sentido de LENT, porque não importa, em seu conceito, se o direito afirmado existe ou não.[307] Importante destacar que, para o doutrinador, o "[...] objeto litigioso encontra-se na afirmação de um direito apresentada pelo autor, sobre a qual pede uma decisão passível de coisa julgada, mas não propriamente o pedido".[308] Assim, a partir de NIKISCH, verifica-se, na Alemanha, uma concentração da investigação da pretensão processual enquanto conceito puramente *processual*, enfatizando-se o pedido (*Antrag*) como cerne do objeto litigioso e assumindo, a causa, papel secundário, de individualização do pedido em alguns casos.[309] Aliás, também em SCHÖNKE encontra-se que o objeto litigioso é somente a afirmação jurídica exposta, e não a afirmação sobre a existência da pretensão material. Para este último, o objeto litigioso não corresponde à solicitação de tutela jurídica, porque essa não pode ser acolhida ou rejeitada pelo juiz ou, ainda, reconhecida (ou não) pelo réu.[310]

---

[304] SCHWAB, Karl Heiz. *El objeto litigioso en el proceso civil*. Trad. Tomas A. Banzhaff. Buenos Aires: Ediciones Juridicas Europa-America, 1968. p. 40.

[305] BUZAID, Alfredo. Da lide: estudo sobre o objeto litigioso *in Estudos e pareceres de direito processual civil*. São Paulo: Revista dos Tribunais, 2002. p. 97.

[306] SCHWAB, Karl Heiz. *El objeto litigioso en el proceso civil*. Trad. Tomas A. Banzhaff. Buenos Aires: Ediciones Juridicas Europa-America, 1968. p. 59-60.

[307] ASSIS, Araken de. *Cumulação de ações*. 4. ed. São Paulo: RT, 2002. p. 114.

[308] CRESCI SOBRINHO, Elicio de. *Objeto Litigioso no Processo Civil*. Porto Alegre: Sergio Antonio Fabris, 2008. p. 64.

[309] ASSIS, Araken de. *Cumulação de Ações*. 4. ed. São Paulo: RT, 2002. p. 114.

[310] BUZAID, Alfredo. Da lide: estudo sobre o objeto litigioso *in Estudos e pareceres de direito processual civil*. São Paulo: Revista dos Tribunais, 2002. p. 98. Nas palavras de SCHÖNKE: "Forma o conteúdo da demanda a ação processual. Ação, no sentido do Código Processual (objeto litigioso), é a afirmação jurídica feita pelo autor". (SCHÖNKE, Adolf. *Direito processual civil*. Trad. Karina Andrea Fumberg. Campinas: Romana, 2003. p. 224).

GUASP, por sua vez, parte da premissa de que o processo pode ser definido como uma instituição jurídica destinada à satisfação de uma pretensão, sendo que esta acaba por determinar o verdadeiro objeto daquele. O doutrinador refere, especificamente, que a essência do processo contém um elemento objetivo básico e logicamente possível, que é a reclamação que uma parte dirige à outra diante do Juiz. Em torno dessa reclamação é que giram todos os demais elementos (vicissitudes) processuais. Essa reclamação não é outra coisa senão a pretensão processual.[311] O doutrinador conceitua pretensão como uma declaração de vontade pela qual é solicitada uma atuação de órgão jurisdicional frente à pessoa determinada e distinta daquela que efetuou a referida declaração. Seu conteúdo pode ser apreendido por meio de duas dimensões: **(i.)** dimensão qualitativa, composta pela *consistência* dos sujeitos que nela intervém (partes da relação), pelo objeto sobre o qual recai (bem da vida) e, também, pela indicação da atividade em ela se traduz (petição juridicamente significativa, isto é, uma reclamação de algo que se pede porque é afirmada sua coincidência com o ordenamento jurídico, seu fundamento ou causa de pedir) e; **(ii.)** dimensão quantitativa, relativa ao seu valor econômico.[312]

ECHANDIA entende que a pretensão é o objeto da demanda, sendo, portanto, um erro confundir ambos os conceitos. Comunga com a

---

[311] GUASP, Jaime. *Derecho procesal civil*. Madrid: Instituto de Estudios Politicos, 1968, vol. I. p. 211. Ver também ARAGONESES, Pedro. *Sentenças congruentes*. Pretensión, Oposición, Fallo. Madrid: Aguilar, 1957. p. 17 e, também, em ARAGONESES ALONSO, Pedro. *Proceso y derecho procesal:* (introduccion). Madrid: Editoriales de derecho reunidas, 1997. p. 158 e segs. Observa-se, entretanto, que Francisco MENDEZ refere que a obra de GUASP, por elaborar um conceito exclusivamente processual de pretensão, exerceu grande influência sobre os doutrinadores de fala espanhola, dando inúmeros exemplos. (*Derecho y proceso*. Barcelona: Bosch, 1978. p. 85-86). Assim, por exemplo, ARAGONESES ALONSO, Pedro. *Proceso y derecho procesal:* (introduccion). Madrid: Editoriales de derecho reunidas, 1997. p. 114; PALACIO, Lino Enrique. *Derecho procesal civil:* nociones generales. 2. ed. Buenos Aires: Abeledo Perrot, 1990, vol. I. p. 379-381. CASTILLO, entretanto, criticou a doutrina de GUASP, entendendo, dentre outros, que o doutrinador: *(i.)* não labora com os conceitos de *litígio* e de *ação,* colocando a *pretensão* em uma altura muito superior àquela que, em rigor, lhe corresponde. Nessa medida, a colocou como objeto do processo em termos de manifesta vagueza e isso, de tal modo, que se a desconectar do seu destinatário (juiz), não há como diferenciá-la de outras petições jurídicas destinadas a outros órgãos (inclusive no campo administrativo); *(ii.)* coloca a pretensão dentro do processo e, assim, esse surge sem um verdadeiro pressuposto que o explique e; *(iii.)* o conceito cuja valoração sistemática é obtida por meio da pretensão podem ser explicados prescindindo-se essa última; *(iv.)* a tese unitária do direito processual (também propugnada por CASTILLO) pode ser defendida com sólidos argumentos sob outros ângulos que não o da pretensão. (cf. CASTILLO, Niceto Alcala-Zamora y. *Estudios de teoría general e historia del proceso (1945-1972)*. México: Universidad Autónoma de México, 1992, tomo I. p. 428-431. Também se encontra lição no sentido de que um erro básico de GUASP fora entender que a pretensão podia ser, ao mesmo tempo, um ato do processo e um objeto do processo, havendo um manifesto absurdo lógico pois um ato não poderia ser ao mesmo tempo objeto de todo o processo. (AROCA, Juan Montero; CHACÓN CORADO, Mauro. *Manual de derecho procesal civil guatelmateco*. El juicio ordinario. Guatemala: Magna Terra, 1998, vol. I. p. 107).

[312] GUASP, Jaime. *Derecho procesal civil*. Madrid: Instituto de Estudios Politicos, 1968, vol. I. p. 224-227.

explicação de ROSENBERG, referindo que sobre o mesmo objeto litigioso pode subsistir várias pretensões (diferentes ou análogas entre si), todas com diferentes fundamentos (ou causas), sendo que isso as diferenciará claramente entre si. O doutrinador também adere à doutrina de GUASP, no sentido de identificar uma distinção clara entre a *pretensão processual* – que tem por destinatário o órgão jurisdicional – e a *civil* – dirigida contra o particular *"pues si bien aquella se formula frente ao demandado y contra él mismo en los casos de demanda de condena o ejecutiva, esta va dirigida al juez que debe examinar, calificar y declarar o rechaçar, según el caso"*. Enfim e ainda sintonizado com GUASP, aduz que a pretensão compreende tanto o objeto litigioso (a coisa ou bem reclamado) quanto a *afirmação* de que esse coincide com a norma jurídica cuja atuação é requerida: a pretensão é, pois, uma declaração petitória.[313]

Faz-se, por fim, uma anotação relativa à crítica de LIEBMAN sobre a concepção da pretensão como *afirmação* de um direito material. Esse doutrinador refere que a identificação não se mostra adequada uma vez que é pelo processo que é averiguada a existência – ou não – da mencionada afirmação. Assim, pergunta: – caso chegue-se à conclusão de que aquela não existe, onde estaria, então, o objeto? Mesmo que fosse deslocada a discussão para dizer que o objeto do processo é a afirmação da existência dessa relação, a definição seria frustrada pelo processo de execução, constituindo-se de forma muito vaga na visão do doutrinador.[314] Nesse sentido, também SCHWAB efetua a crítica à concepção material (referindo-se expressamente à obra de LENT), haja vista que, em sua ótica, o que interessa ao autor é a condenação do demandado, não importa o motivo. Se a concepção material do objeto litigioso fosse correta, o juiz estaria obrigado e perguntar ao autor, em toda a ação de prestação, se deseja condenar o demandado em virtude de um determinado critério ou vários, ou se lhe é indiferente o critério que servirá de fundamento para a condenação.[315]

---

[313] ECHANDIA, Hernando Devis. *Nociones generales de derecho procesal civil*. Madrid: Aguilar, 1966. p. 217 e, também, em *Compendio de derecho procesal*. Teoria general del proceso. 4. ed. Bogota: ABC, 1974. p. 189.

[314] LIEBMAN, Enrico Tullio. O despacho saneador *in* LIEBMAN, Enrico Tulio. *Estudos sobre o processo civil brasileiro*. São Paulo: Saraiva, 1947. p. 131-132. A crítica é saudada por DINAMARCO, Cândido Rangel. *Fundamentos do processo civil moderno*. 6. ed. São Paulo: Malheiros, 2010, vol. I. p. 316.

[315] SCHWAB, Karl Heiz. *El objeto litigioso en el proceso civil*. Trad. Tomas A. Banzhaff. Buenos Aires: Ediciones Juridicas Europa-America, 1968. p. 26-27. E conclui dizendo que tampouco *"[...] incumbe al actor reclamar una condena fundada en criterio determinado. A él le corresonde alegar los hechos y presentar una solicitud, que debe estar determinada en cuanto a los hechos y no en cuanto al derecho. [...]. Esta concepción el la única que responde al viejo principio: Da mihi factum, dabo tibi ius. Eso sí, es deber del tribunal elegir de entre las pretensiones materiales que justificarían la condena aquélla que sera más favorable al actor y que presente ventajas sobre las demás"*. (p. 27).

3.1.5. Mérito e pedido

SCHWAB é o representante mais significativo da corrente doutrinária que associa o objeto do processo ao *pedido*. De início, o doutrinador refere que a pretensão de que trata o ZPO se trata de um conceito puramente processual, sendo que essa é o objeto litigioso: ambos os conceitos são sinônimos, podendo ser utilizados de forma indiscriminada, ainda que, sob o ponto de vista do seu conteúdo, possuam distintos significados (a pretensão expressa um desejo ou a petição do autor, enquanto que o objeto litigioso se constitui em um conceito neutro, objetivado).[316] Desenvolvendo seu raciocínio, aduz que o pedido é o único elemento de individualização do objeto do processo,[317] extraindo suas conclusões do exame da matéria a respeito do cúmulo de ações para referir que a questão em torno da existência de unidade ou pluralidade de pretensões processuais somente. Essa somente poderia se prestar para dúvidas havendo uma demanda com um pedido único já que, havendo vários pedidos em uma demanda, haverá *cúmulo de ações*. Para explicar seu raciocínio, toma como base um exemplo no qual o autor reclama, do réu, mil marcos com base em duas causas (dois fatos distintos), qual sejam, **(i.)** compra e venda com entrega de mercadorias e; **(ii.)** reconhecimento, pelo réu, da dívida. Não há dúvida de que essa demanda contenha um só pedido, baseado em dois *sucessos* (leia-se, fatos). O pedido é de pagamento dos mil marcos, que se pedem uma única vez, não duas. O pedido é fundado, portanto, no *estado de coisas,* nos *sucessos,* sendo que a cada um desses corresponde uma pretensão material.[318]

Com esse exemplo, o doutrinador examinou as diferentes teorias sobre o cúmulo de ações e determina que a única explicação no caso é a que explicita subsistir uma única pretensão processual ou objeto litigioso, pois o juiz não terá de ditar, no caso, mais de uma resolução.[319] O pedido do autor é que dará a pauta da existência de unidade ou pluralidade «de pretensões»,[320] não havendo qualquer auxílio factual, portanto. Daí por que conceitua o objeto litigioso como a petição de uma resolução judicial assinalada pelo *pedido*.[321] "Até hoje sua *teoria* constitui

---

[316] SCHWAB, Karl Heiz. *El objeto litigioso en el proceso civil.* Trad. Tomas A. Banzhaff. Buenos Aires: Ediciones Juridicas Europa-America, 1968. p. 03-04.

[317] RIBEIRO, Darci Guimarães. *La pretensión procesal y la tutela judicial efectiva.* Hacia una teoría procesal del derecho. Barcelona: Bosch, 2004. p. 140.

[318] SCHWAB, Karl Heiz. *El objeto litigioso en el proceso civil.* Trad. Tomas A. Banzhaff. Buenos Aires: Ediciones Juridicas Europa-America, 1968. p. 101-103.

[319] Idem, p. 116.

[320] Idem, p. 242.

[321] Idem, p. 263. E conclui: *"La solicitud del actor contiene la petición de una determinada resolución judicial. A su lado, el estado de cosas, el suceso, carece de significado autónomo; no es parte del objeto litigioso.*

tema disputado nos livros especializados alemães, considerada *moderna*, ousada, auge publicístico – processual",³²² muito embora sofra críticas como a elaborada por HABSCHEID (ver conteúdo relativo à nota de rodapé n. 346, *supra*) e mesmo de doutrinadores como ASSIS, para quem "das teses examinadas, a de Schwab se mostra inconciliável, totalmente, à disciplina legal vigente no direito brasileiro, [...]. E a objeção calha, decerto, ao direito germânico [...]".³²³

No Brasil, encontra-se em SANCHES que "[...] pelo menos no processo civil brasileiro, a lide submetida a juízo pelo autor, com sua *pretensão processual*, fica limitada ao *pedido* por ele formulado [...]".³²⁴ Para o doutrinador, esse objeto pode ser aplicado ou modificado tanto pelo autor – quando, por exemplo, *emenda* sua petição inicial – quanto pelo réu – quando formula pretensão processual contra o autor por meio da reconvenção.³²⁵ "Mas, de qualquer maneira, o *objeto litigioso do processo*, aquele sobre o qual versará o *judicium* (não apenas da *cognitio*) é limitado sempre por um desses *pedidos* do autor, do réu ou de terceiro".³²⁶ Nesse sentido, vale anotar a referência de MOREIRA, para quem "através da demanda, formula a parte um *pedido*, cujo teor determina o objeto do litígio [...]. Ao proferir a sentença de mérito, o juiz acolherá ou rejeitará, no todo ou em parte, o pedido do autor [...]".³²⁷ DINAMARCO, por sua vez refere que "decididamente, tenho por objeto do processo somente o pedido, repudiando decisivamente a inclusão da causa de pedir".³²⁸

Ainda, pode ser verificado na obra de LIEBMAN, que também associa o pedido ao objeto do processo: *"o pedido do autor é o objeto do processo"* em suas palavras, visto que, para o doutrinador, todo o desenvolvimento do processo consiste em dar seguimento ao pedido e o poder jurisdicional se desincumbe da sua função ao proferir os atos que atendem àquele.³²⁹ Outros doutrinadores que se perfilham à orien-

---

Sólo en algunos casos sirve para individualizarlo, sin llegar por ello a ser elemento de él. Por lo demás, su única función consiste en fundar la demanda".

³²² CRESCI SOBRINHO, Elicio de. *Objeto litigioso no processo civil.* Porto Alegre: Sergio Antonio Fabris, 2008. p. 106.
³²³ ASSIS, Araken de. *Cumulação de ações.* 4. ed. São Paulo: RT, 2002. p. 117.
³²⁴ SANCHES, Sydney. Objeto do processo e objeto litigioso do processo *in Revista da AJURIS.* Porto Alegre: Associação dos Juízes do Rio Grande do Sul, n. 16, ano VI, julho, p. 153, 1979.
³²⁵ Idem, p. 153-154, 1979.
³²⁶ Idem, p. 153-154, 1979. (os itálicos constam no original).
³²⁷ MOREIRA, José Carlos Barbosa. *O novo processo civil brasileiro* (exposição sistemática do procedimento). 28. ed. Rio de Janeiro: Forense, 2010. p. 11.
³²⁸ DINAMARCO, Cândido Rangel. *Fundamentos do processo civil moderno.* 6. ed. São Paulo: Malheiros, 2010, vol. I. p. 348.
³²⁹ LIEBMAN, Enrico Tulio. O despacho saneador *in* LIEBMAN, Enrico Tulio. *Estudos sobre o processo civil brasileiro.* São Paulo: Saraiva, 1947. p.132. O doutrinador também se posiciona nesse

tação em causa são MARQUES e CARVALHO.[330] Por fim, vale trazer a lição de LACERDA, para quem o mérito se constitui na propriedade de o pedido conformar-se – ou não – com o direito (e, em consequência, ser acolhido ou rejeitado). Para o doutrinador, todo o juízo de valor sobre o pedido constitui sentença de mérito.[331]

3.1.6. Mérito como pedido e causa de pedir

Outra corrente doutrinária, porém, concebe o objeto do processo a partir do *pedido* e *causa* de pedir.[332] Nessa linha, pode-se referir HABSCHEID, que polemiza com a tese de SCHWAB, entendendo-a *simplista*, pois não corresponde ao direito positivo e nem à realidade do processo. Para o doutrinador, o objeto do processo é composto de duas partes: **(i.)** pretensão (*Rechtsbehauptung*) do autor, que aparece em sua conclusão e compreende tanto o direito substancial quanto o material e; **(ii.)** o estado de fato (*Lebenssachverhalt*), no qual baseia sua pretensão.[333] Ao examinar a legislação processual alemã vigente, confere um especial destaque para a *causa*, enquanto é um elemento necessário à demanda, no que diverge explicitamente de SCHWAB, que será visto abaixo. Esse último entendeu que a causa serve apenas para interpretar a conclusão do autor. Para HABSCHEID, entretanto, a lei exige a causa como

---

sentido em outra obra *(Manual de direito processual civil.* Trad. Cândido Dinamarco Rangel. 3. ed. São Paulo: Malheiros, 2005. p. 222 e p. 251).

[330] MARQUES, José Frederico. *Instituições de direito processual civil.* Campinas: Bookseller, 2000, vol. III. p. 35. CARVALHO, Milton Paulo de. *Do pedido no processo civil.* Porto Alegre: Sergio Antonio Fabris, 1992. p. 123.

[331] LACERDA, Galeno. *Despacho saneador.* 3. ed. Porto Alegre: Sergio Antonio Fabris, 1990. p. 83. Nessa linha, também CÂMARA, para quem o mérito da causa é a declaração de procedência ou de improcedência do pedido: "[...] havido exame de material probatório, a fim de se verificar se as alegações contidas napetição inicial eram mesmo verdadeiras ou não, estar-se-á diante de um promimento de mérito (de procedência ou de improcedência do pedido)". (CÂMARA, Alexandre Freitas. *O novo processo civil brasileiro.* São Paulo: Atlas, 2015. p. 38-39). O doutrinador compreende o pedido como a "[...] manifestação processual de uma pretensão (entendida a pretensão como a intenção de submeter o interesse alheio ao próprio)". (p. 190).

[332] "O objeto litigioso será, pois, constituído pela afirmação do autor (objeto da pretensão) e pelo fato da vida (fundametno da pretensão). A determinação do objeto litigioso é um ato obrigatório de disposição do autor. O objeto da pretensão resulta essencialmente do pedido, podendo ser necessário, para a sua determinação complementar, recorrer ao fundamento da ação. A afirmação jurídica estabelece, em conjunto, a afirmação do procedimento e a afirmação do efeito jurídico". BUZAID, Alfredo. Da lide: estudo sobre o objeto litigioso in *Estudos e pareceres de direito processual civil.* São Paulo: Revista dos Tribunais, 2002. p. 108.

[333] HABSCHEID, Walter J. L'Oggetto del processo nel diritto processuale civile tedesco (trad. Angela Loaldi) in *Rivista di Diritto Processuale.* Padova: CEDAM, vol XXXV (II serie), 1980. p. 457. Nesse sentido: *"Lo studio di Habscheid, ferma restando la raffigurazione dell'oggetto del processo in termini rigidamente processuali, ossia prescindendo da ogni riferimento al diritto soggetivo, si caratterizza per il riconoscimento di um ruolo centrale al fatto costitutivo [...]".* (MENCHINI, Sergio. *I limiti oggettivi del giudicato civil.* Milão: Giuffrè, 1987. p. 43-44).

elemento da demanda não só porque é necessária para a sua individualização, mas, também e sobretudo, para a sua *substanciação*,[334] o que leva TUCCI a afirmar que essa posição, "quanto aos fatos que constituem determinado relacionamento humano, corresponde, segundo imagino, a uma afirmação global, sendo que o Juiz deve valorar o seu respectivo fundamento sob todos os aspectos possíveis".[335]

ROCCO não faz referência à expressão "objeto do processo", preferindo falar em objeto da ação, subdividindo esse em objeto imediato e objeto mediato. Para o doutrinador, aquele recai sobre a prestação da atividade jurisdicional, isto é, o que se pede ao juiz ou, ainda, à providência jurisdicional requerida. Junto a esse pedido existe o objeto mediato do direito de ação e que é constituído pela concreta relação jurídica substancial ou pelo estado jurídico sobre o qual se pede aquela providência. Assim, além de um objeto imediato (constituído pela providência pedida aos órgãos jurisdicionais) existe um objeto mediato (constituído pela relação jurídica sobre a qual recai a referida providência).[336]

PIETRO-CASTRO, ao examinar o processo declarativo, menciona os elementos do objeto desse processo: um subjetivo, formado pelas pessoas litigantes e dois objetivos, sendo um constituído pelo título ou causa de pedir (*causa petendi*) e, outro, pela *petição* concreta (*petitum*).[337] A identificação do referido objeto com o *trea eadem* pode ser inferida da premissa inicial do doutrinador, relativa ao emprego usual da expressão "objeto do processo" como equivalente à "ação" (o que ocorre na maioria dos casos) ou de "pretensão".[338] Também encontra-se em AROCA que, prescindindo-se dos elementos subjetivos da pretensão (isto é, de quem se pede e frente a quem se pede – demandante e demandado), os elementos objetivos da pretensão, quais sejam, o pedido e a causa de pedir constituem o objeto do processo.[339]

---

[334] HABSCHEID, Walter J. L'Oggetto del processo nel diritto processuale civile tedesco. p. 460-461. Ver também a crítica de DE STEFANO, Giuseppe. Per una teoria dell'oggetto del processo *in Scritti giuridici in memoria di Piero Calamandrei*. Padova: CEDAM, 1958, vol. III. p. 235.

[335] TUCCI, Rogerio Cruz e. A denominada "situação substancial" como objeto do processo na obra de Fazzalari *in Revista da AJURIS*. Porto Alegre: Associação dos Juízes do Rio Grande do Sul, nº 60, março, ano XXIV, p. 67, 1994.

[336] ROCCO, Ugo. *Tratado de derecho procesal civil*. Parte general. Trad. Santiago Sentís Melendo y Marino Ayerra Redín. Buenos Aires: Depalma, 1969. p. 373-374.

[337] FERRÁNDIZ, Leonardo Prietro-Castro. *Derecho procesal civil*. 5. ed. Madrid: Tecnos, 1989. p. 102.

[338] Idem, p. 99.

[339] AROCA, Juan Montero. *La prueba en el proceso civil*. 5. ed. Pamplona: Thomson Civitas, 2007. p. 31. Nessa linha, ainda, AROCA, Juan Montero; CHACÓN CORADO, Mauro. *Manual de derecho procesal civil guatemalteco*. El juicio ordinario. Guatemala: Magna Terra, 1998, vol. I. p.105-106. Ainda, GANUZAS, Francisco Javier Ezquiaga. *Iura novit curia aplicación judicial del derecho*. Valladolid: Lex Nova, 2000. p. 51-52.

No Brasil, além de TUCCI, verifica-se que RIBEIRO associa o mérito ao pedido e causa de pedir quando afirma, primeiramente, que pretensão processual e objeto do processo são conceitos sinônimos que supõe a declaração de vontade realizada pelo autor por meio de uma petição fundada, com vistas a obter uma sentença (ou laudo arbitral). Ao analisar os elementos que constituem seu conceito antes formulado, refere que a *declaração de vontade* (por meio de uma petição fundada) tem, como ideia-base, a expressão *afirmação de direito*. Essa última, por sua vez, está relacionada ao conteúdo da petição, isto é, ao direito ou relação jurídica afirmada pelo autor em juízo, e não à petição *per se*.[340]

Correlacionando o pedido com a causa de pedir, tem-se ainda BEDAQUE, para quem a causa de pedir constitui elemento essencial da ação ao revelar a conexão entre o provimento jurisdicional pleiteado pelo autor e a pretensão formulada por esse. Assim e na linha de FAZZALARI, o provimento jurisdicional decorre de uma situação jurídica material, sendo que a causa de pedir revela o nexo entre o direito material e o processo. Nesse sentido, entende que "não devem ser aceitas as construções da doutrina alemã, tendentes a excluir a causa de pedir do objeto do processo".[341] Essa lição é encontrada, ainda, em TUCCI, para quem o pedido não deve ser entendido no sentido estrito de *mérito*, mas, sim, conjugado com a causa de pedir.[342] Ainda, vale evocar a lição de TALAMINI sobre o tema, para quem o pedido é *qualificado* pela causa de pedir: "o aspecto fundamental está em reconhecer que o objeto do processo não tem como ser configurado como algo estritamente processual e divorciado da situação sobre a qual a tutela deverá operar".[343] Já em SIQUEIRA, é possível verificar aderência à noção de objeto do processo como *pedido* e causa de pedir: "para a sistemática vigente, o juiz deve estar adstrito à causa de pedir, em seu duplo aspecto, pouco ou quase nada podendo a ela acrescentar. De resto, tal limitação advém da regra da adstrição ao pedido e aos seus fundamentos [...]". Em outras palavras, para o doutrinador, a causa de pedir e o pedido compõe o objeto do processo.[344]

---

[340] RIBEIRO, Darci Guimarães. *La pretensión procesal y la tutela judicial efectiva. Hacia una teoría procesal del derecho*. Barcelona: Bosch, 2004. p. 132-134. É nesse sentido que pode ser compreendido sua assertiva, em outra obra *(Da tutela jurisdicional às formas de tutela.* p. 42-43), no sentido de que o "objeto do processo é a pretensão processual".

[341] BEDAQUE, José Roberto dos Santos. Os elementos objetivos da demanda examinados à luz do contraditório *in* TUCCI, José Rogério Cruz e; BEDAQUE, José Roberto dos Santos (coord). *Causa de pedir e pedido no processo civil* (questões polêmicas). São Paulo: Revista dos Tribunais, 2002. p. 28-29.

[342] TUCCI, José Rogerio Cruz e. *A causa petendi no processo civil*. São Paulo: Revista dos Tribunais, 1993. p. 130.

[343] TALAMINI, Eduardo. *Coisa julgada e sua revisão*. São Paulo: Revista dos Tribunais, 2002. p. 80-81.

[344] SIQUEIRA, Cleanto Guimarães. *A defesa no processo civil as exceções substanciais no processo de conhecimento*. 3. ed. São Paulo: Saraiva, 2008. p. 125.

Por fim, o mesmo pode ser inferido a partir de uma interpretação integrada de MARINONI *et alii*, que referem que o CPC/2015 positivou o princípio da demanda ao ditar que o processo civil inicia por iniciativa do autor via propositura da *ação*, reservando-se, todavia, às partes, delimitar o mérito da causa pela alegação dos fatos constitutivos na petição inicial e pelos fatos impeditivos, modificativos ou extintivos na contestação. Nesse sentido, deve ser interpretado *cum grano salis* e em razão do princípio da demanda antes referido a assertiva seguinte, no sentido de que "[...] o mérito da causa é formado por alegações fático-jurídicas formuladas pelas partes [...]".[345] Aliás, idêntica senda pode ser identificada em BAPTISTA DA SILVA, para quem a demanda possui suas *questões litigiosas*, sendo que o conjunto dessas formará a *causa petendi* que, juntamente com o *pedido*, irá defini-la.[346]

3.1.7. Mérito como pedido, causa de pedir e defesas do réu

SATTA refere que não há dúvidas que a *demanda* determina, para todos os efeitos, o objeto do juízo, muito embora seja um erro considerar que aquela se constitua no único elemento de determinação desse último. Para o doutrinador, também a defesa do demandado pode influir no referido objeto. Em outras palavras, esse último resulta não só da *pretensão* do autor como da combinação dessa com a *pretensão* do demandado, extraindo essa conclusão da conjugação de dispositivos da lei processual italiana.[347]

Em REDENTI, pode ser encontrada a definição de objeto do processo como o *quid (legitime) disputatum inter partes*. Para o doutrinador, são os princípios da demanda e do contraditório constituem os guias para a determinação do seu (legítimo) objeto, visto que: **(i.)** a legislação processual italiana impõe ao juiz que decida sobre toda a demanda e não além dos limites dessa e; **(ii.)** a expressão "demanda" não se restringe apenas à petição inicial, senão todo o desenvolvimento do próprio processo. Sobre esse último tópico, especialmente, o doutrinador argumenta que a dedução, em juízo, da *ação-pretensão* investe o juiz, necessariamente, da cognição relativa aos eventuais motivos de resistência e exceções oponíveis pelo réu, tudo isso formando o objeto do juízo. Esse poderá ser ampliado de forma mais sensível nos casos em

---

[345] MARINONI, Luiz Guilherme; ARENHART, Sérgio Cruz; MITIDIERO, Daniel. *Novo curso de processo civil*. Teoria do processo civil. São Paulo: Revista dos Tribunais, 2015, vol 1. p. 270.

[346] BAPTISTA DA SILVA, Ovídio Araujo. *Curso de direito processual civil*. 7. ed. Rio de Janeiro: Forense, 2005, vol. 1. p. 314.

[347] SATTA, Salvatore. *Manual de derecho procesal civil*. Trad. Santiago Sentís Melendo y Fernando de la Rua. Buenos Aires: Ediciones Juridicas Europa-America, 1971, vol. I. p. 138-139.

que o réu oponha exceções reconvencionais ou, ainda, quando surja a necessidade de declaração incidental de certeza. Tudo isso aponta para a determinação do objeto do processo à luz da demanda e, também, do próprio contraditório exercido pelas partes litigantes.[348]

No Brasil, ASSIS parte da noção de ação processual enquanto direito público à jurisdição que, uma vez exercida, impõe ao Estado o dever de prestação dessa. A pretensão do autor, portanto, é exercida por meio da ação processual – ou demanda. Esse *agir* abriga o objetivo de, ao ver prestada a tutela jurisdicional, produzir também um efeito jurídico em face ao réu ou, "em palavras diversas, realizar – agindo – o alegado direito material".[349] Para o doutrinador, a demanda estabelece a relação processual que tem, por sujeito ativo, o autor e, por sujeito passivo, o Estado. O réu, citado, ostenta "a posição de polo verso da relação, porque ela se oferece em ângulo: dois sujeitos ativos (autor e réu) e um passivo (Estado)",[350] salientando que o réu possui direito – e pretensão – à tutela jurídica (apenas não *age*, mas *reage*, porque não foi dele a iniciativa de propor a demanda). Desse estado de coisas é que extrai o objeto do processo – ou mérito –, que entende residir na afirmação do autor e à qual acrescenta eventual contribuição do réu ao excepcionar fatos impeditivos, modificativos ou extintivos, aduzindo, expressamente, ao final, que os "elementos do mérito se identificam através das partes, da causa e do pedido".[351] O doutrinador reafirma essa posição em outra obra, entendendo que o objeto do processo é a *res in iudiciam deducta,* aduzindo que a legislação brasileira fornece um critério seguro para caracterizá-lo, o qual "reside na ação afirmada pelo autor e individualizada por seus três elementos – as partes, a causa de pedir e o pedido".[352]

3.2. Objeto do debate no processo

Depreende-se do acima visto que, para parcela substancial da doutrina processual, o autor da ação processual define o objeto do processo, quer seja com a sua demanda, quer seja com a sua pretensão.

---

[348] REDENTI, Enrico. *Derecho procesal civil.* Trad. Santiago Sentís-Melendo e Marino Ayerra Redín. Buenos Aires: Ediciones Juridicas Europa-America, 1957, vol. I. p. 242-244.

[349] ASSIS, Araken de. *Cumulação de ações.* 4. ed. São Paulo: RT, 2002. p. 85.

[350] Idem, p. 85.

[351] Idem, p. 121. Um pouco antes, o doutrinador adverte que a lição extraída da teoria alemã acerca do objeto litigioso, relativa à ideia de afirmação de um direito ou consequência jurídica está superada pelo art. 301, § 2º, do CPC/1973 (cuja redação foi mantida no art. 337, § 2º, do CPC/2015).

[352] Idem, p. 315. Mais abaixo, o autor refere que "[...] razão está, todavia, no entendimento de que o objeto litigioso decorre da conjugação equivalente da causa (ou episódio da vida) e do pedido, traduzida na afirmação do autor de que é titular de um direito perante o réu [...]". (p. 317).

Contudo, o processo judicial não labora com esse objeto enquanto único elemento de cognição, especialmente porque decisão de acolhimento – ou não – dos pedidos formulados pelas partes depende da produção de uma série de elementos que lhes são anteriores. Tais elementos são usualmente denominados de *questões,* sendo certo que, sobre essas, também recai a atividade decisória como se vê pelo § 2º do art. 203 do CPC/2015.

A expressão *questão* tem origem no latim *quaero, quaesivi, quaesitum* ou, ainda, *quaestum, quaerere,* significando procurar, discutir ou reclamar.[353] Refere-se, portanto, a qualquer coisa duvidosa e, como tal, suscetível de discussão e que, por isso, necessita ser resolvida. A presença das questões constitui dado pressuposto, constante e, portanto, necessário ao processo, a tal ponto de as reputar como condição indispensável para a sua existência e desenvolvimento. Nesse sentido, as questões se apresentam de forma incidental no processo, com características de eventualidade e acessoriedade.[354] A definição do que constituam uma questão não é extraída diretamente da legislação processual, muito embora essa empregue a expressão com frequência.

3.2.1. Questões

O CPC/1939 sofreu forte influência das ideias e concepções de CHIOVENDA, valendo referir que sua Exposição de Motivos deixa claro tal influência principalmente no campo da concepção publicística do processo e sua finalidade de atuação da lei no caso concreto. Além disso, também vale anotar a própria adoção do *princípio da autoridade do juiz.* Nas palavras da citada Exposição: "Prevaleceu-se o Código, nesse ponto, dos benefícios que trouxe ao moderno direito processual a chamada concepção publicística do processo. Foi o mérito dessa doutrina, a propósito da qual deve ser lembrado o nome de Giuseppe Chiovenda, [...]."[355] A influência em causa também foi referida no âmbito do Senado Federal ao expor que Código de 1939 é resultante de um esboço de Pedro Batista Martins, revisto pelo então Ministro da Justiça Francisco

---

[353] HECKLER, Evaldo (SJ); BACK, Sebald; MASSING, Egon. *Dicionário morfológico da língua portuguesa.* São Leopoldo: Unisinos, 1984, vol. IV. p. 3439.

[354] CARLI, Luigi. Questioni incidentali (diritto processuale penale) *in* SANTORO-PASSARELLI, Francesco (dir). *Enciclopedia del diritto.* Milão: Giuffrè, 1987, vol. XXXVIII. p. 62-63.

[355] CAMPOS, Francisco. *Exposição de Motivos do Decreto-Lei nº 1.608, de 18 de setembro de 1939.* D.O.U. de 13/10/1939. p. 24411. Disponível em: <http://www2.camara.leg.br/legin /fed/declei/1930-1939/decreto-lei-1608-18-setembro-1939-411638-norma-pe.html>. Acesso em: 15 set. 2015. A temática relativa ao princípio da autoridade em CHIOVENDA e seus reflexos no CPC/1939 será retomada com mais profundidade no próximo capítulo.

Campos, por Guilherme Estellita e por Abgar Renault.[356] Nesse contexto, encontram-se referências claras em LEITE sobre a influência da obra de CHIOVENDA tanto no pensamento de Francisco Campos quanto no de Pedro Baptista Martins,[357] dentre outros doutrinadores.[358]

No que pertine ao trato específico do tema *questões no processo*, o CPC/1939 não as disciplina de forma normativa, o que parece seguir uma linha muito semelhante àquela encontrada na obra de CHIOVENDA. Com efeito, o doutrinador não constrói, de forma sistemática, uma noção do tema relativo às *"questões"* em termos claros. Observa, todavia, que a atividade processual das partes influi no desenvolvimento da relação processual, sendo que cada alegação tem, por objetivo, introduzir novo elemento do material de cognição do juiz, com o escopo de influir sobre o convencimento desse. Entende que essa atividade é desenvolvida sob o crivo do contraditório, razão pela qual é dirigida ao juiz e, conjuntamente, para a outra parte.[359] Não se vislumbra, na sua obra, uma construção sistemática sobre o tema *questões no processo*, muito embora ventile suas várias espécies ao: **(i)** contrapor a sentença – como o pronunciamento sobre a demanda de fundo – com os pronunciamentos necessários durante o curso do processo (*interlocutiones*)[360] **(ii)** explicar as *questões sobre as condições da ação* enquanto *questões de fundo* ou de mérito, diferenciando-as dos pressupostos processuais.[361]

---

[356] BRASIL. Senado Federal. *O Código de Processo Civil de 1973 e suas alterações.* Brasília: Biblioteca Acadêmico Luiz Viana Filho. Disponível em: <http://www.senado.gov.br/senado/novocpc/pdf/CPC_ALTERA%C7%D5ES.pdf >. Acesso em: 19 out. 2016.

[357] LEITE, Daniel Secches Silva. A Concepção de modernidade em 1939 *in* LEAL, Rosemiro Pereira (coord., org. col.); ALMEIDA, Andréa Alves de (org., col.). *Comentários críticos a exposição de motivos do cpc de 1973 e os motivos para a elaboração de um novo cpc.* Franca: Lemos e Cruz. p. 260.

[358] Ver RAATZ, Igor; SANTANA, Gustavo da Silva. Elementos de história do processo civil brasileiro: do código de 1939 ao código de 1973. p. 5. Disponível em: <https://www.tjrs.jus.br/export/poder_judiciario/historia/memorial_do_poder_judiciario/memorial_judiciario_gaucho/revista_justica_e_historia/issn_1677-065x/v9n17n18/ELEMENTOS.pdf>. Acesso em: 19 out. 2016. Nesse sentido, também LIEBMAN, Enrico Tullio. *Problemi del processo civile.* Napoles: Morano, 1962. p. 484; BUZAID, Alfredo. L'influenza di liebman sul diritto processuale civile brasiliano *in Studi in onore di Enrico Tullio Liebman.* Milão: Giuffrè, 1979, vol. 1. p. 09; DINAMARCO, Cândido Rangel. Sugli svillupi della dotrina brasiliana del processo civile *in Studi in onore di Enrico Tullio Liebman.* Milão: Giufrfrè, 1979, vol. 1. p. 33. Em PAULA, entretanto, encontra-se que o CPC/1939 não representou ruptura epistemológica do direito processual na legislação predominante do país (ver PAULA, Jônatas Luiz Moreira de. *História do direito processual brasileiro.* Das origens lusas à escola crítica do processo. Barueri: Manole, 2002. p. 254). Por fim, SANTOS aduz que o CPC/1939 se aproximou, de um lado, de CHIOVENDA, muito embora exiba, por outro lado, "roupagens das venerandas Ordenações do Reino". (SANTOS, Moacyr Amaral. Contra o processo autoritário. *Revista da Faculdade de Direito [Da] Universidade de São Paulo,* São Paulo , v. 54, pt. 2, jul, p. 223, 1959.

[359] CHIOVENDA, Giuseppe. *Principios de derecho procesal civil.* Trad. José Casais y Santalo. Madrid: Reus, 1922, tomo II. p. 204.

[360] Idem, tomo II, p. 270.

[361] Idem, tomo I. p. 118. A problemática relativa às condições da ação não integra o presente estudo, muito embora possa ser referido que essa inclusão das condições da ação no mérito demons-

(iii) mencionar as *questões prejudiciais*, isto é, aqueles casos nos quais o juiz deve, por imposição legal ou por requerimento das partes, analisar uma ou mais questões que encontra em seu *iter lógico* e que se constitui em antecedente lógico da questão final, conferindo-lhe uma solução análoga àquela que daria se ventilada em um processo autônomo;[362]

---

tra, segundo DINAMARCO, o pensamento concretista de Chiovenda. (DINAMARCO, Cândido Rangel. *Fundamentos do Processo Civil Moderno.* 6. ed. São Paulo: Malheiros, 2010, vol. I. p. 314).

[362] CHIOVENDA, Giuseppe. *Principios de derecho procesal civil.* Trad. José Casais y Santalo. Madrid: Reus, 1922, tomo II. p. 689. O próprio autor do Anteprojeto do CPC/1939 refere que a redação do seu art. 282, que regula a *questão prejudicial*, tem inspiração no art. 280 do *Progetto di Codice di Procedura Civile* (ver MARTINS, Pedro Baptista. *Comentários ao Código de Processo Civil.* Rio de Janeiro: Forense, 1942, vol. III. p. 325). Para PONTES DE MIRANDA, mostra-se necessário diferenciar a questão prejudicial do ponto prejudicial, visto que esse último diz respeito à matéria não controvertida – ou já resolvida entre as partes – que é implícita ou explicitamente anteposta àquela que deva ser decidida. Refere, ainda, que as questões prejudiciais são, quase sempre, questões de mérito. (*Comentários ao Código de Processo Civil.* Rio de Janeiro: Forense, 1947, vol. II. p. 334 e p. 340. Não é objeto desse trabalho a problematização do tema *questões prejudiciais*. Porém, pode-se destacar que CHIOVENDA usou, como referencial sobre a matéria, a obra de Francesco MENESTRINA, que, por sua vez, entendia como prejudicial toda a questão cuja solução influi – ou constitui – pressuposto para a decisão da controvérsia deduzida em juízo (*La prejudiciale nel proceso civile.* Viena: Manz, 1904. p. 107-109), conferindo destaque aos aspectos cronológico e lógico (p. 86-88). A crítica efetuada ao pensamento de MENESTRINA, contudo, se deu pelo aspecto genérico da sua compreensão de prejudicialidade. Na doutrina italiana, encontram-se posições no sentido de efetuar uma revisão crítica desse conceito, entendendo que a prejudicialidade se situava na potencial idoneidade da decisão relativa à questão prejudicial em determinar – ou mesmo definir – a solução da relação dependente, razão pela poderia constituir-se em objeto autônomo de um processo. (ver DENTI, Vittorio. Questioni pregiudiziali *in* AZARA, Antonio; EULA, Ernesto (Org.). *Novissimo digesto italiano.* 3. ed. Torino: Unione Tipografico-Editrice Torinese, 1967-1983, vol. XIV. p. 676-677). Refira-se também Michele TARUFFO, que efetua crítica à doutrina de MENESTRINA por entender lhe faltar uma definição clara da relação a partir da qual uma questão poderia ser prejudicial a outra. Para TARUFFO, ainda, a questão prejudicial é aquela capaz de condicionar diretamente a decisão da questão dependente: "a solução da questão dependente 'descende' diretamente da solução da questão prejudicial". (Ver *A motivação da sentença civil.* Trad. Daniel Mitidiero, Rafael Abreu, Vitor de Paula Ramos. São Paulo: Marcial Pons, 2015. p. 240-241). Enrico ALLORIO, por sua vez, refere que uma relação jurídica será prejudicial a respeito de outra nos casos em que se verificar uma relação de dependência dessa para com aquela, ou seja, *prejudicialidade* e *dependência* são expressões correlatas (*La cosa juzgada frente a terceiros.* Trad. Maria Angelica Purrido Barreto. Madrid: Marcial Pons, 2014. p. 67-68. Já em Enrico Tullio LIEBMAN pode-se colher que a questão prejudicial relaciona-se com as questões que se constituem antecedentes lógicos do objeto da demanda e, portanto, não ampliam o referido objeto. (*Manual de direito processual civil.* Trad. Cândido Dinamarco Rangel. 3. ed. São Paulo: Malheiros, 2005. p. 224). Salvatore SATTA, por fim, efetua uma distinção entre prejudicialidade lógica e técnica: a primeira refere-se àquelas questões que o juiz deva, por sua natureza ou por sua relação com a questão principal, conhecer com eficácia de coisa julgada, ou seja, estão contidas no objeto do juízo. As últimas, por sua vez, são aquelas que estão afetas a um fato diverso e independente que se apresenta como pressuposto lógico e jurídico do processo. (*Manual de derecho procesal civil.* Trad. Santiago Sentís Melendo y Fernando de la Rua. Buenos Aires: Ediciones Juridicas Europa-America, 1971, vol. I. p. 243-246). Essa distinção é observada, ainda, por Sergio MENCHINI (*I limiti oggettivi del giudicato civil.* Milão: Giuffrè, 1987. p. 88) e, também, por Andrea Proto PISANI (*Lezioni di diritto processuale civile.* Napoli: Dott. Eugenio Jovene, 1996. p. 362). A crítica parece ter sido assimilada no Brasil, dadas as lições no sentido de que a prejudicial se constitui em questão da qual dependa a apreciação de fatos ou relações jurídicas ligadas à pretensão a ser decidida por *conexão genética* (MARQUES, José Frederico. *Instituições de direito processual civil.* Campinas: Millennium, 2000. p. 368). Essa lição é repisada, por exemplo, em THEODORO JUNIOR, Humberto. *Curso de direito processual civil.* 56. ed. Rio de Janeiro: Forense, 2015, vol. I. p. 1.120. Também podem ser verificadas remissões expres-

(iv) explicar as *questões preliminares*, compreendendo-as como as relativas ao próprio processo (questões processuais), em contraposição às questões de fundo;³⁶³ **(v)** referir as *questões de fato*, compreendendo-as como o juízo acerca da existência de um ou mais fatos sobre os quais a lei confere consequências jurídicas e, por fim; **(vi)** contrapor essas às *questões de direito*, relacionadas ao juízo relativo à existência de uma norma abstrata de lei.³⁶⁴

---

sas à obra de MENESTRINA como, por exemplo, em MARINONI, Luiz Guilherme; ARENHART, Sérgio Cruz; MITIDIERO, Daniel. *Novo curso de processo civil*. São Paulo: Revista dos Tribunais, 2015, vol. 2. p. 633. Sem referência expressa à MENESTRINA, mas com bastante afinidade, observa Nelson NERY JUNIOR. que as prejudiciais são aquelas decididas lógica e necessariamente antes de outras questões, influenciando o julgamento dessas últimas (*Teoria geral dos recursos*. 7. ed. São Paulo: Revista dos Tribunais, 2014. p. 240). Já Ovídio Araujo BAPTISTA DA SILVA *(Curso de direito processual civil*. 7. ed. Rio de Janeiro: Forense, 2005, vol. 1. p. 311) aponta, no âmbito de tópico dedicado à *ação declaratória incidental* prevista no CPC/1973, que a questão prejudicial é aquela da qual depende a existência da pretensão contida na demanda prejudicada.

³⁶³ CHIOVENDA, Giuseppe. *Principios de derecho procesal civil*. Trad. José Casais y Santalo. Madrid: Reus, 1922, tomo I. p. 103. Nesse mesmo sentido, CARNELUTTI, Francesco *Instituciones del proceso civil*. Trad. Santiago Sentis Melendo. Buenos Aires: Ediciones Juridicas Europa-America, 1973, vol. I. p. 37. Não é objeto desse trabalho a problematização do tema relativo às questões preliminares. Essas já eram encontradas no processo civil romano sob a denominação *præiudicia*, que se trata de uma *formulæ* na qual é colocado, ao *iudex*, um problema de acertamento de alguma circunstância de fato ou de direito (Cf. TALAMANCA, Mario. Diritto civile: a) diritto romano *in Enciclopedia del diritto*. Varese: Giuffrè, 1981, vol XXXVI. p. 68. Modernamente, Francesco CARNELUTTI *(Instituciones del proceso civil*. Trad. Santiago Sentis Melendo. Buenos Aires: Ediciones Juridicas Europa-America, 1959, vol. II. p. 53) realiza uma distinção entre *questões preliminares de ordem*, que denomina de questões de ordem e *questões preliminares de fundo*. Quanto a essas últimas (também chamadas de questões preliminares de mérito), se constituem em determinadas exceções (fatos impeditivos, extintivos ou modificativos) que afetam juridicamente aquele fato posto como fundamento da demanda pelo autor da demanda. Ou seja, são preliminares de mérito porque não entram no quadro da *fattispecie* constitutiva do direito deduzido em juízo, mas sua decisão influencia diretamente a decisão daquele. Diferenciam-se, contudo, das questões prejudiciais porque essas podem ser objeto de um processo autônomo, o que não ocorre com aquelas (cf. GARBAGNATI, Edoardo. Questione pregiudiciale *in* SANTORO-PASSARELLI, Francesco (dir). *Enciclopedia del diritto*. Milão: Giuffrè, 1987, vol. XXXVIII. p. 75-76 e também em Questioni preliminari di merito e questione pregiudiziali. *Rivista di diritto processuale*. Padova: CEDAM, vol XXXI (II serie), p. 259-260, 1976 e, também, em Questione pregiudiciale *in* SANTORO-PASSARELLI, Francesco (dir). *Enciclopedia del diritto*. Milão: Giuffrè, 1987, vol. XXXVIII. p. 259). Para esse último doutrinador, diferentemente da questão prejudicial, a preliminar de mérito não pode se constituir em objeto de um processo autônomo e, assim, sua decisão não pode ser acorbertada pelo manto da coisa julgada (p. 270). Nesse sentido, também pode ser encontrada a expressão *questões preliminares de fundo* (ver REDENTI, Enrico. *Derecho procesal civil*. Trad. Santiago Sentís-Melendo e Marino Ayerra Redín. Buenos Aires: Ediciones Juridicas Europa-America, 1957, vol. I. p. 461). LIEBMAN, por outro lado, entende que as *questões preliminares* tem, por objeto, as seguintes matérias: *(i.)* validade e regularidade dos atos processuais, *(ii.)* pressupostos processuais e *(iii.)* condições da ação, ou seja, as compreende de forma mais restrita, como questões de ordem processual. (LIEBMAN, Enrico Tullio. *Manual de direito processual civil*. p. 226-227).

³⁶⁴ CHIOVENDA, Giuseppe. *Principios de derecho procesal civil*. Trad. José Casais y Santalo. Madrid: Reus, 1922, tomo I. p. 176. Não é objeto desse trabalho a problematização do tema relativo à diferenciação entre *questão de fato* e a de *direito*, cuja origem pode ser verificada no direito romano (cf. CALAMANDREI, Piero. *La casación civil*. Trad. Santiago Sentís Melendo. Buenos Aires: Editorial Bibliografica Argentina, 1945, tomo I. p. 59 e segs.), sendo que, na atualidade, a oposição entre *fato* e *direito* parece ser amplamente aceita em doutrina (cf. WRÓBLEWSKI, Jerzy. *Sentido y hecho en el derecho*. Trad. Francisco Javier Ezquiaga Ganuzas. México: Fontamara, 2001. p. 259. Entretanto,

Em CARNELUTTI, entretanto, é possível encontrar uma definição clara de questão como dúvida acerca de uma razão. Com efeito, para o doutrinador, nos casos em que a razão – seja da pretensão, seja da contestação – se torna *duvidosa*, surge uma questão. Na linguagem *carneluttiana*, a decisão da lide é obtida, portanto, mediante a solução

---

também é possível verificar um consenso atual sobre a dificuldade de traçar uma linha fronteriça entre ambos os conceitos, razão pela qual encontram-se variadas propostas para tanto (ver, exemplificativamente, as referidas por GANUZAS, Francisco Javier Ezquiaga. *Iura novit curia aplicación judicial del derecho*. Valladolid: Lex Nova, 2000. p. 20; STEIN, Friedrich. *El conocimiento privado del juiz*. Trad. Andrés de la Oliva Santos. Madrid: Centro de Estudios Ramón Araces S.A., 1973. p. 103; WRÓBLEWSKI, Jerzy. *Sentido y hecho en el derecho*. Trad. Francisco Javier Ezquiaga Ganuzas *et alii*. México: Fontamara, 2001. p. 259; CARLI, Carlo. *La demanda civil*. Buenos Aires: LEX, 1977. p. 312; ALSINA, Hugo. *Tratado teorico practico de derecho procesal civil y comercial*. Buenos Aires: Compañia Argentida de Editores, 1942, tomo II. p. 166-168; MANCUSO, Rodolfo de Camargo. *Recurso extraordinário e recurso especial*. 9. ed. São Paulo: Revista dos Tribunais, 2006. p.155; BAPTISTA DA SILVA, Ovídio Araújo. *Curso de direito processual civil*. 7. ed. Rio de Janeiro: Forense, 2005, vol 1. p. 434-435; ASSIS, Araken de. *Processo civil brasileiro*. Parte Geral: fundamentos e distribuição de conflitos. vol. I. p. 935). De uma forma muito geral, entende-se, a partir dos doutrinadores assinalados, a questão de fato como relacionada a algum acontecimento controvertido pelas partes e que, na visão dessas, seja importante para a decisão judicial acerca de *questão* ou do próprio *mérito*. A questão de direito, por outro lado, diz respeito à interpretação e aplicação das diferentes normas jurídicas aplicáveis aos fatos, sejam esses controvertidos ou não, na decisão de questão ou do próprio mérito. Esse tema ganhou destaque em face ao recurso de cassação italiano e francês, bem como à revisão germânica, todos meios de preservação do direito. (ASSIS, Araken de. *Processo civil brasileiro*. Parte Geral: fundamentos e distribuição de conflitos. São Paulo: Revista dos Tribunais, 2015, vol. I. p. 935). Contudo, são apontadas interferências mútuas entre as duas categorias, já que a solução de uma *quæstio facti* ocorre sempre em função de uma *quæstio iuris* e vice-versa, razão pela qual a decisão judicial contém, a um só tempo, ambas as questões apontadas. Daí por que a sua distinção é empírica (ver GIUDICEANDREA, Nicola. Questione di fatto *in* AZARA, Antonio; EULA, Ernesto (Org.). *Novissimo digesto italiano*. 3. ed. Torino: Unione Tipografico-Editrice Torinese, 1967-1983, vol. XIV. p. 674). Há, inclusive, doutrinadores que entendem não haver importância alguma na diferenciação entre os institutos em referência (cf. CALAMANDREI, Piero. *Teoría general del derecho*. Trad. Francisco Javier Osset. Madrid: Revista de derecho privado, 1955. p. 482; CARLI, Carlo. *La demanda civil*. Buenos Aires: LEX, 1977. p. 312). Aliás, verificam-se lições no sentido de que a lógica dialética do processo medieval colocava ambas as questões ao debate, sujeitando-as ao contraditório de forma indestacável o que leva doutrinadores a salientar a "estupefata" modernidade dos brocardos latinos *iura novit curia* e o *mihi factum dado tibo ius* como premissas de uma separação radical entre a questão de direito e a de fato (MITIDIERO, Daniel Francisco. A lógica da prova no ordo judiciarius medieval e no processus assimétrico moderno: uma aproximação. *Argumenta Journal Law*. Jacarezinho. n. 6, fev, p. 187, 2003. Disponível em: <http://seer.uenp.edu.br/index.php/ argumenta/article/view/65>. Acesso em: 12 nov. 2016). Subsiste, assim, um imbróglio em torno do campo de incidência dessas questões na forma como entendidas hodiernamente, cuja superação pode ser realizada a partir de um *topus* paradigmático que revele a *(cons)*ciência de que o direito não pode prescidir do fato e vice-versa ou, ainda, que "não há validade que não seja validade de algo, e de algo que relativamente a essa intenção fundamentalmente se ofereça na contingência da facticidade". Exsurge, daí, que a *quæstio iuris* é sempre a *quæstio iuris* de uma certa *quæstio facti*, subsistindo uma correlação conceitual entre ambas as categorias (cf. NEVES, Antonio Castanheira. *Questão-de-facto-questão-de-direito ou o problema metodológico da juridicidade*: (ensaio de uma reposição crítica). Coimbra: Almeidina, 1967. p. 43-44). Daí porque, um novo marco paradigmático exige uma nova compreensão do próprio processo interpretativo, no qual o direito integra o próprio caso (isto é, que a questão de fato se revela também como uma questão de direito e vice-versa). (STRECK, Lenio Luiz. *Verdade e Consenso*. 4. ed. São Paulo: Saraiva, 2011. p. 278). Enfim, que a dicotomia metodológica apontada não afasta a possibilidade de concorrerem, para ambas as questões, idênticos tipos de dados e de juízos nos termos alinhavados por NEVES (p. 462).

das suas questões, sendo que as questões resolvidas constituem as razões da decisão. Normalmente, as dúvidas surgem das alegações das partes, muito embora possam também ser suscitadas pelo juiz naquelas matérias que deva examinar de ofício. As razões (da pretensão ou da contestação) passam a ser questões e essas, por sua vez, se resolvem em razões (da decisão). O doutrinador também realiza uma distinção clara entre questões materiais e questões processuais, sendo, as primeiras, o *fundo da lide* e, as segundas, voltadas à ordem ou ao rito. Disso extrai que a questão não é a *lide* porque o conflito de interesses é estranho às questões, demonstrando-o pela existência de dúvidas que podem ser estranhas à lide (por exemplo, as dúvidas sobre o rito). Assim, a distinção entre lide e questão deve ser considerada no sentido de que, não somente uma lide pode conter várias questões, como também uma questão pode interessar a várias lides.[365]

CARNELUTTI também entende que as questões são uma espécie de vínculo (atadura) entre o processo e a lide,[366] definindo aquelas como os pontos duvidosos de fato ou de direito ou toda ausência de certeza em torno da realidade de algum fato ou de sua eficácia jurídica. Apresenta, assim, as questões como a causa ou a condição da lide, aduzindo que existem porque existem dúvidas em torno dos pressupostos de fato ou de direito da tutela pretendida. Enquanto a lide entra no processo na forma delineada pela demanda sendo que aquele resolve as questões relativas a essa última.[367] Por fim, ressalta que o processo compreende todas as questões cuja a resolução constitua um pressuposto da decisão sobre a demanda, tanto para o seu acolhimento quanto para sua rejeição. Há, portanto, uma conexão lógica entre as questões e a referida demanda.[368] Entende a decisão, assim, não só como o juízo proferido em torno da lide, mas, sim, como todos os outros juízos que pronuncia durante o processo, razão pela qual não caberia supor que sentença e decisão sejam sinônimos, já que essa última constitui-se na resolução das questões do litígio.[369] Daí por que BAPTISTA DA SILVA afirma que CARNELUTTI identifica os conceitos de *lide* e de *questão*.[370] Enfim, seguindo a doutrina de CARNELUTTI, BUZAID também afir-

---

[365] Cf. CARNELUTTI, Francesco. *Instituciones del proceso civil*. Trad. Santiago Sentis Melendo. Buenos Aires: Ediciones Juridicas Europa-America, 1973, vol I. p. 36-38.
[366] CARNELUTTI, Francesco. *Lezioni di diritto processuale civile*. Padova: CEDAM, 1986, vol. IV. p. 30.
[367] Idem, vol. I. p. 03.
[368] CARNELUTTI, Francesco. *Instituciones del proceso civil*. Trad. Santiago Sentis Melendo. Buenos Aires: Ediciones Juridicas Europa-America, 1973, vol. I. p. 919.
[369] Idem, p. 271.
[370] BAPTISTA DA SILVA, Ovídio Araújo. *Sentença e coisa julgada* (ensaios e pareceres). 4. ed. Rio de Janeiro: Forense, 2003. p. 127.

mou a questão como todo o ponto duvidoso de fato ou de direito, toda a incerteza em torno da realidade de um fato ou em torno da sua eficácia jurídica e, também, entendeu que a decisão constitui a resolução das questões da lide.[371]

Pode-se anotar, a partir do que se expôs acima, que o CPC/1973 está muito próximo da arquitetônica processual contida na doutrina *carneluttiana*, o que não significou o rompimento com o pensamento *chiovendiano*.[372] Seguiu o pensamento rigorosamente metodológico do doutrinador em referência, disciplinando a própria previsão da resolução da *questão incidente*[373] por via de decisão interlocutória, bem como sua definição de dispositivo sentencial como parcela da sentença em que o juiz resolve as questões que as partes lhe submetem. Além disso, criou uma forte coordenação entre o despacho saneador e a sentença, o que faz muito sentido pela redação do seu art. 458 no qual disciplinou os requisitos essenciais da sentença e previu que a *fundamentação* constitui o *locus* no qual o juiz analisa as *questões* de fato e de direito, mas no dispositivo resolve as *questões* que as partes lhe submeteram.

Pode-se, todavia, criticar aquela arquitetônica por lhe faltar um exame sob o ponto de vista da problematicidade inerente à resolução das diferentes *questões* apontadas. Ou, por outras palavras, muito embora as *questões* sejam identificadas segundo um critério metodológico claro, não subsiste um escorço teórico mais aprofundado sobre *o modo como são* (ou deveriam ser) *resolvidas no processo*. Sobre o tema, cabe lembrar que BAPTISTA DA SILVA menciona que as grandes obras institucionais *carneluttianas* (as *"Lezioni"* e o *"Sistema"*) obedecerem ao mais profundo e radical dogmatismo, mas não discutem um único caso concreto e, tampouco, possuem a preocupação em referir a história dos institutos examinados.[374] Trata-se, assim, da *pureza* do direito, a qual promove, no campo do processo, uma cisão indelével entre a ciência

---

[371] BUZAID, Alfredo. *Do Agravo de Petição* no sistema do código de processo civil. 2. ed. São Paulo: Saraiva, 1956. p. 112.

[372] *Pelo contrário:* o doutrinador está inserido na orientação sistemática que remonta a CHIOVENDA, em cujas tendências entrecruza e contemporaniza em um *"feliz ecletismo"*. (cf. CALAMANDREI, Piero. *Los estudios de derecho procesal en italia*. Trad. Santiago Santis-Melendo. Buenos Aires: E.J.E.A., 1959. p. 38).

[373] As quais, aliás, constituem uma "massa muito considerável". (Cf. CARNELUTTI, Francesco. *Instituciones del proceso civil*. Trad. Santiago Sentis Melendo. Buenos Aires: Ediciones Juridicas Europa-America, 1959, vol. II. p. 53).

[374] BAPTISTA DA SILVA, Ovídio Araújo. *Processo e ideologia*. O paradigma racionalista. Rio de Janeiro: Forense, 2004. p. 37. Todavia, Piero CALAMANDREI entende que a obra de Carnelutti queria dar importância predominantemente à finalidade prática dos institutos, colocando em evidência, junto com a sua *estrutura estática*, a função dinâmica que se vive na experiência cotidiana. (Ver *Los estudios de derecho procesal en italia*. Trad. Santiago Santis-Melendo. Buenos Aires: E.J.E.A., 1959. p. 32)

do direito processual e a problematicidade do caso concreto, visão essa que marcou o processo civil brasileiro notadamente com CPC/1973 enquanto herdeiro do pensamento *carneluttiano*.[375]

3.2.2. (Das questões ao) objeto do debate

O aprofundamento teórico da dinâmica do processo civil trouxe uma distinção mais rigorosa do objeto do processo, compreendendo-o como algo distinto do *objeto litigioso do processo* ou do *objeto do debate*. Em ALVIM é possível encontrar essa distinção, apoiada na doutrina alemã que diferencia as expressões *"Streitgegenstand"* e *"Streitsache"*. Citando Schmidt, o doutrinador definiu o objeto litigioso como aquilo que a sentença resolverá com força de coisa julgada. Com base em Kleinfeller, entretanto, refere que *"Streitsache"* é um conceito mais amplo do que *"Streitgegenstand"*: aquele vem a ser tudo aquilo que é objeto de decisão enquanto esse significa a pretensão, ou mais precisamente, o objeto litigioso (sinônimo, portanto, de *"Hautsache"* ou de *"Haunptanspruch"*, esses em contraposição com pedidos acessórios).[376]

Nessa medida, o par alternativo da pretensão seria a noção de resistência ou oposição à pretensão, ou seja, a reação à pretensão formulada pelo demandante. *"Esta no es um trâmite, ni un acto procesal, sino que es támbién una petición, si bien es simpre la misma: no ser condenado"*.[377] A resistência não serve para delimitar o objeto do processo, muito embora possa ampliar os limites do debate.[378] Ou, por outras palavras, o objeto litigioso do processo não é o pedido do autor, somente, mas tudo aquilo que deva ser decidido pelo juiz: "não só o objeto do judicium mas também da simples cognitio".[379] Esse último pertine a todo o material ou, ainda, questões submetidas à cognição judicial e abarcam os fundamentos da inicial (causa de pedir), pedido, alegações e defesas

---

[375] Ver, também, nesse sentido, BAPTISTA DA SILVA, Ovídio Araújo. *Sentença e coisa julgada* (ensaios e pareceres). 4. ed. Rio de Janeiro: Forense, 2003. p. 124.

[376] ALVIM, Arruda. *Direito processual civil*. Teoria geral do processo de conhecimento. São Paulo: Revista dos Tribunais, 1972, vol. II. p. 156-157 (nota de rodapé n. 177).

[377] AROCA, Juan Montero; CHACÓN CORADO, Mauro. *Manual de derecho procesal civil guatelmateco*. El juicio ordinario. Guatemala: Magna Terra, 1998, vol. I. p. 107-108.

[378] Idem, p. 108.

[379] SANCHES, Sydney. Objeto do processo e objeto litigioso do processo. *Revista da AJURIS*. Porto Alegre: Associação dos Juízes do Rio Grande do Sul, n. 16, ano VI, julho, p. 152, 1979. Conforme o doutrinador, o "objeto do processo, por conseguinte, é toda a matéria, de fato, ou de direito, relacionada a pressupostos processuais (inclusive, portanto, o próprio procedimento), às condições de ação (possibilidade jurídica, interesse de agir e legitimidade de partes) e ao próprio mérito (inclusive questões prévias), que deva ser examinada pelo juiz, provocado pelas partes ou ex officio [...]. Enfim, o objeto do processo é gênero a que se filia a espécie objeto litigioso do processo". (p. 153).

invocadas pelo réu e demais questões ligadas aos pressupostos processuais e condições da ação, bem como outras passíveis de cognição de ofício pelo magistrado.[380]

O objeto litigioso constitui-se um conceito menor do que o objeto do processo – esse último compreendido como o pedido do autor (formulado na petição inicial e nas oportunidades em que o sistema processual lhe permita ampliá-lo e ou alterá-lo), o pedido do réu (formulado na reconvenção ou nas ações dúplices).[381] Incumbe ao autor determinar o objeto do processo por meio de sua pretensão e, ao réu, contribuir com a determinação do objeto do debate: a pretensão delimita o primeiro e, essa somada à resistência do demandado, delimita o objeto do debate. Os fatos afirmados pelo réu não servirão para determinar o objeto do processo, visto ser esse somente a pretensão, muito embora sirvam tanto para ampliar o debate (no caso de o réu alegar fatos próprios, esses ampliam a matéria sobre a qual incidirá o debate) e/ou completar o que deve ser decidido na sentença (ao alegar fatos próprios, a decisão do juiz não poderá se referir à pretensão do autor, somente, como também à fundamentação da resistência do réu).[382] Ou seja, o réu não consegue, pelas suas defesas, fazer com que o processo tenha dimensão maior, menor ou diversa daquela que o autor originou mediante a sua demanda inicial.[383] Outra demonstração do que ora se expõe é que não há processo sem demanda, muito embora uma vez instaurado possa prosseguir sem contestação.[384]

Por isso também já foi dito que os "[...] *órganos jurisdiccionales al satisfacer, por medio del proceso y de la sentencia, intereses privados, deben ser congruentes con la pretensión (objeto del proceso) y la resistencia (objeto del debate) formuladas*".[385] Ou, como prefere RIBEIRO, admitida a demanda com o objeto do processo definido pelo autor, o réu deduzirá o material que entender útil para a sua defesa. Sua "resistência" não altera o objeto do processo, embora possa ampliar os limites do debate por meio das suas impugnações, exceções materiais (fatos extintivos,

---

[380] LEONEL, Ricardo de Barros. Objeto litigioso do processo e o princípio do duplo grau de jurisdição *in* TUCCI, José Rogério Cruz e; BEDAQUE, José Roberto dos Santos. *Causa de pedir e pedido no processo civil* (questões polêmicas). São Paulo: Revista dos Tribunais, 2002. p. 351-352.

[381] Idem, p. 352.

[382] AROCA, Juan Montero. *La prueba en el proceso civil*. 5. ed. Pamplona: Thomson Civitas, 2007. p. p. 31 e 33.

[383] GUASP, Jaime. *Derecho procesal civil*. Madrid: Instituto de Estudios Politicos, 1968 vol. I. p. 58.

[384] GANUZAS, Francisco Javier Ezquiaga. *Iura novit curia aplicación judicial del derecho*. Valladolid: Lex Nova, 2000. p. 58.

[385] FERNÁNDEZ, Eneida Arbaizar; GUTIÉRREZ, Alazne Basañez; PADILLA, Gloria Pérez; *et alii*. *La inicativa probatoria de oficio en los procesos especiales no dispositivos in* LLUCH, Xavier Abel; PICÓ I JUNOY, Joan (coord). *Los poderes del juez civil en materia probatoria*. Barcelona: Bosch, 2003. p. 75.

impeditivos e modificativos) e processuais (pressupostos processuais).[386] Por óbvio que isso ocorre em razão da necessária bilateralidade da ação e sua consequente natureza dialética.[387]

DINAMARCO também efetua a distinção em comento, ainda que por outras bases. O doutrinador refere que o processo judicial culmina com a emissão de um ato imperativo do juiz acerca da pretensão que lhe é apresentada. O exame dessa pretensão (mérito) dependerá da coexistência de duas ordens de requisitos: **(i.)** que o demandante demonstre que possua, *in concreto,* o poder de desencadear a atividade judiciária (condições da ação) e; **(ii.)** que o processo seja regular com o adequado preenchimento de todos os seus pressupostos processuais. Por óbvio que, para além desses, o demandante deverá demonstrar que sua pretensão esteja amparada pelo direito material, convencendo o juiz nesse sentido com base nos fatos e provas apresentadas. Ora, é natural que surjam *questões* no decorrer do processo, relativos a qualquer um desses requisitos, constituindo-se pontos duvidosos, tanto em relação ao mérito, quanto em relação àquelas condições e pressupostos referidos.[388]

REDENTI aborda a temática em causa pelo prisma dos princípios da demanda e do contraditório, entendendo que esses contribuem na própria determinação do objeto da demanda.[389] Nesse sentido, a dedução em juízo da *ação-pretensão* (ver nota de rodapé nº 292) pelo autor investe o juiz, necessariamente, para a cognição dos motivos de resistência e de exceções oponíveis pelo réu. A essa defesa, por sua vez, o autor poderá replicar e o réu poderá contrarreplicar e assim sucessivamente.[390] O objeto do processo vem a ser constituído, em seu conjunto, pelo *quid disputatum inter partes* no momento em que esse mesmo processo chega à fase decisória, sendo que o referido *quid* constitui o *thema decidendum* para o juiz. Nessa medida, o doutrinador integra, ao objeto do processo, a matéria controvertida ao longo da sua tramitação. Refere, inclusive que o juiz, antes de *deliberar,* deve tomar conhecimento de todos os atos do processo, entende-los, interpretá-los, valorá-los e utilizar o resultado dessas atividades de tal maneira que representem o elemento determinante do seu pensamento.[391]

---

[386] RIBEIRO, Darci Guimarães. *La pretensión procesal y la tutela judicial efectiva.* Hacia una teoría procesal del derecho. Barcelona: Bosch, 2004. p. 138-139.

[387] WATANABE, Kazuo. *Cognição no processo civil.* 4. ed. São Paulo: Saraiva, 2011. p. 115.

[388] DINAMARCO, Cândido Rangel. *Fundamentos do processo civil moderno.* 6. ed. São Paulo: Malheiros, 2010, vol. I. p. 324-325.

[389] REDENTI, Enrico. *Derecho procesal civil.* Trad. Santiago Sentís-Melendo e Marino Ayerra Redín. Buenos Aires: Ediciones Juridicas Europa-America, 1957, vol. I. p. 242.

[390] Idem, p. 244.

[391] Idem, p. 277.

Em todos os doutrinadores citados, observa-se o exame do objeto do debate à luz das *questões* que o processo apresenta. O contraditório exsurge, nesse contexto, como um princípio do processo diretamente às referidas questões (*audiatur et altera pars*), entendido como uma colaboração de ambas as partes cuja oposição de interesses se desenvolve justamente mediante o mencionado contraditório.[392] Nesse sentido, sua ênfase recai tanto na *constituição* da relação processual (com a citação do réu),[393] quanto seu desenvolvimento mediante a dedução de provas e introdução de novos elementos de cognição. O contraditório faz com que cada uma dessas atividades seja dirigida ao juiz e, ao mesmo tempo, para a outra parte.[394] Essa observação se mostra relevante porque o contraditório passa a ser assimilado como um princípio processual estreitamente ligado ao direito de ação e ao direito de defesa[395] a englobar, também, o direito de participação e mesmo de paridade das partes, de forma que a sua observância constitui um dos pressupostos de uma decisão *justa,* porque fruto do diálogo trilateral entre partes e juiz.[396] Mesmo no âmbito da doutrina de cariz *chiovendiana* (e que inspirou as regras do CPC/1939 e, ao menos em parte, o próprio CPC/1973), o contraditório constitui-se em um elemento de formação das *questões* no processo, já que por ele se formam os *pontos duvidosos;* destarte, tal noção estava desligada da atividade decisória do juiz de forma a possibilitar a criação de certos vácuos entre o que as partes apresentam no processo e aquilo que o juiz enxerga em sua decisão, o que será melhor apresentado no próximo item.

Por isso, é importante mencionar a contribuição de FAZZALARI acerca do tema *objeto do debate* em face à ênfase que empresta ao prin-

---

[392] CARNELUTTI, Francesco. *Instituciones del proceso civil*. Trad. Santiago Sentis Melendo. Buenos Aires: Ediciones Juridicas Europa-America, 1973, vol I. p. 184.

[393] CHIOVENDA, Giuseppe. *Principios de derecho procesal civil*. Trad. José Casais y Santalo. Madrid: Reus, 1922, tomo II. p. 62.

[394] Idem, p. 205.

[395] Nesse sentido, identifica-se, na doutrina, referências ao interesse geral e secundário do réu em obter a declaração de certeza sobre a relação jurídica substancial sobre a qual o autor pede a providência jurisdicional. Esse interesse é consubstanciado no direito de contradição em juízo, o que se mostra como uma modalidade diversa do direito de ação que resulta da posição que esse último assume no processo e que também resulta da igualdade das partes no processo. (cf. ROCCO, Ugo. *Tratado de derecho procesal civil*. Parte general. Trad. Santiago Sentís Melendo y Marino Ayerra Redín. Buenos Aires: Depalma, 1969, vol. I. p. 315-317).

[396] CONSOLO, Claudio; GODIO, Frederica. Princípio del contraddittorio *in* COMOGLIO, Luigi Paolo; CONSOLO, Claudio; SASSANI, Bruno; *et alii. Commentario del codice di procedura civil*. Torino: Utet Giuridica, 2012, vol. II. p. 22-23. Disponível em: <https://books.google.com.br/books?id=5-xiBAAAQBAJ&pg=PA24&lpg=PA24&dq=comoglio+contraddittorio&source=bl&ots=5kf_mKkKSs&sig=fpsv7IVzIaOgfcgHIci1Y2pB8U&hl=ptBR&sa=X&ved=0ahUKEwipzOCHnIrQAhVEG5AKHdE9BiI4ChD oAQgaMAA#v=onepage&q=comoglio%20contraddittorio&f=false>. Acesso em 02 nov. 2016. Os doutrinadores advertem, todavia, que o contraditório deva ser desdobrado em concreto.

cípio em referência. Isso porque o doutrinador encontra uma perspectiva própria para o estudo do processo,[397] o que se evidencia pela sua análise relativa ao procedimento de formação dos provimentos jurisdicionais pela qual observa que os *interessados em contraditório* são chamados a participar, em uma ou mais fases, das atividades preparatórias daqueles provimentos. O doutrinador observa, assim, que a essência do processo é o contraditório, ou seja, "um procedimento ao qual, além do autor do ato final, participam, em contraditório entre si, os 'interessados', isto é, os destinatários dos efeitos de tal ato".[398] Nesse sentido, refere que pretende teorizar menos sobre o objeto do processo, preferindo laborar na perspectiva do objeto do contraditório. FAZZALARI abandona as tentativas de definição do processo a partir do *conflito de interesses*, substituindo-o pela *participação* dos sujeitos na formação do ato jurisdicional, remetendo os interesses e suas possíveis combinações para o campo dos dados metajurídicos. Entende, assim, que, na ausência da estrutura dialética do processo, torna-se inútil indagar sobre eventual conflito de interesses.[399] Por fim, a essência do contraditório (o qual, por sua vez, constitui-se na essência do processo) é a *simétrica paridade* da participação dos *contraditores*.[400] Daí laborar na perspectiva de *objeto do contraditório*, relacionando-o às "questões" decorrentes das atividades processuais em geral (*v.g.* as questões de ordem de integração do contraditório, as relativas à admissão de prova, aquelas que visam a declaração de invalidade de ato processual, etc.) e, também, às questões de mérito.[401]

---

[397] GONÇALVES, Aroldo Plínio. *Técnica processual e teoria do processo*. Rio de Janeiro: Aide, 1992. p. 112.

[398] FAZZALARI, Elio. *Instituições de direito processo*. Trad. Elaine Nassif. Campinas: Bookseller, 2006. p. 33. Nesse sentido, o doutrinador rompe com a tradição da compreensão do processo como relação jurídica instituída a partir de Bulöw e aprimorada por Chiovenda, Carnelutti, Calamandrei e Liebman, inserindo o contraditório no centro da própria definição do processo. (ver BONACCORSI, Daniela Villani. Procedimento em contraditório e contraditório no procedimento *in* LEAL, Rosemiro Pereira. *Estudos continuados de teoria do processo*. 4. ed. Porto Alegre: Síntese, 2001. p. 67-68.

[399] FAZZALARI, Elio. *Instituições de direito processo*. Trad. Elaine Nassif. Campinas: Bookseller, 2006. p. 120-121.

[400] Idem, p. 123. E ressalta essa posição mais abaixo, ao referir que "[...] o processo é reconhecível cada vez que, mesmo sendo reduzidos os poderes dos 'contraditores', são realizadas entre eles posições simetricamente iguais". (p. 124).

[401] A *quaestio* – no seu significado de *res dubia* – pode não emergir no contraditório nos casos em que as próprias partes cuidam em resolvê-la antes, mediante procedimento prévio de verificação. Entretanto, em alguns casos, a *quaestio* é levantada, podendo ser controvertida ou não: nessa segunda hipótese, os participantes do processo concordam (tácita ou expressamente) sobre a solução da dúvida enquanto que, na primeira, disputam a referida solução. A controvérsia é muito frequente no processo, sendo que essa é que torna completa a ideia de contraditório, ou seja, do *dizer e contradizer*. Idem, p. 125.

3.3. *Entre* o diálogo e o silêncio: (do) objeto do processo (ao) objeto do debate (e) *livre* convencimento

Revela-se intencional construir toda a primeira parte desse capítulo para demonstrar que a teoria do processo consegue explicar o objeto processual – aí compreendido em sua acepção mais ampla – sem qualquer referência ao *livre convencimento*. Ou, por outras palavras, explica (ainda que com variações de posicionamentos) tanto o objeto do processo quanto suas questões sem qualquer alusão ao *livre convencimento* ou mesmo a algum sistema de valoração dessas últimas ao longo da tramitação do processo. É sensível, entretanto, que a compreensão de qualquer das *questões* (e mesmo de *pontos*) do processo influi diretamente na decisão acerca do *mérito* do processo e, em última análise, na própria concepção racionalista do processo judicial.[402] Partindo da premissa de que é sensível que a eleição e a valoração (qualquer que seja) das *questões* pode interferir diretamente na construção da decisão judicial, então seria razoável supor, em uma linha de princípio, que as diferentes teorias relativas ao objeto processual colocassem em destaque o *livre* convencimento em suas diferentes manifestações fenomenológicas ao longo do processo.

Subsiste, pois, *algo* do positivismo normativista[403] na forma como se relacionam o objeto do processo, o objeto do debate e o *livre* conven-

---

[402] Ver TARUFFO, Michele. Considerações sobre prueba y motivación. Trad Nicolás Pájaro Moreno *in* TEJADA, Horacio Cruz. *Nuevas tendencias del derecho probatorio*. Bogotá: Uniandes, 2011. p. 39. O tema relativo a essa *racionalidade* será melhor abordado no próximo capítulo.

[403] Na lição de STRECK, o positivismo normativista constituiu o aprofundamento do *rigor* lógico do trabalho científico proposto pelo positivismo. Não se pretende esgotar, aqui, toda a temática relativa aos diferentes positivismos, bastando dizer que o *positivismo normativista* referido encontra seu arquétipo na obra de KELSEN. Esse, por sua vez, conseguiu superar o positivismo exegético do século XIX (do tipo *juiz boca da lei*). Todavia, não procurou resolver o problema da interpretação concreta em nível de *aplicação* do direito. (STRECK, Lenio Luiz. *Verdade e consenso*. Constituição, hermenêutica e teorias discursivas. 4. ed. São Paulo: Saraiva, 2011. p. 32-34). O positivismo de cariz *kelseniano* elegeu, como *objeto* do seu estudo, a norma jurídica, excluindo do seu campo de investigação todos os elementos que não dissessem respeito ao mesmo, daí extraindo a *pureza* da sua *teoria*. Seu positivismo possibilitou um saber rigorosamente científico ao formar uma *teoria sobre a norma jurídica*. Isso representou a introdução de novo elemento na teoria geral do direito, que é foi a construção de uma *metalinguagem* (teoria geral *da* norma), <u>distinta</u> da *linguagem da própria norma*. Em outras palavras, o positivismo normativista se diferenciou do exegético porque distinguiu o direito (linguagem-objeto) da ciência do direito (metalinguagem) e, ao fazê-lo, permitiu que a *ciência do direito* passasse a se preocupar com a descrição neutra das *estruturas* da norma jurídica, e não com o seu conteúdo propriamente. (Cf. KAUFMANN, Arthur; HASSEMER, Winfried. *Introdução à filosofia do direito e à teoria do direito contemporâneas*. Trad. Marcos Keel e Manuel Seca de Oliveira. Lisboa, Fundação Calouste Gulbenkian, 2002. p. 182). A teoria pura constitui, portanto, uma teoria das normas jurídicas, possibilitando a divisão e a classificação dessas em diferentes categorias. Nessa medida, ainda, permitiu a formação de uma teoria do ordenamento jurídico, pois esse não pode ser visto a partir da norma isolada, mas, sim, a partir do conjunto de normas organizadas de forma coerente. Em síntese, o positivismo normativista acrescentou ao cenário jurídico um argumento científico em torno da completude e coerência do

cimento aqui estudado. Isso porque as diferentes teorias processuais fixam o *objeto do processo* sem maiores imersões na *faticidade* que esse necessariamente apresenta e que se materializa fundamentalmente nas *questões* que o processo apresenta. Tenha-se em conta, nesse sentido, que o *livre* convencimento está relacionado diretamente ao *fato* ou ao *caso* em concreto, sendo esse, entretanto, ignorado em uma perspectiva teórica do objeto do processo.[404] Ao conjugar essa circunstância com a *moldura interpretativa* kelseniana, chega-se à conclusão de que o sistema processual hodierno parece estar conformado com a ideia das várias possibilidades de solução para um mesmo caso concreto.

Mesmo que se entenda que essa ideia é radical, deve-se atentar para o fato de que o *resultado concreto não integra o objeto do processo*.[405] DE LUCCA denunciou essa circunstância à luz da compreensão silogística do ato judicial decisório, aduzindo que essa configuração mecanicista do raciocínio judicial constituiu-se em uma solução ilusória do problema em questão, tendo em vista propiciar um verdadeiro ocultamento do tema representado pela problemática interna do raciocínio

---

ordenamento jurídico. Outra nota distintiva é que esse positivismo também abordou de forma diferente a própria atividade prática do Direito: enquanto que o positivismo legalista pretendeu *resolver* o "problema" da atividade prática negando a via da discricionariedade judicial por meio de construções *míticas* (palavra aqui usada no sentido atribuído por WARAT, Luis Alberto. *Introdução geral ao direito*. Interpretação da lei temas para uma reformulação. Porto Alegre: Sergio Antonio Fabris, 1994, vol. I. p. 105), o positivismo normativista tratou de, apenas, descrever esse problema entendendo-o incontornável. Também nessa perspectiva pode ser visto que KELSEN superou o positivismo exegético haja vista que, em sua obra, "o conceito preponderante não é mais a lei, mas, sim, a norma, que não está contida apenas na lei, mas também nas decisões (portanto, o problema em Kelsen é um problema de decidibilidade)". (STRECK, Lenio Luiz. *Jurisdição constitucional e decisão jurídica*. 3. ed. Porto Alegre: Livraria do Advogado, 2013. p. 206). Aqui transparece, em toda a sua envergadura, a consciência do aspecto polissêmico das palavras, apto a gerar uma variedade de interpretações todas igualmente válidas: "O ato jurídico que efetiva ou executa uma norma pode ser conformado por maneira a corresponder a uma ou outra das várias significações verbais da mesma norma, por maneira a corresponder à vontade do legislador". (KELSEN, Hans. *Teoria pura do direito*. Trad. João Baptista Machado. 5. ed. São Paulo: Martins Fontes, 1996. p. 390). Por fim, cabe ressaltar que são notavelmente conhecidas as críticas tecidas em torno da falta de *praticidade* da teoria pura, baseadas na pouca utilidade das suas *formas* e *categorias*. Em síntese, uma das críticas a essa teoria seria a circunstância de que, ao final, essa perdeu de vista a vida real. (Cf. KAUFMANN, Arthur; HASSEMER, Winfried. *Introdução à filosofia do direito e à teoria do direito contemporâneas*. Trad. Marcos Keel e Manuel Seca de Oliveira. Lisboa, Fundação Calouste Gulbenkian, 2002. p. 182).

[404] Não se fará, neste trabalho, a discussão do procedimentalismo *versus* substancialismo, haja vista as finalidades aqui pretendidas. Entretanto, entende-se relevantíssima a mesma, razão pela qual remete-se à leitura da obra de STRECK, Lenio Luiz. *Verdade e consenso*. 4. ed. São Paulo: Saraiva. 2011.

[405] Demonstra-o a firme convicção de DINAMARCO de que é muito cara, à doutrina processual, a afirmação de que a jurisdição é exercida no caso concreto, não tendo finalidade institucional de dar solução às questões no processo. Desse modo, o juiz dá solução a essas apenas como um segmento do seu *iter* lógico. (DINAMARCO, Cândido Rangel. *Fundamentos do processo civil moderno*. 6. ed. São Paulo: Malheiros, 2010, vol. I. p. 310).

judicial.⁴⁰⁶ Nessa linha de raciocínio, não se mostraria irrazoável a proposição de LUHMAN, no sentido de que o procedimento judicial visa a reduzir a complexidade, substituindo antigos fundamentos naturalistas ou métodos variáveis de estabelecimento do consenso com vistas a obtenção da aceitação das decisões. O doutrinador consegue, assim, diferenciar a aceitação das premissas da decisão da aceitação da *própria* decisão.⁴⁰⁷

Nesse contexto, parece correta a observação encontrada em doutrina, portanto, no sentido de que o CPC/2015 não pretendeu romper com as linhas gerais do atual modelo de processo.⁴⁰⁸ Na realidade, o Novel Diploma processual mantém, ao menos em linhas gerais, a ideia de questões e de mérito nos moldes propugnados pelo Diploma que lhe precedeu⁴⁰⁹ e, a reboque desse, sua compatibilidade com a teoria do objeto processual acima estudada. Isso não significa a ausência de avanços no referido Diploma, dada a sua inspiração nas vertentes *fazzalarianas* ao regrar normativamente o contraditório em várias das suas disposições legais (art. 9º, art. 10, art. 115, art. 372, etc.). E, mais do que isso, consagrou uma visão mais refinada desse, ao colocá-lo não só como um direito das partes, mas como um dever de resposta (art. 489),

---

⁴⁰⁶ DE LUCCA, Giuseppe. Profilo storico del libero convincimento del giudice *in Quaderno n. 50* (incontri di studio e documentazione per i magistrati). Roma, 1990. p. 17. Disponível em: <http://www.csm.it/quaderni/quad_50.pdf>. Acesso em: 15 set. 2015.

⁴⁰⁷ LUHMANN, Niklas. *Legitimação pelo procedimento*. Trad. Maria da Conceição Côrte-Real. Brasília: Universidade de Brasília, 198. p. 31-35. Cita-se o doutrinador de forma exemplificativa, no âmbito de um conjunto de orientações que "[...] não se ocupam diretamente do problema da verificação da verdade dos fatos porque não levam em consideração o conteúdo e a qualidade da decisão que conclui o processo. São perspectivas teóricas de vários gêneros que têm em comum, no entanto, a característica de concentrar a atenção exclusivamente sobre a *função legitimante* que é desenvolvida pelo *rito* [...]". TARUFFO, Michele. Verdade e processo *in* TARUFFO, Michele. Poderes probatórios das partes e do juiz na Europa *in Processo civil comparado:* ensaios. Trad. Daniel Mitidiero. São Paulo: Marcial Pons, 2013. p. 37.

⁴⁰⁸ WILD, Rodolfo. Os princípios dos recursos à luz do novo Código de Processo Civil *in* BOECKEL, Fabrício Dani de; ROSA, Karin Regina Rick; SCARPARO, Eduardo (org.). *Estudos sobre o novo Código de Processo Civil*. Porto Alegre: Livraria do Advogado, 2015. p. 167. Na Exposição de Motivos do CPC/2015 consta que: "Sem prejuízo da manutenção e do aperfeiçoamento dos institutos introduzidos no sistema pelas reformas ocorridas nos anos de 1.992 até hoje, criou-se um Código novo, que não significa, todavia, uma ruptura com o passado, mas um passo à frente." BRASIL. Congresso Nacional. Senado Federal. *Anteprojeto do novo código de processo civil*. Comissão de Juristas instituída pelo Ato do Presidente do Senado Federal nº 379, de 2009, destinada a elaborar Anteporjeto de Novo Código de Processo Civil. responsável pela elaboração de Anteprojeto de Código de Processo Civil. Brasília, 2010. Disponível em: <http://www.senado.gov.br/senado/novocpc/pdf/Anteprojeto.pdf>. Acesso em 14 set. 2015.

⁴⁰⁹ Por óbvio que o CPC/2015 consagra inúmeros institutos processuais inovadores se comparado com o *Codex* que lhe precedeu como, por exemplo, a previsão de decisão antecipada de mérito (art. 356) inclusive passível de coisa julgada (art. 502) e a diferença de conceituação legal de decisão interlocutória (art. 203 do CPC/2015 frente ao art. 162 do CPC/1973). Contudo, a concepção de legal de *mérito* permanece substancialmente a mesma (ver, por exemplo, o art. 487 do CPC/2015 frente ao art. 269 do CPC/1973) e, portanto, carrega dentro de si todos os defeitos (e qualidades) do sistema processual anterior.

no que parece alinhado mais a uma ideia de enfrentamento explícito do *objeto do debate* em comparação com a legislação processual anterior. Contudo, em que pesem essas e outras alterações normativas, destaca-se que o CPC/2015 manteve a regra-matriz do *livre* convencimento – circunscrita à apreciação da *prova constante nos autos* – suprimindo-lhe, todavia, a expressão "livre" constante na redação do art. 131 do CPC/1973.

4. Problemas epistemológicos ligados ao *livre* convencimento

4.1. Prova e *livre* convencimento

Um aprofundamento do tema relativo ao convencimento torna possível compreender a crítica relativa ao modo como foi concebido – e praticado – o abandono das provas legais em prol da livre convicção. Para FERRAJOLI, inclusive, essa foi uma página amarga na história das instituições judiciais, asseverando que o livre convencimento – enquanto sistema de convicção – expressaria tão só um *princípio negativo* a ser integrado com indicações não legais, mas epistemológicas da prova. Entretanto, a forma como foi recepcionado no âmbito do processo civil moderno o tornou um critério <u>discricionário</u> de valoração, permitindo que a doutrina e a jurisprudência iludissem, nos planos teórico e prático, o enorme problema da justificação no processo, ou seja, o tornou um *"tosco"* princípio potestativo legitimador do arbítrio dos juízes.[410]

O problema levantado por FERRAJOLI é de natureza prática e de grande envergadura, alcançando um campo vastíssimo que foi sublimado por posições doutrinárias como a de FRANK, que insistem em perseguir o caráter psicológico (ou o "sentir") subjacente à decisão

---

[410] FERRAJOLI, Luigi. *Direito e razão*. Teoria do garantismo penal. Trad. Ana Paulo Zomer Sica; Fauzi Hassan Choukr; Juarez Tavares *et allii*. 4. ed. São Paulo: Revista dos Tribunais, 2014. p. 112-113. O doutrinador vai mais longe, ao dizer que: "[...] se interpretar a "convicção" do juiz não simplesmente como "insuficiência" da única prova legal, mas também como critério positivo de valoração que substitui o tipo de prova, corre-se o risco de que o raciocínio probatório incorra em uma petição de princípio, que remete à potestade do juiz e de que o ônus da prova se configure também circularmente, como encargo de aduzir as provas consideradas como tais por quem tem o poder de valorá-las e talvez de coletá-las. Isso quer dizer que a fórmula da livre convicção não encerra, mas abre o problema da identificação das condições probatórias que justificam a convicção." (p. 113). No sentido tão só excluir a predeterminação do valor persuasivo da prova ver também NAPPI, Aniello. Libero convincimento, regole di esclusione, regole di assunzione *in Quaderno n. 50* (incontri di studio e documentazione per i magistrati). Roma, 1990. p. 45. Disponível em: <http://www.csm.it/quaderni/quad_50.pdf>. Acesso em: 15 set. 2015.

judicial.[411] Em realidade, esse problema se mostra passível de ser apresentado junto com o próprio conceito de prova, que não é rigorosamente unívoco pois cobre uma vasta gama de operações e raciocínios que giram em torno da comunicação do que se entende por *verdade*.[412] Assim, por exemplo, em COUTURE, para quem *"[...] probar es demonstrar de algún modo la certeza de un hecho o la verdad de una afirmación"*, concluindo que a prova é uma *experiência,* uma operação ou ensaio dirigido a tornar evidente a exatidão ou inexatidão de uma proposição.[413] Ou STEIN, para quem a prova não possui caráter dialético ou lógico, pois tem natureza lógica e pretende despertar, no juiz, mediante percepções sensoriais, uma representação daquilo que se pretende provar.[414] Também pode ser referido SANTOS, que entende que a prova é o meio pelo qual a inteligência chega à descoberta da verdade; é, portanto, um meio de *persuasão*[415] e, na mesma linha, MELENDO, para quem a prova compreende uma *ação* ou *conduta: "[...] en sentido escuetamente idiomático la prueba consiste en acreditar o verificar la bondad de algo, en el orden jurídico pro prueba [...] no puede consistir más que en haer bueno de algo"* e, assim, sua finalidade é *"[...] determinar o producir la* convicción o persuasión *del juez; convercerlo o persualirlo es la finalidad de la prueba"*.[416]

---

[411] Jerome FRANK refere que o juiz de primeiro grau, ao redigir sua sentença ou decisão, segue uma linha teórica convencional no sentido de fazê-lo de forma analítica ou lógica. Assim, dissocia ou separa os fatos que determinam a norma jurídica tida por aplicável no caso, de forma a justificar a sentença como um produto lógico. Mas (e faz a referência aduzindo ter sido informado por "eminentes" juízes) um magistrado frequentemente trabalha *para trás* ao dar forma às suas explicações, isto é, começa com a decisão que reputa *justa* e determina os fatos de tal forma que são subsumidos na norma jurídica aceita, de forma a aparecer a decisão como lógica e juridicamente fundada. Há, em realidade, um *esforço racionalizante* do qual resulta essa manipulação dos fatos. (Ver FRANK, Jerome. *Derecho e incertitumbre*. Trad. Carlos M. Bidegain. Buenos Aires: Centro Editor de America Latina, 1968. p. 92).

[412] GIULIANI, Alessandro. Prova (filosofia) in *Enciclopedia del diritto*. Milão: Giuffrè, 1987, vol. XXXVII. p. 519. Todavia, há quem afirme que tamanha *gama de operações* faz com que as definições atuais de prova soem como variações sobre um mesmo tema, ou seja, todas as suas definições orbitam ao redor das noções de fato, convicção ou convencimento e verdade. BAPTISTA, Francisco das Neves. *O mito da verdade real na dogmática do processo penal*. Rio de Janeiro: Renovar, 2001. p. 59-60. Assim, o "conceito dominante de prova, no pensamento jurídico-dogmático contemporâneo é [...] produto eminente do cientificismo e portador das insuficiências desse". (p. 61-62). Vertente ligeiramente diferente é a de FENOLL, para quem o estudo da prova é realizado, em regra, com base em uma exegese dos preceitos legais relativos ao tema. (Cf. FENOLL, Jordi Nieva. *La valoración de la prueba*. Madrid: Marcial Pons, 2010. p. 154). Contudo, o doutrinador também adverte que pouco se avança em relação a esse estudo, sendo que o campo de valoração da prova também tem permanecido em terreno praticamente deserto.

[413] COUTURE, Eduardo. *Fundamentos del derecho procesal Civil*. Buenos Aires: Roque Depalma Editor, 1958. p. 215.

[414] STEIN, Friedrich. *El conocimiento privado del juez*. Trad. Andrés de la Oliva Santos. Madrid: Centro de Estudios Ramón Areces, 1973. p. 07.

[415] SANTOS, Moacyr Amaral. *Prova judiciária no cível e comercial*. 3. ed. São Paulo: Max Limonad, 1968, vol. 1. p. 11-12.

[416] MELENDO, Santiago Sentis. *La prueba:* los grandes temas del derecho probatorio. Buenos Aires: EJEA, 1968. p. 38-39.

A "vasta gama de operações" também fica caracterizada pelas referências que confundem *prova* com *meios de prova*. Assim, encontram-se alusões no sentido de que a noção de prova deve ser suficientemente abrangente para, não só incluir os meios extrínsecos (testemunhos, perícias, etc.) como também os intrínsecos tais quais as presunções ou provas indiretas (indícios).[417] Anotam-se, ainda, outras correntes como a de LESSONA, que diferencia *prova* e *forma* (essa última é, para o doutrinador, parte substancial do fato jurídico, enquanto aquela, se constitui em meio para confirmar sua existência em caso de necessidade), muito embora também conclua que, na prática, não se divisa a diferenciação referida, na medida em que, para o mesmo fato jurídico, concorram ambos os conceitos.[418] O doutrinador afirma, ainda, que *forma probandi* reforça o caráter demonstrativo do próprio método probatório, assimilando a lógica científica no campo da prova judiciária e configurando, a um só tempo, o *silogismo* no âmbito do raciocínio jurídico e, para o juiz, um papel similar ao do *investigador* (cientista).[419] RIBEIRO, por seu turno, efetua rigorosa diferenciação entre prova enquanto *atividade processual* ("que se destina a demonstrar aquilo que se afirma"), *convicção da verdade* ("adquirida pelo julgador como resultado do ato de provar"), *motivos da prova* ("as razões pelas quais o julgador chegou àquela conclusão, formando seu convencimento") e *meios de prova* ("fontes probantes de demonstração da verdade, ou seja, o elemento *objetivo* do conceito de prova").[420]

CARNELUTTI também diferencia prova e procedimento probatório, muito embora com a seguinte advertência: "[...] na linguagem comum se produz uma transposição (translação) no significado do vocábulo, em virtude da qual, prova não designa tão somente a *compro-

---

[417] CALHEIROS, Maria Clara. *Para uma teoria da prova*. Coimbra: Coimbra, 2015. p. 91-92.

[418] LESSONA, Carlos. *Teoria general de la prueba en derecho civil*. Trad. Enrique Aguillera Paz. Madrid: Hijos de Reus, 1906, tomo I. p. 46.

[419] LESSONA, Carlos. *Teoria general de la prueba en derecho civil*. Trad. Enrique Aguillera Paz. Madrid: Hijos de Alicante, 1906, tomo I. p. 46-47. São por demais conhecidas as representações do modo ideal de raciocínio judicial como um silogismo científico, tendo essa formado a bagagem cultural de não poucos juristas da modernidade. Destarte, também são conhecidas as críticas em torno desse modo de raciocínio, questionado fundamentalmente em sua capacidade descritiva. (Ver IBAÑEZ, Perfecto Andrés. Acerca de la motivación de los hechos en la sentencia penal. *DOXA – Cuadernos del Filosofia del Derecho*. Alicante: Departamento del Filosofía del Derecho Universidad de Alicante, n. 12, p. 257-299, 1992. Disponível em: <https://rua.ua.es/dspace/ bitstream/10045/10731/1/doxa12_08.pdf>. Acesso em: 15 set. 2015). Em todo o caso, CALAMANDREI esquematiza o método silogístico da seguinte forma: *premissa maior* (para os casos que tenham esses requisitos jurídicos, a ley confere o efeito *x); premissa menor* (o fato cuja certeza se estabeleceu tem esses requisitos jurídicos); *conclusão* (assim, a lei quer que o fato cuja certeza se estabeleceu tenha o efeito *x*). (Cf. CALAMANDREI, Piero. La genesis lógica de la sentencia civil *in* CALAMANDREI, Piero. *Estudios sobre el proceso civil*. Trad. Santiago Sentís Melendo. Buenos Aires: Editorial Bibliografica Argentina, 1968. p. 415).

[420] RIBEIRO, Darci Guimarães. *Provas atípicas*. Porto Alegre: Livraria do Advogado, 1998. p. 64.

vação, senão do mesmo modo o *procedimento* ou a *atividade usada para a comprovação* [...]".[421] Para o doutrinador, a verdade *formal* exsurge com muita força pois permite uma racionalidade capaz de propiciar uma maior *homogeneidade da concepção de verdade*, já que a decisão judicial não é baseada na experiência e no fato mas, como na matemática, na *razão* do fato (que é extraída a partir das regras do processo).[422] Nessa linha de raciocínio, a prova constitui um problema lógico, cujo exame perpassa pela livre apreciação – ou não – dos meios de prova.[423] Daí por que o juízo necessário para a valoração singular ou conjunta das provas pode ser resolvido utilizando a figura de uma operação aritmética de adição ou de subtração. A concorrência entre provas acumuladas e provas contrárias entre si impõe uma complicação nessa valoração, exigindo ordem e paciência.[424] Por fim, também não haveria sentido, para o doutrinador, examinar – ou mesmo resolver – se o sistema do *livre* convencimento alcança a segurança e a economia no termo médio dos casos pois entende que suas vantagens compensam os eventuais danos causados em determinados casos anormais.[425]

Também cabe referência a CALAMANDREI, para quem o primeiro problema que se apresenta ao juiz diz respeito aos fatos, eis que deles deriva a pretensão.[426] É em razão da controvérsia sobre os fatos que incide a prova. Contudo, entende que o resultado de qualquer meio de prova não pode ser um fato, senão um juízo sobre a existência ou sobre o modo de ser do fato.[427] Especialmente no caso das provas *mediatas*, nas quais os fatos são aportados a partir da experiência daquele que os aporta ao processo, subsiste uma falta de certeza sobre esses, o que leva à necessidade de o juiz interpretar os resultados daquelas, bem como valorá-los. A primeira atividade é dirigida ao estabelecimento do significado de cada um dos juízos de fato recolhidos a partir do exame da prova, isso de um determinado modo; já o segundo, leva ao estabelecimento, a partir do confronto dos vários juízos de fato muitas vezes

---

[421] CARNELUTTI, Francesco. *A prova civil*. Trad. Lisa Pary Scarpa. 2. ed. São Paulo: Bookseller, 2002. p. 68.

[422] GIULIANI, Alessandro. Prova (filosofia) *in Enciclopedia del diritto*. Milão: Giuffrè, 1987, vol. XXXVII. p. 528.

[423] CARNELUTTI, Francesco. *A prova civil*. Trad. Lisa Pary Scarpa. 2. ed. São Paulo: Bookseller, 2002. p. 44-45.

[424] CARNELUTTI, Francesco. *Teoria general del derecho*. Trad. Francisco Javier Osset. Madrid: Revista de Derecho Privado, 1955. p. 490-491,

[425] CARNELUTTI, Francesco. *A prova civil*. Trad. Lisa Pary Scarpa. 2. ed. São Paulo: Bookseller, 2002. p. 46-47.

[426] CALAMANDREI, Piero. La genesis logica de la sentencia civil *in* CALAMANDREI, Piero. *Estudios sobre el proceso civil*. Trad. Santiago Sentis Melendo. Buenos Aires: Editorial Bibliografica Argentina, 1961. p. 376.

[427] Idem, p. 379.

contraditórios entre si, de quais desses juízos devam ser considerados como correspondentes à realidade objetiva dos fatos e, em que medida, qual (ou quais) desse(s) juízo(s) contraditório(s) deverá(ão) prevalecer sobre os demais.[428] CALAMANDREI refere a livre convicção ou persuasão racional para nominar a citada valoração, segundo a qual o juiz não tem nenhum vínculo legal a estabelecer em relação aos fatos, sendo efetuada a partir das máximas de experiência do juiz.[429] Por esse motivo, tal valoração constitui-se em verdadeira e própria decisão na qual, diante de dois fatos contraditórios entre si, escolhe-se aquele que deve ser considerado conforme a verdade. Isso estabelece uma formulação definitiva dos juízos de fato denominado, pelo doutrinador, de *declaração de certeza do fato*. Seu raciocínio converge, ao final, em uma grande aposta na *pessoa do juiz*, entendendo que semelhante análise da prova necessita da agudeza e do tato de uma pessoa que possua íntima correspondência com a consciência moral e intelectual do seu tempo. Assim é que "[...] *en la gran mayoria de los casos la bondad de las sentencias está en razón directa del grado de esmero puesto por el juez al indagar exactamente la relación de hecho*".[430]

Para TARUFFO, há uma íntima correlação entre a *prova* e a motivação relativa aos fatos, em um marco de uma concepção racionalista da decisão judicial. Dizer isso não é trivial para o doutrinador, dado que essa correlação pode ser inserida em um plano mais ideológico do que técnico-processual, propriamente. Veja-se o caso da Alemanha da década de 30 que, alimentada por variados irracionalismos propiciados pela doutrina nazista como a *Heimat*, o *Volkgeist* e o *"sangue alemão"*, tornou simplesmente impossível uma concepção racionalista de decisão judicial, isto é, destituída de um pensar racional sobre a prova, já que todo o critério de decisão estava referenciado em um único valor, qual seja, a vontade do *Führer*. Esse foi um exemplo histórico de submissão integral das partes ao alvedrio do juiz considerado como a *longa*

---

[428] CALAMANDREI, Piero. La genesis logica de la sentencia civil *in* CALAMANDREI, Piero. *Estudios sobre el proceso civil*. Trad. Santiago Sentis Melendo. Buenos Aires: Editorial Bibliografica Argentina, 1961. p. 380.

[429] Idem, p. 381.

[430] Idem, p. 383-384. Veja-se que essa aposta está presente até os dias de hoje: "*Quizá la labor más difícil y delicada en la administración de justicia es la de apreciar las pruebas, cuando no se está sometido a una detallada y exhaustiva tarifa legal; el juez debe ser jurista, lógico y psicólogo, conocer el medio social en donde las pruebas se producen y las máximas de experiencia que lo puedan guiar. Pero las dificultades para conseguir jueces capaces para esta tarea no justifican que todavía en la mayoría de los países se conserve, más o menos completo, el sistema de la tarifa legal, que impide a menudo llegar al descubrimiento de la verdad, especialmente si se le acompaña de limitaciones más o menos absolutas para la producción oficiosa de la prueba; de ahí que muchos juristas hablen de que en estos sistemas solo se obtiene en el proceso una verdad formal, que muchas veces no es la verdad, y una justicia aparente que puede no ser la justicia*". ECHANDIA, Hernando Devis. *Nociones generales de derecho procesal civil*. Madrid: Aguilar, 1966. p. 58.

manus do Estado.[431] TARUFFO, enfim, refere que uma orientação racionalista do *princípio da livre convicção* exige que a valoração efetuada pelo juiz seja exercida mediante critérios que garantam o seu controle, e isso pressupõe, por sua vez, que se adote uma concepção epistêmica e não retórica sobre a prova.[432] Tal concepção exige uma diferenciação da prova enquanto um instrumento de *persuasão* (definindo sua função como algo retórica) ou como instrumento de conhecimento (definindo sua função como algo epistêmico). Nessa última hipótese, o doutrinador refere que a função da prova é uma função racional, uma vez que ligada a procedimentos racionais de cognição dirigidos a formularem "juízos de verdade" sobre justificações racionais.[433]

Divisam-se posições diferentes, portanto, sobre a prova, algumas lhe conferindo natureza <u>persuasiva</u>, enquanto que outras lhe conferem natureza <u>demonstrativa</u>. Em ambas as hipóteses, entretanto, a livre convicção constitui simples "princípio negativo" com um significado preciso (e limitado) para o processo, qual seja, a tão só exclusão de uma eficácia predeterminada das provas *per se* por via preventiva do legislador.[434] Contudo, esse significado foi soterrado pelo plano epistemológico da prova, na medida em que foi transformado pela *praxis* judiciária em uma fórmula aberta a uma multiplicidade de significados, alguns dos quais díspares entre si e com diversas noções a ela ligadas[435] a ponto de DE LUCCA ver nele uma polissemia semântica capaz de legitimar a existência de um poder decisório não regrado hábil a permitir uma *anarquia cognitiva*.[436] Para o doutrinador, somente enxertando o *livre* convencimento em um tecido de princípios processuais de garan-

---

[431] TARUFFO, Michele. Consideraciones sobre la prueba judicial *in* TARUFFO, Michele; IBAÑEZ, Perfecto Andrés; PÉREZ, Alfonso Candau. *Consideraciones sobre la prueba judicial*. Madrid: Fundación Coloquio Jurídico Europeo, 2009. p. 18-19. Mais adiante, o doutrinador refere outra hipótese que refoge a uma concepção racional de prova, relativa à previsão de muitas hipóteses de valoração legal das provas ou, ainda, de excessivas regras de exclusão que dificultem a apreciação – ou incorporação – de provas que poderiam ser úteis para a comprovação racional da *verdade* dos fatos. (p. 20-21).

[432] Idem, p. 23-24.

[433] TARUFFO, Michele. Considerações sobre prueba y motivación (trad. Nicolás Pájaro Moreno) *in* TEJADA, Horacio Cruz. *Nuevas tendencias del derecho probatorio*. Bogotá: Uniandes, 2011. p. 46-47),

[434] Ver, por exemplo, GUILLÉN, Victor Fairén. *Teoria general del derecho procesal*. México: Universidad Autónoma del México, 1992. p. 458.

[435] DE LUCCA, Giuseppe. Profilo storico del libero convincimento del giudice *in* Quaderno n. 50 (incontri di studio e documentazione per i magistrati). Roma, 1990. p. 16. Disponível em: <http://www.csm.it/quaderni/quad_50.pdf>. Acesso em: 15/09/2015.

[436] Idem. Também CALHEIROS refere que uma das questões mais complexas acerca da prova diz respeito à sua valoração: "à parte a discussão em torno das vantagens ou desvantagens dos regimes de prova legal e de prova livre, e uma vez hoje consagrado, em geral, o princípio da livre apreciação da prova, trata-se de saber como podemos construir regras relativas à prova que limite ao máximo a possibilidade de erro na avaliação dos factos [...]". CALHEIROS, Maria Clara. *Para uma teoria da prova*. Coimbra: Coimbra, 2015. p. 92.

tias e de controle das decisões poderá *imunizar* o jurisdicionado contra os abusos da liberdade decisória.[437] Em idêntica senda, IBAÑEZ, refere que, basta abrir os manuais de processo para verificar um verdadeiro *agulheiro negro* em relação à valoração da prova, mostrando-se um paradoxo que um tema central para o exercício da jurisdição tenha trato superficial. Para o doutrinador, isso decorre do próprio modelo de jurisdição no âmbito do Estado liberal no qual a *questão de fato* não apresenta importância no plano epistêmico, isto é, não existe como problema.[438]

A seu turno, CANESTRELLI afirma que a ausência de um aprofundamento sobre a *lógica interna do juízo* tem contribuído para a conversão da livre convicção em uma espécie de ato imperscrutável sob o ponto de vista lógico, mas tido como racionalmente não arbitrário sob o ponto de vista ideológico e político.[439] Para a doutrinadora, o modo como se obtém, na prática, a livre convicção constitui, na sua visão, uma deformação do método anglo-saxão.[440] Enfim, FENOLL aponta que a doutrina processual sempre teve consciência do problema relativo ao *livre convencimento,* muito embora o tenha obscurecido. Por isso é que preservou certas influências do antigo sistema de prova legal e, também, tentativas de estabelecer determinados critérios científicos (e não meramente intuitivos ou filosóficos) para a valoração da prova.[441]

O que fica claro, de todo o exposto, é que a problemática relativa ao *livre* convencimento é, no fundo, uma problemática de natureza epistemológica.

---

[437] WALTER, Gerhard. *Libre apreciación de la prueba*. Trad. Romás Banzhaf. Bogotá: Temis, 1985. p. 94-95. Contudo, para o doutrinador "[...] *el principio del deber de fundamentar el fallo y asimismo la publicidad del procedimiento son garanías suficientes para aplicara la desonfianza hacia la omnipotenia de un juez*". (p. 95).

[438] IBAÑEZ, Perfecto Andrés. Sobre prueba y motivación *in* TARUFFO, Michele; IBAÑEZ, Perfecto Andrés; PÉREZ, Alfonso Candau. *Consideraciones sobre la prueba judicial*. Madrid: Fundación Coloquio Jurídico Europeo, 2009. p. 48-49.

[439] CANESTRELLI, Serena. *Istruzione probatoria e libero convencimento del giudice*. Tesi di dottorato, Università degli Studi di Milano-Bicocca, 2011. p. 03. Disponível em: <https://boa.unimib.it/retrieve/handle/10281/20077/25552/Phd_unimib_040978.pdf>. Acesso em: 14 set. 2015.

[440] Convém assinalar que o presente estudo não abrange a análise comparativa entre os sistemas de formação da convicção judicial no *civil law* e no *common law*, de forma que a referência doutrinária a esse último não será objeto de crítica específica. Vale anotar, contudo, que a assertiva é corroborada em DAMASKA, Mirjan. R. *Las caras de la justicia y el poder del estado:* análisis comparado del proceso legal. Trad. Andrea Morales Vidal. Santiago: Editorial Jurídica de Chile, 2000. p. 11. *De outro norte, vale a seguinte passagem doutrinária:* "E così la logica dell'esclusione e della rilevanza – tipica del sistema anglosassone – non venne conosciuta dai nostri sistemi probatori con la necessaria chiarezza ed ampiezza, e la stessa concezione dialettica del processo venne introdotta solo nei tratti che riguardano la struttura del processo (contraddittorio, assetto accusatorio, ecc.) e, come vedremo meglio in seguito, solo per un breve periodo e non anche con riferimento alla logica interna del giudizio e alla concezione della prova". CANESTRELLI, Serena. *Istruzione probatoria e libero convencimento del giudice*. Tesi di dottorato. Università degli Studi di Milano-Bicocca, 2011. p. 05. Disponível em: <https://boa.unimib.it/retrieve/handle/10281/20077/25552/ Phd_unimib_040978.pdf>. Acesso em: 14 set. 2015.

[441] FENOLL, Jorge Nieva. *La valoración de la prueba*. Madrid: Marcial Pons, 2010. p. 90.

4.2. Ordem simétrica, ordem assimétrica e a formação do *livre* convencimento

PICARDI realizou estudo sobre a passagem do *ordo iudiciarius* medieval ao *ius processus* continental da Idade Moderna[442] no qual identificou uma "mudança no próprio modo de conceber o fenômeno processual: da 'ordem isonômica' à 'ordem assimétrica'".[443] Para o doutrinador, o processo medieval (*ordo iudiciarius*) caracterizou-se como uma ordem isonômica que enfatizou a lógica aristotélica (especialmente a dialética, posicionada no âmbito das *coisas que mudam*). O *ordo* não foi inserido no contexto do silogismo científico ou da lógica binária do verdadeiro e falso, mas, sim, da lógica do *provável*, razão pela qual o jurista medieval buscou a noção fundamental de uma *ordem* em um sentido muito complexo, cuja manifestação de uma razão prática e social foi realizada através do tempo de forma colaborativa por meio das *práxis* criadas pelos tribunais e pela doutrina.[444] Nas palavras do autor, o *ordo* correspondia a um

> diálogo entre as pessoas que participavam do processo, justamente aqueles que se dedicavam à resolução do problema em que se consubstanciava o próprio *ius*. A solução da problemática jurídica não se oferecia como a obra de uma razão individual, sendo, antes, o resultado do colóquio judiciário. Não é à toa, pois, que o juízo era entendido como um ato de três pessoas, como referiam incessantemente os glosadores (*iudicium est actus ad minus trium personarum: actoris, rei, iudicis*).[445]

O *ordo* possuía caráter público, argumentativo e justificativo, conferindo, ao processo, uma natureza originária e, de certa forma, extraestatal no sentido de que ninguém poderia dele prescindir ou mesmo interferir.[446] A forma como compreendido o processo judicial o colocava

---

[442] PICARDI, Nicola. Do juízo ao processo *in Jurisdição e processo*. Trad. Carlos Alberto de Oliveira. Rio de Janeiro: Forense, 2008. p. 32 e seguintes.

[443] PICARDI, Nicola. *Audiatur et altera pars:* as matrizes histórico-culturais do contraditório *in Jurisdição e processo*. Trad. Carlos Alberto de Oliveira. Rio de Janeiro: Forense, 2008, p 134.

[444] Idem, p. 128-129.

[445] MITIDIERO, Daniel Francisco. A lógica da prova no ordo judiciarius medieval e no processus assimétrico moderno: uma aproximação. *Argumenta Journal Law*. Jacarezinho. n. 6, fev, p. 183-184, 2003. Disponível em: <http://seer.uenp.edu.br/index.php/ argumenta/article/view/65>. Acesso em: 12 nov. 2016.

[446] GIULIANI, Alessandro. L'ordo judiciarius medioevale (riflessioni su un modello puro di ordine isonomico). *Rivista Di Dirito Processuale*. Padova: Cedam, v. 43, parte 2, p. 598, 1988. Nesse sentido é que "nenhuma objeção, porém, é oposta à idéia-base desvelada por Picardi, no sentido de que o *iudicium* se desenvolvia em um ambiente isonômico, alimentado pela dialética [...]". MITIDIERO, Daniel Francisco. A lógica da prova no ordo judiciarius medieval e no processus assimétrico moderno: uma aproximação. *Argumenta Journal Law*. Jacarezinho. n. 6, fev, p. 181-182, 2003. Disponível em: <http://seer.uenp.edu.br/index.php/ argumenta/article/view/65>. Acesso em: 12 nov. 2016. Todavia, essa concepção não é infensa à crítica já que para alguns doutrinadores, GIULIANI revela uma nostalgia por um mundo submerso em forte espiritualidade,

como um capítulo não só da dialética como, também, dentro da filosofia moral e política, pelo que o método constituía o ponto central da teoria do processo, e não o *processus iudiciarius* per se.[447] Ou, por outras palavras, o *ordo* se consubstanciava em uma metodologia alicerçada na regulamentação do diálogo que assegurava a reciprocidade e a igualdade das partes, sendo que, nela, o contraditório assumia um papel de destaque como instrumento de investigação dialética da verdade provável.[448] A sua caracterização como modelo de processo isonômico tem, portanto, seus alicerces no contraditório como metodologia para a busca da verdade, sendo essa obtida por meio da justificação e confrontação, razão pela qual não seria possível preconstituir a solução da controvérsia ou mesmo pressupor uma verdade absoluta ou objetiva.

Frisa-se o acima exposto: o contraditório objetivava alcançar a única verdade possível de ser atingida, qual seja, a *verdade provável*, estruturando, dessa forma, o próprio direito probatório (pois nenhuma prova poderia servir de fundamento de decisão sem que passasse pelo seu crivo).[449] Por isso, representou o núcleo central da própria *forma probandi* e sua violação constituía uma patologia capaz de romper com o equilíbrio do movimento de contraposições em torno da controvérsia.[450] Nesse contexto, a prova foi concebida como *argumentum*, tendo função persuasiva,[451] motivo pelo qual o *ordo* também foi caracterizado como um modelo de processo isonômico, no qual assegurava-se não só a igualdade entre as partes, mas, também, entre essas e o julgador, relatando-se, por isso, a existência de diferentes instrumentos de compensação relativamente às diferentes formas de desigualdade que se apresentassem no processo.[452] Enfim, pode-se encontrar que a convicção

---

como o dominado pela retórica e a dialética medieval. (ver DE LUCCA, Giuseppe. Profilo storico del libero convincimento del giudice *in Quaderno n. 50* (incontri di studio e documentazione per i magistrati). Roma, 1990. p. 43. Disponível em: <http://www.csm.it/quaderni/quad_50.pdf>. Acesso em: 15/09/2015). Outros, ainda, recusam o próprio caráter extra-estatal do *ordo* como, por exemplo, NÖRR, Knut Wolfgang. Alcuni momenti della storiografia del diritto processuale. *Rivista di Diritto Processuale*. Padova: Cedam, v. 59, n. 1, genn/mar, p. 6, 2004.

[447] GIULIANI, Alessandro. Prova (filosofia) *in Enciclopedia del diritto*. Milão: Giuffrè, 1987, vol. XXXVII. p. 529.

[448] PICARDI, Nicola. *Audiatur et altera pars*: as matrizes histórico-culturais do contraditório *in Jurisdição e processo*. Trad. Carlos Alberto de Oliveira. Rio de Janeiro: Forense, 2008. p. 129.

[449] PICARDI, Nicola. Processo Civile: c) diritto moderno *in Enciclopedia del diritto*. Milão: Giuffrè, 1987, vol. XXXVIII. p. 115.

[450] GIULIANI, Alessandro. Prova (filosofia) *in Enciclopedia del diritto*. Milão: Giuffrè, 1987, vol. XXXVII. p. 533.

[451] CAVALLONE, Bruno. Alessandro Giuliani processualista: ordine isonomico, ordine asimmetrico, principio dispositivo, principio inquisitorio. *Rivista di Diritto Processuale*, Padova, CEDAM, v. 67, n. 1, fev, p. 108, 2012.

[452] "Por exemplo, visto que o acusador, pela natureza das coisas, goza de uma posição de superioridade, procedia-se na investigação por meio de formas de compensação a favor do acursado:

judicial se funda em um consenso que é alcançado discursivamente, pois a retórica é endereçada ao discurso convincente acerca da verdade alcançada no processo.[453]

PICARDI também relata como ocorreu o rompimento com *ordo* medieval por meio da introdução, no plano do processo, do modo de pensar baseado na lógica científica. Isso ocorreu quando disciplina do processo civil deixou de estudar a verdade *provável* e passou a se constituir em uma ciência de *"verdades absolutas"*, a reboque do paradigma cientificista do Iluminismo, referindo, o doutrinador, o *Prozess-Ordnung* prussiano de 1781 como o marco legal de rompimento do *ordo* medieval e da instituição da lógica do *systema processus*.[454] Esse marco representou uma profunda fratura paradigmática em relação à antiga concepção extraestatal de processo, que foi substituída por uma nova natureza estatal e publicista do processo.[455] Trata-se, enfim, da passagem para o processo como uma "instituição estatal de bem-estar social".[456]

A nova ordem constitui-se em uma criação *artificial*, no sentido de se contrapor ao *ordo* orgânico medieval, e teve como alicerce uma razão antirretórica capaz de oferecer um modelo puro de ordem assimétrica no processo. Seus princípios são tão imutáveis quanto axiomas evidentes, derivados da natureza das coisas e, portanto, não condicionados histórica e positivamente (muito embora os institutos de processo dependam de regulamentação pelo legislador).[457] Embora não seja objeto

---

referimo-nos a regras como *nemo tenetur se edere* e *in dubio pro reo*". PICARDI, Nicola. *Audiatur et altera pars*: as matrizes histórico-culturais do contraditório *in Jurisdição e processo*. Trad. Carlos Alberto de Oliveira. Rio de Janeiro: Forense, 2008. p. 129-130.

[453] DE LUCCA, Giuseppe. Profilo storico del libero convincimento del giudice *in Quaderno n. 50* (incontri di studio e documentazione per i magistrati). Roma, 1990. p. 26. Disponível em: <http://www.csm.it/quaderni/quad_50.pdf>. Acesso em: 15/09/2015. É preciso observar, contudo que essa ordem isonômica extra-estatal não pode ser visualizado a partir de critérios exógenos à própria sociedade estamental referida. Nesse sentido, ainda que o caráter isonômico do *ordo iudiciorum* possa ser consultado como uma das fontes históricas das concepções paritárias hodiernas, não se pode esquecer que tal característica constituía-se em privilégio de determinadas castas sociais e, não, em um direito de todos os indivíduos. (Cf. THEODORO JUNIOR, Humberto. Uma dimensão que urge reconhecer ao contraditório no direito brasileiro: sua aplicação como garantia de influência, de não surpresa e de aproveitamento da atividade processual. *Revista de Processo*. São Paulo: Revista dos Tribunais, n. 168, ano 34, fev. p. 112, 2009).

[454] PICARDI, Nicola. Do juízo ao processo *in Jurisdição e processo*. Trad. Carlos Alberto de Oliveira. Rio de Janeiro: Forense, 2008. p. 54.

[455] PICARDI, Nicola. Processo Civile: c) diritto moderno *in Enciclopedia del diritto*. Milão: Giuffrè, 1987, vol. XXXVIII. p. 102.

[456] THEODORO JUNIOR, Humberto. Uma dimensão que urge reconhecer ao contraditório no direito brasileiro: sua aplicação como garantia de influência, de não surpresa e de aproveitamento da atividade processual. *Revista de Processo*. São Paulo: Revista dos Tribunais, n. 168, ano 34, fev. p. 113, 2009.

[457] GIULIANI, Alessandro. Prova (filosofia) *in Enciclopedia del diritto*. Milão: Giuffrè, 1987, vol. XXXVII. p. 564.

do presente estudo, o exame da integralidade dos elementos históricos, sociais, políticos e econômicos que redundaram nesse novo registro histórico, pode-se dizer que essa moderna noção de processo resultou de uma conjugação de fatores que implicaram na mutação da própria lógica do processo.[458] Essa nova lógica granjeou grande prestígio justamente porque representou a ruptura com a tradição medieval que, a essas alturas, degenerara-se pelo o abuso da tradição dialética e que acabou por transformar o processo em um *eternum disputatum*, com jogos estéreis de palavras, a proliferação de questões incidentais, dentre outros.[459] Sob esses influxos, haveria uma vontade comum a todos os juristas daquele tempo relativa a *"la utilización de la racionalidad inspirada muy probablemente por las obras de la Ilustración, y el abandono de una valoración de la prueba que sólo tenía en cuenta, no la realidad de los hechos, sino la autoridad de leyes y autores antiguos"*.[460]

A nova ordem é denominada de *assimétrica* porque, nela, um dos participantes da relação passou a ter uma posição privilegiada em relação aos demais. Sua concepção envolve a própria mutação da finalidade do processo, que passou a ser concebido como tutela do direito subjetivo ou a defesa da sociedade.[461] Além disso, a regulação legal do processo foi direcionada à resolução rápida e automática da controvérsia judicial, razão pela qual o próprio método probatório não se apresentou necessariamente influenciado por um método de investigação de forma a limitar a verdade judicial a uma verdade lógica.[462] Nesse sentido, o grande descrédito da retórica medieval também veio acompanhado de um valor novo: que o fato vale *per se*.[463] Para DE LUCCA, o *iudicium secundum conscientiam* acabou sendo transformado no princípio do *livre* convencimento no âmbito dessa nova ordem. Isso ocorreu, entretanto, em uma dimensão totalmente diferente do *ordo* medieval, na medida em que a locução *"livre"* resultou de um regramento normativo marcado pela ausência de vinculação do juiz com a formação judicial do fato.

O modelo ideal do *ius processus* assimétrico reforça os elementos organizacionais/burocráticos do processo, porque esses refletem um

---

[458] PICARDI, Nicola. Processo Civile: c) diritto moderno in *Enciclopedia del diritto*. Milão: Giuffrè, 1987, vol. XXXVIII. p. 110-114.

[459] PICARDI, Nicola. Do juízo ao processo in *Jurisdição e processo*. Trad. Carlos Alberto de Oliveira. Rio de Janeiro: Forense, 2008. p. 58.

[460] FENOLL, Jorge Nieva. *La valoración de la prueba*. Madrid: Marcial Pons, 2010. p. 90.

[461] GIULIANI, Alessandro. Prova (filosofia) in *Enciclopedia del diritto*. Milão: Giuffrè, 1987, vol. XXXVII. p. 526.

[462] Idem, p. 526.

[463] DE LUCCA, Giuseppe. Profilo storico del libero convincimento del giudice in *Quaderno n. 50* (incontri di studio e documentazione per i magistrati). Roma, 1990. p. 33.

modelo de racionalidade subjetiva, formal e calculadora pelo qual as operações intelectivas constituem um prolongamento da técnica processual, independentemente do seu valor. Nele, o juiz é concebido como um funcionário, um burocrata, e a estatutariedade do processo lhe confere uma vocação inata para a autoridade e hierarquia. Nesse contexto, a *forma probandi* passa a ser preconcebida pela legislação, cujo uso obrigatório contribuiu para a legitimidade da decisão pelo procedimento.[464] O *ius processus* assimétrico impôs uma metodologia nova, na qual a discussão judicial não se apresentou totalmente passível de ser racionalizada sob um ponto de vista lógico-científico porque privilegiou a operação solitária realizada na mente do julgador.[465] Foi um modelo contrário do que sucedia na ordem isonômica, pois nessa última a discussão dialética encontrava seu pressuposto na divisão da consciência como remédio para a falibilidade do juízo. Embora o *ordo* e o *processus* partilhem da ideia de que o processo constitui meio de fixação forma do fato, diferenciam-se profundamente em relação à liberdade de valoração da prova. Enquanto o *processus* baseia-se no conceito moderno de prova estabelecido preventivamente pelo legislador e na compreensão da *probabilidade objetiva* julgada pelo juiz, o *ordo* conectava a liberdade de valoração a um rígido sistema de regras de exclusão da prova e, por isso, só o último acertamento judiciário do fato está ligado com uma atividade <u>crítica</u> – e não técnica – do juiz.[466]

4.3. Enfim: (o *livre* convencimento como reminiscência de) um sentido *autoritário* de processo

CASTILLO adverte que o adjetivo *autoritário*, quando lido de forma superficial, pode dar margens a equívocos interpretativos relativos a "melodramáticas intransigências".[467] Aqui, a expressão está ligada à passagem do *ordo iudiciarium* ao *ius processus*, isto é, do modelo de processo isonômico para o assimétrico, no qual o juiz é o protagonista

---

[464] GIULIANI, Alessandro. Prova (filosofia) *in Enciclopedia del diritto*. Milão: Giuffrè, 1987, vol. XXXVII. p. 526. Para o doutrinador: "[...] *la* forma probandi – *che si ispira a criteri di chiarezza, regolarità, successione – rinvia ad un ideale cartografico della conoscenza, basato sulla documentazione degli esperimenti*". (p. 527).
[465] GIULIANI, Alessandro. L'ordo judiciarius medioevale (riflessioni su un modello puro di ordine isonomico). *Rivista di Diritto Processuale*. Padova: Cedam, v. 43, parte 2, p. 600, 1988.
[466] GIULIANI, Alessandro. Prova (filosofia) *in Enciclopedia del diritto*. Milão: Giuffrè, 1987, vol. XXXVII. p. 526.
[467] CASTILLO, Niceto Alcala-Zamora y. *Estudios de teoría general e historia del proceso (1945-1972)*. México: Universidad Autónoma de México, 1992, tomo II, 553.

que exerce amplos poderes ativos na estrutura processual.[468] Em termos ideais, a doutrina identifica dois grandes modelos de processo, quais sejam, o liberal (ou dispositivo) e o autoritário (ou inquisitivo). O primeiro modelo enfatiza a iniciativa das partes e o *jogo* do contraditório; o segundo, entretanto, possui amplos direitos de vigilância e ordenação. Em linhas gerais, ambos os modelos se diferenciam pelas noções de disponibilidade *versus* dispositividade.[469]

Historicamente, ambos os tipos de processo aparecem e desaparecem ao sabor das circunstâncias políticas, econômicas, sociais e culturais das sociedades e, da mesma forma, são criados modelos híbridos que tentam extrair vantagens na adoção de elementos de um e de outro. As referências aos modelos é realizada, portanto, com base em tipos *ideais*.[470]

---

[468] THEODORO JUNIOR, Humberto. Uma dimensão que urge reconhecer ao contraditório no direito brasileiro: sua aplicação como garantia de influência, de não surpresa e de aproveitamento da atividade processual. *Revista de Processo*. São Paulo: Revista dos Tribunais, n. 168, ano 34, fev. p. 112-113, 2009.

[469] CASTILLO, Niceto Alcala-Zamora y. Liberalismo y autoritarismo en el proceso *in Boletín Mexicano de Derecho Comparado*, [S.l.], jan. 1968. p. 264. Disponible en: <https://revistas.juridicas.unam.mx/index.php/derecho-comparado/article/view/572>. Acesso em: 18/10/2015. Com já examinado acima, a doutrina refere dois grandes modelos de processo: o primeiro, de natureza isonômica, insere-se em um contexto no qual predominam os interesses do indivíduo sobre os da comunidade e, por isso, as partes são protagonistas do processo. Nesse, o juiz aparece como uma figura externa ou como o observador de um combate, razão pela qual não interfere para aportar fatos (está sujeito ao marco rígido, de fatos e de direitos que as partes delimitaram). Já o segundo tem natureza *autoritária* porque o juiz é o protagonista que domina e desenvolve o processo, bem como aceita ou indefere os marcos de alegações e provas propostas pelas partes. Ainda, possui independência em relação a essas na fixação do objeto de prova e ou de seus meios, aplicando – ou não – as regras jurídicas alegadas pelas partes. (Cf. GUILLÉN, Victor Fairén. *Teoria general del derecho procesal*. México: Universidad Autónoma del México, 1992. p. 45).

[470] GUILLÉN, Victor Fairén. *Teoria general del derecho procesal*. México: Universidad Autónoma del México, 1992. p. 45-46. Cabe referir, entretanto, que a doutrina não é uníssona quanto a essa classificação: PICÓ Y JUNOY, por exemplo, efetua aberta crítica tanto à identificação do caráter inquisitório do poder probatório do juiz como manifestação de uma ideologia política totalitária quanto à identificação ideológica entre o juiz civil passivo e o estado liberal. Para esse doutrinador, a equação "'*poderes probatorios del juez = régimen autoritario*'e '*juiz pasivo = régimen liberal*' são vagas e genéricas e se reduzem a *slogans* polêmicos privados de valor científico". PICO I JUNOY, Joan. *O juiz e a prova*. Estudo da errônea recepção do brocardo *iudex iudicare debet secundum allegata et provata, non secundum conscientiam* e sua repercussão atual. Trad. Darci Guimarães Ribeiro. Porto Alegre: Livraria do Advogado, 2015. p. 100-101. TARUFFO partilha dessa crítica, ao afirmar que "[...] não existe qualquer conexão entre a atribuição ao juiz de mais ou menos poderes de iniciativa instrutória e a presença de regimes políticos autoritários e antidemocráticos. [...]. Também a respeito desse assunto é oportuno uma utilização acurada e rigorosa dos conceitos: uma coisa é o juiz potencialmente «ativo» na complementação das iniciativas probatórias das partes, mas inserido em um contexto processual no qual são asseguradas as garantias das partes no âmbito de um sistema político democrático, enquanto outra coisa completamente diferente é o juiz inquisidor inserido em um sistema processual de molde autoritário". TARUFFO, Michele. *Poderes probatórios das partes e do juiz na Europa in Processo civil comparado*: ensaios. Trad. Daniel Mitidiero. São Paulo: Marcial Pons, 2013. p. 71-72. ECHANDIA, por sua vez, defende que o sistema de apreciação de provas constitui um campo sem relação com a maior ou menor iniciativa do juiz na formação da instrução processual (Cf. ECHANDIA, Devis. *Teoria general del proceso*. Aplicable

No Brasil, SANTOS estabelece o CPC/1939 como um marco na internalização do processo autoritário, cujo pano de fundo fora a instituição do Estado Novo de Getúlio Vargas e a consequente necessidade ideológica e política de refutar veementemente o modelo político-jurídico passado. No plano do processo civil, esse movimento ruptural representou a crítica dura às instituições processuais anteriores, com conteúdo de natureza política voltado ao fortalecimento do regime centralizador, paternalista cuja base pressupunha um governante capaz de velar por tudo, especialmente pelo povo.[471] Conforme o doutrinador referido, o CPC/1939, ainda que *vestido* de *"rendas científicas"* a enco-

---

a toda a clase de procesos. 3. ed. Buenos Aires: Editorial Universidad, 2004. p. 63). Não obstante a crítica, em uma abordagem da realidade prática, observam-se os arquétipos em comento nas entrevistas realizadas por FONSECA com magistrados brasileiros: "[...] na representação do julgador aparece claramente um tom pejorativo à inércia e a valorização da iniciativa probatória do juiz, sem qualquer alusão ao comprometimento da imparcialidade do julgador. [..] «*Pergunta do entrevistador*» '*Pelo que eu estou entendendo, você manda produzir provas?*' «*Resposta do magistrado*» Aí eu penso assim: 'Peraí, só porque eu mandei produzir uma prova eu sou parcial? E por que o cara [o juiz] no crime faz isso e não fica sendo parcial? Por que no crime não?' [...]. «*Pergunta do entrevistador*» '*O que leva o senhor a determinar a produção de prova?*' «*Resposta do magistrado*» 'O não convencimento ou a desconfiança de que aquilo ali alguma coisa não está batendo. Então entra a questão da experiência pessoal. Porque a lei permite que o juiz julgue com base nas regras de experiência'". FONSECA, Regina Lúcia Teixeira Mendes da. *As representações de juízes brasileiros sobre o princípio do livre convencimento motivado*. Tese de Doutorado. Universidade Gama Filho, 2008. p. 205-206. Disponível em: <http://www.dominiopublico.gov.br/download/teste/arqs/cp060431.pdf>. Acesso em: 15/09/2015. Em outra entrevista, aponta: "o trecho demonstra claramente que além da iniciativa probatória comprometer a parcialidade do julgador, inverte a lógica do raciocínio decisório, isto é, o juiz passa a procurar as provas que confirmam sua hipótese sobre o caso. [...]. «*Resposta do magistrado*» 'A prática é isso. O livre convencimento é'extremamente relativo. Livre convencimento até onde ele é de acordo com a lei. Eu realmente sou adepta de que, hoje em dia, o juiz deve sim produzir prova, ele deve procurar a verdade nos autos, procurar descobrir o que realmente aconteceu pra dar a sentença. Porque essa é a função do juiz. A função do juiz não é simplesmente olhar pro papel e ver qual é a melhor, quem escreveu melhor, quem é que produziu a melhor prova e dar a sentença com base nisso. É procurar a verdade dos fatos. É procurar fazer justiça. Isso, eu acho realmente, que é o papel do juiz. E se o juiz tiver que produzir uma perícia, por ordem sua, mesmo que as partes não tenham requerido; oficiar quem quer que seja; descobrir o que realmente aconteceu, acho que deve fazer. O livre convencimento aqui funciona um pouquinho além. Quando chegam os autos, às vezes até pra dar a sentença, eu leio e vejo que está faltando uma prova, mando produzir'". (p. 206-207).

[471] SANTOS, Moacyr Amaral. Contra o processo autoritário. *Revista da Faculdade de Direito [Da] Universidade de São Paulo*, São Paulo, v. 54, pt. 2, jul, p. 212, 1959. Para ter uma ideia da dureza da crítica institucionalizadora do processo autoritário no Brasil: "[...] de um lado, a nova ordem política reclamava um instrumento mais popular e mais eficiente para distribuição da justiça; de outro, a própria ciência do processo, modernizada em inúmeros países pela legislação e pela doutrina, exigia que se atualizasse o confuso e obsoleto corpo de normas que, variando de Estado para Estado, regia a aplicação da lei entre nós. [...]. O atraso em que se achavam as nossas leis judiciárias refletia-se sobre o trabalho dos estudiosos, e, enquanto por toda parte as construções teóricas mais sagazes, e por vezes mais ousadas, faziam da ciência do processo um campo de intensa renovação, a doutrina nacional retardava-se no repisar de praxes, fórmulas e máximas de que fugira o sentido e de que já não podíamos recolher a lição. O processo era mais uma congerie de regras, de formalidades e de minúcias rituais e técnicas [...]". CAMPOS, Francisco. *Exposição de Motivos do Decreto-Lei nº 1.608, de 18 de setembro de 1939*. D.O.U. de 13/10/1939. p. 24.411. Disponível em: <http://www2.camara.leg.br/legin/fed/declei/1930-1939/decreto-lei-1608-18-setembro-1939-411638-norma-pe.html>. Acesso em: 15 set. 2015.

brirem a ideia de força, acabou instituindo, na exata simetria da Carta Política de 1937, um tipo de processo autoritário ou, pelo menos, muito próximo desse, conferindo-lhe um sentido finalístico enquanto *instrumento de atuação da vontade da lei no caso concreto* e, principalmente, compreendendo o juiz como o próprio Estado administrando a Justiça.[472]

A Exposição de Motivos do CPC/1939 deixa transparecer claramente a opção pela instituição do *princípio da autoridade* em seu marco *chiovendiano*. Pode-se apontar, nesse contexto, que tanto MARTINS (redator do respectivo anteprojeto), quanto CAMPOS foram adeptos da doutrina de CHIOVENDA, adotando explicitamente sua concepção publicista de processo e, junto com essa, a ampliação dos poderes do juiz a quem deveria ser confiada a tarefa de dirigir o processo e nele intervir de forma a atingir seus objetivos.[473] CHIOVENDA prefere o modelo assimétrico, publicista e autoritário de processo, pois *"[...] trayendo a primer plano la figura del juez, reafirma la preeminencia, también en el proceso civil, del interés público y de la autoridad del Estado"*.[474] O Código em questão apostou, portanto, na figura do juiz enquanto representante do interesse público e da autoridade do Estado, razão pela qual fortaleceu seus poderes no âmbito do processo judicial, dentre os quais os de apreciação da prova e de iniciativa.[475] Enfim, o processo foi concebido como atividade concentrada nas mãos do Estado por meio do seu ator principal – o juiz – de forma a privilegiar a autoridade como elemento de legitimação das suas decisões judiciais[476] e sua concepção autoritária

---

[472] SANTOS, Moacyr Amaral. Contra o processo autoritário. *Revista da Faculdade de Direito [Da] Universidade de São Paulo*, São Paulo , v.54, pt.2, jul, p. 214-215, 1959.

[473] LEITE, Daniel Secches Silva de. A concepção de modernidade em 1930 *in Comentários críticos a exposição de motivos do CPC de 1973 e os motivos para elaboração de um novo CPC*. Franca: Lemos & Cruz, 2011. p. 260-261.

[474] CALAMANDREI, Piero. *Los estudios de derecho procesal en Italia*. Trad. Santiago Santis-Melendo. Buenos Aires: E.J.E.A., 1959. p. 24. Conforme o doutrinador, CHIOVENDA efetuou uma reconstrução sistemática do processo civil após efetuar um aprofundado reexame da doutrina processual alemã da segunda metade do século XIX. Construiu, assim, um sistema marcado por um forte sentido histórico. (p. 24-25).

[475] CASTRO JUNIOR, Roberto Apolinário de. Confronto principiológico entre os códigos de processo civil de 1939 e 1973 *in Comentários críticos a exposição de motivos do CPC de 1973 e os motivos para elaboração de um novo CPC*. Franca: Lemos & Cruz, 2011. p. 88-89. Conforme a citada Exposição de Motivos do CPC/1939: "Pondo a verdade processual não mais apenas a cargo das partes, mas confiando numa certa medida ao juiz a liberdade de indagar esta, rompendo com o formalismo, as ficções e presunções que o chamado "princípio dispositivo", de "controvérsia" ou "contradição", introduzira no processo, o novo Código procura restituir ao público a confiança na Justiça e restaurar um dos valores primordiais da ordem jurídica, que é a segurança nas relações sociais reguladas pela lei". CAMPOS, Francisco. *Exposição de Motivos do Decreto-Lei nº 1.608, de 18 de setembro de 1939*. D.O.U. de 13/10/1939. p. 24.411. Disponível em: <http://www2.camara.leg.br/ legin/fed/declei/1930-1939/ decreto-lei-1608-18-setembro-1939-411638-norma-pe.html>. Acesso em: 15 set. 2015.

[476] CÂNDIDO, Camila Fagundes. Correlação entre processo civil e estrutura do poder judiciário no CPC de 1973 *in Comentários críticos a exposição de motivos do CPC de 1973 e os motivos para elaboração de um novo CPC*. Franca: Lemos & Cruz, 2011. p. 139.

foi prevista de forma explícita na Exposição de Motivos antes aludida: "à concepção dualística do processo haveria de substituir-se a concepção autoritária do processo".[477]

A aposta nesse modelo de processo e de *juiz* também foi encampada por parte da doutrina da época. LYRA, por exemplo, referiu que o CPC/1939 "encerra uma justa demonstração de confiança na aptidão técnica, na honradez e na operosidade da magistratura brasileira".[478] KANTOROWICZ ressaltava as qualidades da magistratura, muito mais madura que a maioria dos membros de partidos políticos que constituem a classe dos legisladores, razão pela qual poderia, inclusive, retirar a "camisa de força" relativa à dogmática.[479] CALAMANDREI, ao examinar o projeto preliminar do Código de Processo Civil italiano de 1937, aduziu que o citado projeto pretendia restaurar o *princípio da autoridade* e mencionando determinadas falas do Ministro da Justiça, para quem a introdução do citado princípio tinha por base um problema político, tendo em vista que "até no campo do processo civil, o Estado deve reassumir a sua posição preeminente [...] assim, como no processo *o Estado é representado pelo juiz*, o princípio autoritário introduzido no processo significa logicamente a ampliação dos poderes do juiz".[480]

Retomando CHIOVENDA, sua concepção autoritária de processo impunha a compreensão da sentença como um *ato de vontade:*

> [...] la sentencia obliga como acto de autoridad, o sea de voluntad de la ley formulada por una autoridad que solo ella puede formular. La esencia de la sentencia está pues siempre en esta formulación autoritaria y nunca en el juicio lógico que es necesario para formularla y que, en sí mismo, es actividad posible a cualquier particular. Por esto es

---

[477] CAMPOS, Francisco. *Exposição de Motivos do Decreto-Lei nº 1.608, de 18 de setembro de 1939.* D.O.U. de 13/10/1939. p. 24.411. Disponível em: <http://www2.camara.leg.br/legin/fed/declei/1930-1939/decreto-lei-1608-18-setembro-1939-411638-norma-pe.html>. Acesso em: 15 set. 2015.

[478] LYRA, Roberto. O prestígio dos juízes e a reforma do processo civil *in Processo Oral* (coletânea de estudos e juristas nacionais e estrangeiros). Rio de Janeiro: Forense, 1940. p. 223.

[479] KANTOROWICZ, German. La lucha por la ciencia del derecho *in* SAVIGNY, KIRCHMANN, ZITELMANN, KANTOROWICZ. *La ciencia del derecho.* Buenos Aires: Losada, 1949. p. 370. Para o doutrinador, o postulado de justificação de todos os fatos implica falta de confiança e falta de autoridade do juiz: *"El creyente no exige del Juicio Final sentencias provistas de resultandos y considerandos".* Na sua percepção, a justificação é sempre subjetiva e psicologicamente suficiente para o vencedor, que também ficaria contente sem considerandos. E, quanto à parte vencida, essa não se dá conta desses considerandos, apenas da improcedência de sua pretensão. (p. 365).

[480] CALAMANDREI, Piero. Premissas políticas do projeto de código de processo civil italiano *in Processo Oral* (coletânea de estudos e juristas nacionais e estrangeiros). Rio de Janeiro: Forense, 1940. p. 155. Contudo, deve-se referir que o doutrinador referiu, expressamente, que "[...] deixa muito claro que a adoção desse princípio não significa o aumento da indeterminação dos poderes do juiz e "nem é necessário, para ampliar a esfera de autoridade do juiz, alargar a esfera dos seus poderes discricionários, ou seja, do seu arbítrio". (p. 157).

gravemente erróneo reducir la diferencia entre sentencia de declaración y sentencia de condena, a la diferencia entre a simple juicio lógico y un acto de voluntad [...]".[481]

Nessa simetria, CHIOVENDA afirma a decisão deve consignar, além do dispositivo, os motivos de fato e de direito e que esses últimos devem indicar os artigos de lei que influíram na decisão e, também, os princípios gerais de direito. Contudo tais remissões não devem *"estender-se a confutar todos os argumentos aduzidos em contrário [...]"*.[482] O próprio CPC/1939 cuidou em mencionar os elementos da sentença (art. 280), quais sejam, o relatório, os fundamentos de fato e de direito e a decisão na esteira da doutrina referida, sem, contudo, regulá-los de forma específica. Conforme confesso pelos seus redatores, houve uma inegável proximidade do argumento *chiovendiano*, redigido no contexto de um movimento de ruptura paradigmática ocorrida no início do século passado com vistas a instituir o princípio da autoridade no âmbito do processo. *Quaisquer semelhanças com os inúmeros verbetes jurisprudenciais da atualidade, portanto, em torno do livre convencimento, não parece ser mera coincidência.*[483] Os reflexos desse paradigma autoritário podem, efetivamente, ser percebidos na percepção solipsista narrada por magistrados[484] e, especialmente, no seu pressuposto de que a sentença vem de *sentir*.[485]

---

[481] CHIOVENDA, Giuseppe. *Principios de Derecho Procesal Civil*. Trad. José Casais y Santalo. Madrid: Editorial Reus, 1925, tomo I. p. 186.

[482] CHIOVENDA, Giuseppe. *Instituições de direito processual civil*. vol. III. p. 40.

[483] Esse paradigma *chiovendiano* reflete-se, inclusive, nas falas *solipsistas* de parcela da magistratura atual, colhida por BAPTISTA, Bárbara Gomes. *Paradoxos e ambiguidades da imparcialidade judicial*. Entre "quereres" e "poderes". Porto Alegre: Sergio Antonio Fabris, 2013: "[...] cada um faz uma leitura diferente da prova, cada um lê o processo de um jeito [...]". (p. 472) ou "[...] meu norte é assim: enxergar, um pouco na intuição, a decisão que me parece mais justa. Depois de enxergar essa posição, ir buscar pra trás «sic» o fundamento jurídico pra «sic» essa solução [...]" (p. 509) ou, ainda, "[...] aqui o juiz decide e justifica como quer. Não temos critérios objetivos para julgar. Decidimos subjetivamente e os critérios nós buscamos depois. Então não temos critérios. [...]" (p. 526). Após o exame de entrevistas com magistrados, advogados, promotores, defensores e auxiliares da justiça, a doutrinadora conclui que "as práticas judiciárias e as decisões judiciais são orientadas por percepções subjetivas dos operadores e por suas interpretações pessoais sobre a lei, os fatos e as provas produzidas no curso do processo judicial. [...] A prova dos autos é vista de forma pessoal dependendo do juiz que a analise. Os fatos são percebidos de forma pessoal e casuística. O mesmo processo pode ser julgado procedente ou improcedente pelo mesmo juiz. Ou por outro juiz". (p. 557).

[484] Após o exame de entrevistas com magistrados, advogados, promotores, defensores e auxiliares da justiça, a doutrinadora conclui que "as práticas judiciárias e as decisões judiciais são orientadas por percepções subjetivas dos operadores e por suas interpretações pessoais sobre a lei, os fatos e as provas produzidas no curso do processo judicial. [...] A prova dos autos é vista de forma pessoal dependendo do juiz que a analise. Os fatos são percebidos de forma pessoal e casuística. O mesmo processo pode ser julgado procedente ou improcedente pelo mesmo juiz. Ou por outro juiz". (BAPTISTA, Bárbara Gomes. *Paradoxos e ambiguidades da imparcialidade judicial*. Entre "quereres" e "poderes". Porto Alegre: Sergio Antonio Fabris, 2013. p. 557).

[485] *"Sentencia viene de* sentir: *es lo que el juez siente ante esse fenómeno que es el proceso y en desarrollo del cual há ejercido su jurisdición"*. MELENDO, Santiago Sentis. *La prueba:* los grandes temas del derecho probatorio. Buenos Aires: EJEA, 1968. p. 20-21.

Essa mesma carga autoritária foi transposta para o CPC/1973, apesar da sua pretensão de "[...] confrontação com a principiologia e a própria sistemática adotada pela codificação anterior."[486] Tal qual seu predecessor, aliás, o CPC/1973 também foi elaborado dentro do contexto de um Estado autoritário instituído por um regime de *exceção*. E, na linha da codificação pretérita, sua Exposição de Motivos também apontou para a aposta na tendência de concentração de poderes nas mãos dos magistrados, isto é, a ideia de outorga de poder ao juiz para que esse, em nome do Estado, *atue* a jurisdição:[487]

> O processo civil é um instrumento que o Estado põe à disposição dos litigantes, a fim de administrar justiça. Não se destina a simples definição de direitos na luta privada entre os contendores. Atua, como já observara BETTI, não no interesse de uma ou de outra parte, mas por meio do interesse de ambas. O interesse das partes não é senão um meio, que serve para conseguir a finalidade do processo na medida em que dá lugar àquele impulso destinado a satisfazer o interesse público da atuação da lei na composição dos conflitos. A aspiração de cada uma das partes é a de ter razão; a finalidade do processo é a de dar razão a quem efetivamente a tem. Ora, dar razão a quem a tem é, na realidade, não um interesse privado das partes, mas um interesse público de toda sociedade.[488]

Vê-se, portanto, que o CPC/1973 comunga com o CPC/1939 a concepção assimétrica e publicista do processo e o protagonismo do Estado (*juiz*).[489] Manteve a concepção *chiovendiana* de que o processo visa ao escopo geral e objetivo de fazer atuar a lei[490] e é com essa concepção que se preocupa com vetores como a prestação da justiça ou a presteza indispensável consoante sua Exposição de Motivos. Apenas de anotar que, consoante advertência de CÂNDIDO, não explica em que consistem (ou como compreende) tais vetores.[491] Assim, o

---

[486] CASTRO JUNIOR, Roberto Apolinário de. Confronto principiológico entre os códigos de processo civil de 1939 e 1973 in *Comentários críticos a exposição de motivos do CPC de 1973 e os motivos para elaboração de um novo CPC*. Franca: Lemos & Cruz, 2011. p. 90.

[487] Idem, p. 94.

[488] BUZAID, Alfredo. Exposição de Motivos do Código de Processo Civil *in* BRASIL. Senado Federal. *Código de Processo Civil:* histórico da Lei, vol. I, tomo I. p. 12-13. Disponível em: http://www2.senado.leg.br/bdsf/bitstream/handle/id/177828/CodProcCivil%201974.pdf?sequence=4. Acesso em: 15 set. 2015.

[489] CÂNDIDO, Camila Fagundes. Correlação entre processo civil e estrutura do Poder Judiciário no CPC de 1973 in *Comentários críticos a exposição de motivos do CPC de 1973 e os motivos para elaboração de um novo CPC*. Franca: Lemos & Cruz, 2011. p. 139.

[490] "Dessarte, não serve o processo a uma ou outra parte; serve à parte que, segundo o juiz, está com a razão." CHIOVENDA, Giuseppe. *Instituições de Direito Processual Civil*. Trad. Paolo Capitanio. 3. ed. São Paulo: Bookseller, 2002, vol. I. p. 65.

[491] CÂNDIDO, Camila Fagundes. Correlação entre processo civil e estrutura do Poder Judiciário no CPC de 1973 in *Comentários críticos a exposição de motivos do CPC de 1973 e os motivos para elaboração de um novo CPC*. Franca: Lemos & Cruz, 2011. p. 179. De anotar, aqui, a crítica de LEAL, quando refere que o processo não tem por escopo *decisões justas*, uma expressão idiossincrática e imprecisa que remete à "clarividência do julgador, de sua ideologia ou de sua magnanimidade."

CPC/1973 preserva – e prossegue – com a tradição inaugurada pelo seu predecessor, relativamente à internalização do *principio da autoridade chiovendiano*.

Por último, cabe referir que o CPC/2015 emerge em um contexto estatal diferenciado em relação aos seus predecessores. Conforme sua Exposição de Motivos, hospeda-se "[...] as dobras do Estado Democrático de Direito [...]",[492] afastando-se, nesse sentido, tanto do CPC/1939 quanto do CPC/1973, que foram frutos de regimes totalitários no País. Nesse novo contexto, a citada Exposição aborda explicitamente o *livre convencimento*:

> Se, por um lado, o princípio do livre convencimento motivado é garantia de julgamentos independentes e justos, e neste sentido mereceu ser prestigiado pelo novo Código, por outro, compreendido em seu mais estendido alcance, acaba por conduzir a distorções do princípio da legalidade e à própria ideia, antes mencionada, de Estado Democrático de Direito. A dispersão excessiva da jurisprudência produz intranquilidade social e descrédito do Poder Judiciário.

Fica uma primeira impressão, portanto, que a ideia de *livre convencimento* – enquanto preocupação do legislador – alcançou tanto a interpretação jurídica quanto a própria elaboração dos fatos no processo judicial, ideia essa extraída da "[...] *dispersão excessiva da jurisprudência produz intranquilidade social e descrédito do Poder Judiciário [...]*" acima referida. Em outro norte, porém, também é necessário referir que, consoante a Exposição em comento, o CPC/2015 não efetuou uma ruptura do próprio *modelo de processo* vigente no País:

> Sem prejuízo da manutenção e do aperfeiçoamento dos institutos introduzidos no sistema pelas reformas ocorridas nos anos de 1992 até hoje, criou-se um Código novo, que não significa, todavia, uma ruptura com o passado, mas um passo à frente. Assim, além de conservados os institutos cujos resultados foram positivos, incluíram-se no sistema outros tantos que visam a atribuir-lhe alto grau de eficiência.

Lida a nova legislação processual a partir da contextualização propiciada pela sua Exposição de Motivos, tem-se a impressão que, não obstante sua edição no âmbito de um Estado Democrático, não teve como escopo *romper* com as tradições anteriores, tratando muito mais de acrescentar-lhe institutos com vistas a lhe atribuir um "[...]

LEAL, Rosemiro Pereira. *Teoria geral do processo*. Primeiros estudos. Primeiros estudos. 6. ed. São Paulo: IOB Thomson. p. 67. Para o doutrinador, o escopo do processo é assegurar às partes a participação isonômica na construção do provimento, inspirando-se nas vertentes *fazzalarianas* anteriormente referidas.

[492] BRASIL. Congresso Nacional. Senado Federal. *Anteprojeto do novo Código de Processo Civil*. Comissão de Juristas instituída pelo Ato do Presidente do Senado Federal nº 379, de 2009, destinada a elaborar Anteporjeto de Novo Código de Processo Civil. responsável pela elaboração de Anteprojeto de Código de Processo Civil. Brasília, 2010. Disponível em: <http://www.senado.gov.br/senado/novocpc/pdf/Anteprojeto.pdf>. Acesso em 14 set. 2015.

alto grau de eficiência[493] e, também, de harmonizá-lo com os princípios constitucionais na sua versão processual.[494] Nesse contexto, pode ser verificada uma alteração normativa no campo específico do *livre convencimento*, constante no art. 371 do NCPC em contraste com o art. 131 do CPC/1973.[495] Fica claro, portanto, que a alteração da regra-matriz se situa na supressão da expressão *"livremente"* contida no art. 131 do CPC/1973. Tal supressão foi tida como uma verdadeira vitória da atual doutrina, no sentido de superação de um paradigma de discricionariedade mediante a *escolha* dos fatos tal qual apresentada por FRANK, consoante referido alhures.

> [...] vale notar que não se repetiu, no CPC/2015, a expressão 'livre convencimento' constante no art. 131 do CPC/1973 [...]. Mas o fato de se ter extirpado tal expressão da lei processual é carregado de simbologia: à luz do Código de Processo Civil de 2015, fica claro que não se admite qualquer carga de irracionalidade, na motivação da decisão judicial em relação às provas.[496]

---

[493] "Há mudanças necessárias, porque reclamadas pela comunidade jurídica, e correspondentes a queixas recorrentes dos jurisdicionados e dos operadores do Direito, ouvidas em todo país. Na elaboração deste Anteprojeto de Código de Processo Civil, essa foi uma das linhas principais de trabalho: resolver problemas". BRASIL. Congresso Nacional. Senado Federal. *Anteprojeto do novo código de processo civil*. Comissão de Juristas instituída pelo Ato do Presidente do Senado Federal nº 379, de 2009, destinada a elaborar Anteporjeto de Novo Código de Processo Civil. responsável pela elaboração de Anteprojeto de Código de Processo Civil. Brasília, 2010. Disponível em: <http://www.senado.gov.br/senado/novocpc/pdf/Anteprojeto.pdf>. Acesso em 14 set. 2015.

[494] "A necessidade de que fique evidente a harmonia da lei ordinária em relação à Constituição Federal da República fez com que se incluíssem no Código, expressamente, princípios constitucionais, na sua versão processual". BRASIL. Congresso Nacional. Senado Federal. *Anteprojeto do novo código de processo civil*. Comissão de Juristas instituída pelo Ato do Presidente do Senado Federal nº 379, de 2009, destinada a elaborar Anteporjeto de Novo Código de Processo Civil. responsável pela elaboração de Anteprojeto de Código de Processo Civil. Brasília, 2010. Disponível em: <http://www.senado.gov.br/senado/novocpc/pdf/Anteprojeto.pdf>. Acesso em 14 set. 2015.

[495] *CPC/1973* – Art. 131. O juiz apreciará livremente a prova, atendendo aos fatos e circunstâncias constantes dos autos, ainda que não alegados pelas partes; mas deverá indicar, na sentença, os motivos que lhe formaram o convencimento; *CPC/2015* – Art. 371. O juiz apreciará a prova constante dos autos, independentemente do sujeito que a tiver promovido, e indicará na decisão as razões da formação de seu convencimento.

[496] MEDINA, José Miguel Garcia. *Direito processual civil moderno*. 2. ed. São Paulo: Revista dos Tribunais, 2016. p. 667. No mesmo sentido: "Adotando o novo Código o princípio democrático da participação efetiva das partes na preparação e formação do provimento que haverá de ser editado pelo juiz para se chegar à *justa composição do litígio*, entendeu o legislador de suprimir a menção ao 'livre convencimento do juiz' na apreciação da prova. Agora está assentado, no art. 371 do NCPC, que [...]". THEODORO JUNIOR, Humberto. *Curso de direito processual civil*. 56. ed. Rio de Janeiro: Forense, 2015, vol. I. p. 861. Outras vertentes, todavia, continuam a referir a *livre valoração da prova*: "nada obstante a *valoração da prova* seja livre pelo juiz, já que o direito brasileiro adotou – e continua adotando, conquanto a supressão do adjetivo 'livre', tendo em conta que a eventualidade de ter o juiz de escolher entre duas versões probatórias é ineliminável – a regra da valoração racional da prova (art. 371) [...]". MARINONI, Luiz Guilherme; ARENHART, Sérgio Cruz; MITIDIERO, Daniel. *Novo curso de processo civil*. Tutela dos direitos mediante procedimento comum. 2. ed. São Paulo: Revista dos Tribunais, 2015, vol. 2. p. 424. Ainda, nesse sentido: "rejeitados os sistemas da íntima convicção e da apreciação legal, o processo civil brasileiro, no art. 118 do CPC de 1939, adotou o princípio da libra apreciação (ou do livre convencimento), reproduzindo no art. 131 do CPC de 1973 e no art. 371 do NCPC." ASSIS, Araken. *Processo civil brasileiro*. Parte

Anota-se, entretanto, certas advertências de que o sistema processual legal pretérito não havia privilegiado o *solipsismo* ou a arbitrariedade na eleição de provas na motivação das decisões judiciais. Assim, por exemplo, THEODORO JUNIOR, para quem o sistema anterior sufragava tão somente uma inexistência de hierarquia entre as provas, e não uma espécie de poder discricionário para que fossem *selecionadas* aquelas que melhor se prestariam à solução da causa. Na sua ótica, a lei sempre impôs o dever de fundamentação de escolhas, o que somente poderia ser efetuado mediante "prévio contraditório entre as partes, e posterior possibilidade de impugnação recursal".[497]

Se, por um lado, o atual sistema processual permanece com a tradição de não estabelecer uma espécie de hierarquia de provas[498] (no que mostra proximidade com os sistemas dos códigos que lhe precederam), por outro também subsistem vozes referindo que, em razão dessa continuidade, ainda permite-se que o juiz efetue a *escolha* entre duas *versões probatórias*.[499] Nessa linha de argumentação, a nova ordem apenas impôs a *procedimentalização* maior no que se refere à *justificação* dessa escolha, o que desemboca em uma regulação da motivação da decisão judicial como, por exemplo, o art. 489, § 1º, do CPC/2015. Tal procedimentalização da justificação encontra, assim, maior sintonia com o que a doutrina vinha prescrevendo sobre o tema conforme já referido acima.[500]

---

especial: procedimento comum (da demanda à coisa julgada). São Paulo: Revista dos Tribunais, 2016, vol. III. p. 468.

[497] THEODORO JUNIOR, Humberto. *Curso de direito processual civil.* 56. ed. Rio de Janeiro: Forense, 2015, vol. I. p. 861. p. 861.

[498] MEDINA, José Miguel Garcia. *Direito processual civil moderno.* 2. ed. São Paulo: Revista dos Tribunais, 2016. p. 667.

[499] MITIDIERO, Daniel. *Novo curso de processo civil.* Tutela dos direitos mediante procedimento comum. 2. ed. São Paulo: Revista dos Tribunais, 2015, vol. 2. p. 424.

[500] Embora o tema relativo à justificação (motivação) da decisão judicial não seja objeto do presente estudo, cabe referir que o citado dispositivo legal parece muito mais próximo do ideal de racionalização da decisão judicial antevisto em doutrina: *"Admitir que el juez motive sólo con base en las pruebas favorables a su juicio sobre los hechos implica el riesgo del confirmation bias, típico de la persona que, al querer confirmar una evaluación propia, selecciona las informaciones disponibles eligiendo sólo las favorables y descartando a priori las contrarias, introduciendo así una distorsión sistemática en su razonamiento. De todas maneras, la evaluación negativa de las pruebas contrarias es indispensable para justificar el fundamento de la decisión. Justamente porque la prueba contraria es el instrumento de control de la validez racional y del fundamento probatorio de toda reconstrucción de hechos, la demostración de su inatendibilidad es una condición necesaria para la confiabilidad de las pruebas favorables a esa reconstrucción".* TARUFFO, Michele. *Verdad, prueba y motivación en la decisión sobre los hechos.* México: Tribunal Electoral del Poder Judicial de la Federación, 2013. p. 105-106. Aqui, a motivação não assume um simples exame de consciência no sentido propalado por CALAMANDREI já anteriormente referido, mas, sim, um "[...] direito-garantia de obtenção de provimento construído objetivamente, com fundamento unicamente na ordem jurídica positivada [...] No Estado Democrático de Direito, a atividade jurisdicional não é isolada, subjetiva, fundada em senso do justo ou injusto, mas contínua, participada, construída objetivamente, sempre com participação das partes em simétrica pa-

Em uma linha continuativa, também cabe anotar que o CPC/2015 estruturou o processo civil com um perfil *carneluttiano*, cujos pilares continuam a ser a formação das decisões de mérito (*sentenças e decisões parciais de mérito*) e das questões (*decisões interlocutórias*). No âmbito dessas, enfatizou aspectos relativos ao contraditório com inspiração *fazzalariana* na forma abordada anteriormente (nesse sentido, pode ser observado que o CPC/2015 está mais próximo do conceito de objeto de debate do que o de questões no sentido *carneluttiano*). Ou seja, conforme sua Exposição de Motivos, o texto legal efetivamente não se mostrou ruptural, mas sim, sincrético no sentido de absorver elementos de diferentes modelos de processo, em um esforço de síntese.

Nessa síntese, ainda é possível averiguar a reminiscência do princípio da autoridade no CPC/2015, pois manteve o juiz como o protagonista do processo judicial e, assim, o elemento assimétrico divisado nas legislações anteriores.[501] Em outras palavras, o juiz permanece como o diretor da prova, havendo a aposta nos atributos daquele enquanto "imparcial, estranho à atividade probatória, confiada às partes, mas presente para garantir a validade dos atos e dotado de poder de iniciativa subsidiária".[502] Contudo, a novel legislação parece buscar um ponto de equilíbrio entre o citado *princípio da autoridade* e a *simétrica participação* das partes na construção do provimento jurisdicional.[503] Daí o sentido do sincretismo apontado, pois, se de um lado introduziu inúmeras modificações com vistas a materializar a simétrica participação dos sujeitos do processo, por outro manteve, em linhas gerais, as características assimétricas ao apostar no protagonismo do juiz (mesmo que de forma "subsidiária", como referiu a doutrina estudada).

---

ridade. Assim, encontra-se afastada qualquer margem de discricionariedade ou folga de conduta subjetiva no exercício dessa atividade". CHAVES, Terezinha Ribeiro. Provimento: ato decisório ou resultante lógica da decisão *in* LEAL, Rosemiro Pereira (coord.). *Estudos continuados de teoria do processo*. Porto Alegre: Síntese, 2001, vol. II. p. 110-111.

[501] "Isso não quer dizer, contudo, que o legislador não tenha reservado ao juiz iniciativas importantes no que tange a própria definição do mérito da causa. Embora o juiz só possa decidir a partir do material fático-jurídico previamente debatido entre as partes (Arts. 5º, LV, da CF, e 10 do CPC), sendo-lhe vedada a prolação de sentença-surpresa por força do direito ao contraditório [...] continua em vigor o velho brocardo que autoriza o juiz a aplicar o Direito que entende pertinente à espécie *"Iura Novit Curia"*, ainda que não invocado pelas partes, desde que não haja descaracterização dos fatos narrados pelas partes em face de sua aplicação e desde que a nova visão jurídica dos fatos seja previamente submetida ao contraditório das partes (arts. 5º, LV, da CF e 10 do CPC) [...]". MARINONI, Luiz Guilherme; ARENHART, Sérgio Cruz; MITIDIERO, Daniel. *Novo curso de processo civil*. Teoria do processo civil. São Paulo: Revista dos Tribunais, 2015. p. 271.

[502] ASSIS, Araken de. *Processo civil brasileiro*. Parte especial: procedimento comum (da demanda à coisa julgada). São Paulo: Revista dos Tribunais, 2016, vol. III. p. 466.

[503] Entende-se, nesse sentido, que outra das chaves para a compreensão paradigmática desse novo ponto de equilíbrio está na própria alteração de nomenclatura: o que, na terminologia do CPC/1973, denominava-se de *atos do juiz* (art. 262), no CPC/2015 tem-se por *pronunciamentos do juiz* (art. 203).

Em síntese, o CPC/2015 manteve a tradição relativa ao *princípio da autoridade* e, também, a liberdade de valoração das provas mas, na linha do que boa parcela da doutrina já vinha assinalando, procedimentalizou os direitos-garantias constitucionais do contraditório, ampla defesa e de fundamentação das decisões judiciárias com vistas a combater a arbitrariedade na eleição de elementos probatórios capazes de propiciar uma aparência (capa) de racionalidade à juízos formulados *a priori,* apostando, nesse sentido, na motivação como elemento de controle das decisões judiciais. Destarte, ainda que os avanços sejam significativos, o CPC/2015 não avançou no sentido de destrinchar a problemática relativa à *epistemologia* da prova na forma referida por FERRAJOLI. Especialmente sua *primeira inferência* remanesce inteiramente nas mãos do julgador a despeito do grande salto qualitativo no sentido de melhor explicitar essa construção no caso concreto.

Contudo, no marco legal do CPC/2015, não há mais espaço para uma concepção *chiovendiana* de livre convicção judicial e, portanto, a manutenção dos verbetes cristalizados sob a égide dos códigos que lhe precederam não encontra espaço no tecido legal da atualidade. Isso não decorre de uma mudança do sistema de valoração probatória, mas, sim, em virtude de uma regulação mais minuciosa do dever de fundamentação das decisões judiciais. A manutenção desses verbetes no novo marco legislativo significará, portanto, um tributo fiel ao princípio da autoridade *chiovendiano*, importante na confusão entre dois temas diferentes, quais seja, o sistema de valoração de provas com o dever de explicitação da motivação das decisões judiciais e, principalmente, a transmutação de um mero *princípio negativo* em um *critério de legitimação do decisionismo judicial* conforme ventilado acima.

Epílogo

Vivemos tempos *estranhos* na seara do processo. Ovídio BAPTISTA DA SILVA já escrevia, faz quase dez anos, que:

> [...] é correto dizer que o número de recursos aumenta na proporção em que aumente o número de provimentos judiciais carentes de fundamentação. O resultado inverso também é verdadeiro: quanto mais bem-fundamentado o ato jurisdicional tanto menor será o número dos recursos que o podem atacar.
> [...]
> Ficamos <hoje> a meio caminho: nem ausência de fundamentação nem fundamentação "completa" e harmônica com o "conjunto" da prova. Neste domínio, porém, não vige o princípio *in medio virtus*. Ao contrário, o tipo de fundamentação utilizada em nossa experiência judiciária concorre, com certeza, para o aumento do número de recursos.
> Esta é uma verdade óbvia, sobre a qual, no entanto, pouco se diz e praticamente nada se escreve. Ao contrário, tem-se buscado remédio para o assombroso número de recursos estabelecendo punição às partes, sob o pressuposto de abuso no direito de recorrer. Trata-se de remédio apenas sintomático. Eliminam-se, ou procuram-se eliminar, os sintomas. A causa do aumento de recursos não é sequer objeto de cogitação. O aumento exagerado do número de recursos é sintoma de sentenças inconvincentes, sentenças carentes de fundamentação.[504]

O processualista aponta para um *nó górdio* da atividade judiciária pragmática atual. Convive-se com uma atividade que exige *alguma* fundamentação das decisões judiciais e, portanto, essas estão fundamentadas *de alguma forma,* ou seja, não ocorre nem a "ausência de fundamentação nem fundamentação 'completa'" de que refere o doutrinador. Nesse sentido, o critério metodológico de depuração das decisões judiciais é formal, apenas, não se enraizando, nessa atividade, critérios metodológicos de controle dos aspectos substanciais (correção). Esse último é relegado à atividade recursal, colocando-se mais como um problema de revisão hierárquica do que, propriamente, como um problema metodológico relativo à construção da decisão judiciária *per se.* Isso fica estampado, aliás, em decisões do próprio Supremo Tri-

---

[504] BAPTISTA DA SILVA, Ovídio Araujo. *Jurisdição, Direito Material e Processo.* Rio de Janeiro: Forense, 2008, p. 156-157.

bunal Federal que não conferem densidade material clara ao art. 93, IX, da Constituição Federal como, por exemplo: "[...] atenta-se contra o art. 93, IX, da referida Carta Política, quando o *decisum* não é fundamentado; tal não sucede, se a fundamentação, existente, for *mais ou menos* completa. Mesmo se deficiente, não há ver, desde logo, ofensa direta ao art. 93, IX, da Lei Maior."[505]

O reforço ao critério metodológico *formal* como elemento central da construção da decisão judiciária guarda sintonia estreita com o positivismo normativista *kelseniano*. Como já se disse alhures,[506] KELSEN não se preocupou com o resultado da atividade decisória, desproblematizando-a nas várias possibilidades engendradas pela sua *moldura* interpretativa: "em todos estes casos de indeterminação, intencional ou não, do *escalão inferior*, oferecem-se várias possibilidades à aplicação jurídica".[507] Aliás, seguindo rigorosamente esse raciocínio, o critério último de validade da decisão judicial tornou-se a autoridade da coisa julgada.[508] Não há espaço, em seu pensamento, para a discussão sobre a correção substancial da decisão judicial. Não se mostram totalmente despidas de razão, portanto, algumas críticas muito ácidas dirigidas contra um modelo de processo no qual "[...] *la santidad de la cosa juzgada es un manto que cubre las deformidades más aberrantes [...]*".[509]

O *livre* convencimento, tal qual referido pelos inúmeros verbetes decisórios dos Tribunais brasileiros – constitui, a nosso ver, o *fio condutor* que liga a atividade prática decisória dos juízes diretamente ao plano teórico do positivismo jurídico normativista de cariz *kelseniano*. E, nesse sentido, constitui-se em um dos elemento que vem dissolvendo a problemática inerente à fundamentação das decisões judiciais (ou, conforme FERRAJOLI, escondendo o grave problema epistemológico que gravita esse tema),[510] transformando-a em um problema *interna corporis* a ser resolvido de forma hierárquica dentro da estrutura do Poder Judiciário. Assim, a fundamentação vem adquirindo feições de *justificação interna*, voltada mais para o convencimento das instâncias jurisdicio-

---

[505] BRASIL. Supremo Tribunal Federal. AgRg. no Agravo de Instrumento n° 351.384-7, da 2ª Turma. Agravante: Banco do Estado do Espírito Santo S/A. Agravado: Valdeir Moreira. Rel. Min. Néri da Silveira. Brasília, DF, julgado em: 26 de fevereiro de 2002. Disponível em: <http://redir.stf.jus.br/paginadorpub/paginador.jsp?docTP=AC&docID=304663>. Acesso em: 18 nov. 2016.

[506] Ver nota de rodapé n° 403, acima.

[507] KELSEN, Hans. *Teoria pura do direito*. Trad. João Baptista Machado. 5. ed. São Paulo: Martins Fontes, 1996. p. 390. A grafia em *itálico* é nossa.

[508] Ver nota de rodapé n° 98, acima.

[509] NIETO, Alejandro. *El Desgobierno Judicial*. Madrid: Fundación Alfonso Martin Escudero, 2005. p. 63.

[510] Ver nota de rodapé n° 410.

nais superiores do que, propriamente, servindo para o *simétrico diálogo* entre o Estado-Jurisdição e o jurisdicionado.

Inspirado nos *ares democráticos*, o CPC/2015 constitui-se em um corpo legislativo que pretendeu tratar os *sintomas* a partir de suas causas. Ao invés de reforçar os aspectos autoritários do *livre* convencimento, tratou de introduzir, no processo civil brasileiro, elementos do processo simétrico mediante a procedimentalização do contraditório (ver, por exemplo, o art. 9º, o art. 10, o art. 933, etc.), da fundamentação das decisões judiciais (ver, por exemplo, o art. 11, o art. 489, § 1º, etc.) e, em uma simbólica *mens legis*, até mesmo suprimindo o adjetivo *livre* à formação do convencimento (ver art. 371).[511] Embora não seja o escopo desse trabalho o aprofundamento do marco teórico desse contraditório – ou dessa fundamentação – *procedimentalizado*, nos parece evidente que o novo estatuto processual, ao pressupor um processo mais democrático, participativo e argumentativo também endossou regras mais rigorosas de natureza sancionatória/inibitória como, por exemplo, honorários advocatícios em grau de recurso, medidas indutivas-coercitivas (art. 139), etc. A nova lógica – de incentivos *versus* penalizações processuais – faz sentido quando imersa na tessitura das garantias constitucionais ligadas à atividade processual e, portanto, à própria atividade decisória *per se*, resultando em um sistema processual que se pretende *equilibrado* sob o ponto de vista das partidas e contrapartidas exigidas dos diferentes sujeitos do processo.

A despeito do *novo*, o *livre* convencimento vem mantendo seus antigos espaços nos repositórios dos Tribunais em uma aparente linha de continuidade com o CPC/1973, mantendo-se o *clichê* de que *o juiz não está obrigado a enfrentar todos os argumentos expedidos pelas partes*.[512] O

---

[511] Cita-se, de forma exemplificativa, o escorço de STRECK sobre o tema: "Travei uma batalha contra o poder discricionário, travestido de livre convencimento, que infestava o Projeto do CPC em sua redação original. [...]. De há muito venho alertando a comunidade jurídica para esse problema do protagonismo judicial, que deita raízes em uma questão paradigmática e não meramente 'técnica'. [...]. Depois de muita discussão, o relator do Projeto, Dep. Paulo Teixeira, obtendo a concordância de um dos protagonistas do Projeto, Fredie Didier, aceitou minha sugestão de retirada do livre convencimento. Considero isso uma conquista hermenêutica sem precedentes no campo da teoria do direito de *terrae brasilis*." (STRECK, Lenio Luiz. O novo CPC: a derrota do livre convencimento e a adoção do integracionismo dworkiano *in* BOECKEL, Fabrício Dani de; ROSA, Karin Regina Rick; SCARPARO, Eduardo (org.). *Estudos sobre o novo Código de Processo Civil*. Porto Alegre: Livraria do Advogado, 2015. p. 149-150).

[512] "[...] julgador não está obrigado a responder a todas as questões suscitadas pelas partes, quando já tenha encontrado motivo suficiente para proferir a decisão" e, nessa linha, que o "[...] art. 489 do CPC/2015 veio confirmar a jurisprudência já sedimentada, [...] sendo dever do julgador apenas enfrentar as questões capazes de infirmar a conclusão adotada na decisão recorrida". BRASIL. Superior Tribunal de Justiça. *EDcl no mandado de segurança 21.315*, da 1ª Seção. Embargante: Paulo Rodrigues Vieira. Embargado: União Federal. Relatora: Ministra Diva Malerbi (Desembargadora Federal convocada – Tribunal Regional Federal da 3ª Região). Brasília, DF, julgado em: 08 de junho de 2016. Disponível em: <https://ww2.stj.jus.br/processo/ revista/documento/

fenômeno soa estranho porque são várias as garantias constitucionais reguladas pelo Estatuto em questão e que não sofrem maiores resistências aparentes (veja-se, por exemplo, a "gratuidade de justiça", a "publicidade", a "razoável duração do processo", a "inafastabilidade do Poder Judiciário", etc.). Aliás, em uma perspectiva histórica, pode-se colher que mesmo na vigência do CPC/1973, várias dessas garantias já vinham sendo objeto de regulação legislativa, inclusive com construções jurisprudenciais tendentes inclusive a lhes conferir maior eficácia possível. Poder-se-ia questionar, portanto, as razões pelas quais a procedimentalização de garantias como o contraditório e da fundamentação não estariam obtendo idêntica densidade na vigência do CPC/2015 ou, em outras palavras, como o *livre convencimento* estaria sendo usado para minar (diluir) tais garantias.

São múltiplas as respostas para a indação formulada. Para esse trabalho, entretanto, interessa dizer que a manutenção do *livre convencimento* está ocorrendo em face à ausência de transposição da compreensão do processo autoritário *chiovendiano* para um processo de perfil mais *fazzalariano*.[513] O argumento tem grande envergadura porque o próprio *texto* legislativo do CPC/2015 não teve pretensão ruptural,[514] mas, sim, sincrética, de forma que optou por herdar – e reestilizar – os *modelos pretéritos de processo*. Ficou, assim, a meio caminho entre o processo *chiovendiano/carneluttiano* e outras concepções como, por exemplo, a idealizada a partir de *Fazzalari*. Por isso é que se observa a introdução de dispositivos legais para a procedimentalização do contraditório e da fundamentação foi realizada sobre um esquema de processo cujo provimento de mérito ainda consiste no acolhimento – ou não – dos pedidos formulados pelas partes, que (ainda) regula a parcela dispositiva da sentença como o *locus* em que o juiz resolve as *questões* que lhe são submetidas ou, ainda, que não introduz nenhum elemento epistemológico novo para o campo da prova dentre outros exemplos, traduzindo-se em uma espécie de *continuísmo* estrutural nesses e em outros tantos campos. Trata-se, enfim, de uma legislação que, a despeito de valorizar o debate simétrico e a participação, não foi capaz de (inter)permear o *objeto do processo* (com) o *objeto do debate* e que, por isso, pode ser traduzido como um projeto – a nosso ver inacabado – de um novo modelo de processo.

Quer-se dizer, com isso, que o CPC/2015 – inobstante suas inovações e qualidades – não foi capaz de produzir uma *fratura epistemológica* do processo porque cuidou mais em agregar elementos novos àquilo que

---

mediado/?componente=ITA&sequencial=1518847&num_registro=201402570569&data=20160615&formato=PDF>. Acesso em 19 nov. 2016.

[513] Ver nota de rodapé nº 397.

[514] Ver nota de rodapé nº 408.

já existia e, por isso, tem permitido que o princípio de autoridade *chiovendiano* remanesça assentado nas suas dobras. Situação essa bastante diferente daquela havida com a introdução do CPC/1939, pois lá se produziu um corpo legislativo que representou tamanha *fratura*[515] que suas consequências no que pertine à atribuição de um sentido *chiovendiano* de autoridade no processo (e a formatação jurisprudencial de sua alma gêmea, o *livre convencimento*, como uma espécie de *direito* do julgador e, não, como uma simples regra de exclusão de tarifação prévia da prova) podem ser sentidas até os dias de hoje.

Por último, o modelo de processo *chiovendiano* e *carneluttiano* expressamente assumido pelos Códigos Processuais pretéritos foi honesto sob a perspectiva de suas premissas metodológicas. Em ambas as codificações, ficou clara a aposta na proeminência do Juiz como representante do Estado e o processo como instrumento da jurisdição por esse desempenhada.[516] Não obstante o pressuposto do Juiz como alguém dotado de capacidades e habilidades únicas,[517] aquelas codificações foram também cautelosas no sentido de instituir extenso sistema de revisão das decisões judiciais. Que isso tenha contribuído com a *morosidade* do processo ou que possa ser criticado sob um ponto de vista de racionalidade iluminista em torno da *certeza*, fato é que aquelas codificações processuais buscaram *acertar* o *livre* convencimento pelas possibilidades de revisão referidas. Retomando argumento já utilizado logo acima, o atual CPC/2015 cuidou em retirar tamanha gama de possibilidades de revisão e desincentivar o uso protelatório de remédios processuais, mas não o fez de forma isolada, e sim pressupondo *outra* forma de acertamento da decisão. Nesse ponto, parece que a manutenção do *livre convencimento* enquanto uma espécie de "direito" do Julgador de não apreciar determinadas questões no processo não traduz toda a honestidade do sistema processual pretérito, já que confere uma linha de continuidade dos elementos autoritários inseridos nas codificações anteriores, agora reforçados tanto pela supressão de instrumentos de revisão das decisões judiciais como pela exasperação do regime de sanções processuais, mas sem os avanços substanciais no que pertine a qualidade das decisões judiciais proferidas.

---

[515] Ver nota de rodapé n° 473.

[516] Ver nota de rodapé n° 487.

[517] Ver notas de rodapé n° 478 a 480, acima. "Toda a principiologia do CPC de 1939 e de 1973 coloca a jurisdição como ativiadae do juiz, e este no centro do processo, como um ser mítico, dotado de uma prodigiosidade solipsista, que o transforma em um herói, um Hércules, que será o responsável pela busca e consecução de uma justiça ideal." (CASTRO JUNIOR, Roberto Apolinário de. Confronto principiológico entre os códigos de processo civil de 1939 e 1973 *in Comentários críticos a exposição de motivos do CPC de 1973 e os motivos para elaboração de um novo CPC*. Franca: Lemos & Cruz, 2011. p. 94).

Conclusão

I. O *livre* convencimento (também denominado de *livre* convencimento motivado ou de persuasão racional) é concebido no sentido comum teórico como um princípio do processo civil que confere, ao Juiz, um direito de *escolha* provas, questões, fundamentos e argumentos constantes no processo e de *recusa* de manifestação sobre elementos outros que não os *escolhidos*.

II. O uso da expressão *princípio* é carregado de polissemia no âmbito jurídico. Em sua acepção morfológica, deriva de *prima*, "o que precede aos outros" ou "o que é mais antigo". De Aristóteles, extraem-se dois grandes grupos de princípios: **(ii.a.)** os científicos, relativos ao julgamento sobre coisas universais e, portanto, composto de coisas invariáveis e; **(ii.b.)** os prudenciais, relativos ao conhecimento sobre coisas variáveis, capazes de gerar a deliberação ou opinião. Os princípios do primeiro grupo são divididos em axiomas, definições e hipóteses enquanto, os do segundo grupo são construídos a partir de premissas plausíveis, isto é, de opiniões ligadas aos problemas particulares.

III. Os romanos transformaram o direito ao usarem, nele, os pressupostos da ciência grega de cariz aristotélica. Efetuaram, com isso, uma revolução científica no desenvolvimento de sua jurisprudência (essa entendida como a ciência do Direito), transformando particulares em universais e, nesse sentido, concebendo os princípios não como elementos *apriorísticos* (ou prévios), mas, sim, resumos obtidos *a posteriori*, por via de recapitulação ou síntese, do direito preexistente.

IV. Os juristas medievais, por sua vez, elevaram a dialética grega a um nível sem precedentes. Ao usarem a dialética para *demonstrar* o verdadeiro e o justo, viraram Aristóteles *"pelo avesso"*, pois fundiram os raciocínios dialético e apodítico em sua análise e síntese de normas jurídicas: como os textos de Direito Romano eram verdadeiros e justos, podiam fundamentar raciocínios apodíticos, visando a novas verdades e justiça. Mas, como também continham lacunas, ambiguidades e contradições, também exigiam o método dialético, isto é, a colocação de problemas, realização de classificações e afirmação de opiniões divergentes visando a sintetizar os conflitos verificados.

V. O jusracionalismo, em sua diversidade de autores e de ideias, comungou, no seu conjunto, com a ideia de que é possível uma *verdadeira ciência* da moral, entendendo como *verdadeiras ciências* aquelas que haviam aplicado com sucesso o método matemático. Assim, empreendeu a edificação de uma verdadeira ciência da moral e, ao refutar o método medieval, negou também a dialética de Aristóteles (e a consequente lógica do provável), recorrendo ao método demonstrativo característico das ciências exatas.

VI. Nesse sentido, ao fornecer as bases de sistematicidade e, consequentemente, de metodologia específica à sistematização/produção do conhecimento jurídico, o jusracionalismo aprofundou a tradição de construção dos *princípios gerais de direito* por via de elaboração dos *"conceitos gerais"*. De qualquer forma, é possível afirmar que as matrizes do pensamento aristotélico, tanto relativo aos princípios da ciência como aos princípios de obrar foram recebidas pelo pensamento jurídico ocidental e repercutiram também na noção de *princípios gerais de direito.*

VII. Na era das codificações, os princípios sofreram uma expressiva *guinada,* dado que sua incorporação ao sistema jurídico passou a ser supletiva. Os doutrinadores não se furtaram, entretanto, da discussão sobre a sua natureza jurídica, se seriam realmente inspirados no *Direito Natural* e, portanto, representariam um conjunto de exigências de índole axiológica que serviriam de fundamento para as prescrições de direito positivo ou, então, seriam o resultado do estudo das normas jurídicas vigentes com o objetivo de obter aquelas diretrizes por meio do método indutivo.

VIII. A discussão em torno dos princípios ganhou novos contornos a partir do fim da Segunda Guerra Mundial, especialmente na experiência jurídica alemã. Verificaram-se determinados impasses que foram resolvidos por via de uma argumentação fundada em princípios axiológicos-materiais capazes de remeter a justificação das decisões para fatores *extra legem* gerando, como consequência, a afirmação de um *direito distinto da lei.* Tal como o movimento do *direito livre,* esse hodierno Direito Natural também obteve um forte impacto e a adesão de inúmeros discípulos que passaram a invocar livremente conceitos como "sentimento natural de justiça", "consciência pública" ou direito natural puro e simples, sendo que os textos de direito positivo serviriam para legitimar ("positivar") as ideias morais na forma predispostas pelas Cortes de Justiça.

IX. Um balanço possível, portanto, sobre os registros epistemológicos dos princípios no âmbito do Direito após a Segunda Guerra Mundial, é que partilham de uma pretensão de afastamento em relação tanto ao modelo científico aristotélico seguido pelos juristas do jusracionalismo quanto do positivismo jurídico novecentista. Assim, não contam mais com o pressuposto de *causa primeira*, independentemente de sua configuração a partir do Direito Natural ou do Direito Positivo e, tampouco, com um algum método específico de raciocínio.

X. Deve-se cuidar com uma acepção sincrética da expressão princípio ligada ao *livre* convencimento. De um lado, o seu sentido axiomático não pode ser empregado, visto que pode ser afastado ou limitado por regras legais relativas à prova. De outro, também não pode ser cotejado em *formulação negativa* na forma proposta por ESSER, isto é, suprimindo *em tese* a regra-matriz que lhe dá suporte para verificar as consequências desse raciocínio. Isso porque, nesse caso, não se consegue derivá-lo dos comandos constitucionais que norteiam a *fundamentação* da decisão judicial. Daí porque o *livre* convencimento não integra o conjunto de princípios que constituam um saber de natureza filosófico-jurídica.

XI. Em uma perspectiva dogmática, percebe-se que o *livre* convencimento é compreendido ora como um princípio, ora como um sistema de valoração de provas, muitas vezes sem maiores preocupações metodológicas em relação ao uso das expressões citadas. O que fica claro, portanto, é que a doutrina não é precisa em relação à categorização da persuasão racional como *princípio* ou *sistema*, muito embora seja uníssona em afirmar sua circunscrição ao exame das provas. Assim, diante dos contornos problemáticos em que se situa o uso de expressões como *princípios*, o melhor seria abandoná-la definitivamente, para qualificar juridicamente o *livre* convencimento como um *sistema de valoração de provas*.

XII. A expressão *objeto do processo* não se confunde com a *finalidade* desse. De forma genérica, é aquilo que o processo coloca diante do Estado-Juiz. No contexto da legislação brasileira, não é usual a expressão *objeto do processo*, mas, sim, mérito, sendo que esse último é associado usualmente com a expressão *lide*. Mesmo o CPC/2015 manteve a tradição do Código revogado, na medida em que utiliza a expressão *lide* como sinônimo de *mérito* em pelo menos 03 (três) dos seus dispositivos legais. Enfim, embora a terminologia *objeto do processo* não seja muito usada na redação das regras adjetivas, a mesma aparece de forma reiterada na jurisprudência.

XII. Não obstante a identificação da *lide* como o objeto do processo – ou o seu *mérito* – tenha inspiração confessadamente *carneluttiana*, tal identificação não foi realizada pela obra de Carnelutti, ao menos nos termos claros e radicais como os professados pelo redator do CPC/1973. Contudo, existem outras correntes que concebem o mérito como: **(xiii.a.)** como o complexo de *questões* (*de mérito*); **(xiii.b)** como a demanda inicial (muito embora os defensores dessa vertente não demonstrem grandes preocupações com a precisão conceitual em relação à expressão *demanda;* **(xiii.c)** como a pretensão processual, podendo-se dividir essa corrente doutrinária em dois grupos, sendo, o primeiro, formado por aqueles que constatam que o direito material vive no processo em um mero estado de afirmação e, por isso, o mérito é constituído pela *afirmação jurídica do direito material*. O segundo, por sua vez, se afasta totalmente do direito substantivo, entendendo que o objeto do processo constitui algo unicamente processual. Assim, embora ambas as linhas divisem a pretensão como algo diferente do direito material, o primeiro grupo não realiza um rompimento completo entre ambos, pois identifica a pretensão em um direito material *afirmado* (não, um direito material verificado). Já o segundo, efetua uma separação completa, não mais reportando a pretensão ao direito material (afirmado); **(xiii.d)** como o pedido formulado pelo autor; **(xiv.e)** como o pedido e respectiva causa de pedir e; **(xiii.f)** como o pedido e respectiva causa de pedir somados às defesas do réu.

XIV. A doutrina mais recente efetua uma distinção mais específica entre o objeto do processo e o objeto litigioso do processo (ou objeto do debate), sendo esse último é examinado à luz das *questões* que o processo apresenta. Dito por outras palavras, o objeto do debate recai sobre todos os elementos que são anteriores ao primeiro. A presença das questões constitui dado constante – e mesmo necessário ao processo – indispensável, inclusive, para a existência e desenvolvimento desse último. Nesse sentido, as questões se apresentam de forma incidental no processo, com características de eventualidade e acessoriedade.

XV. No âmbito da legislação brasileira, pode-se verificar a influência da obra de CHIOVENDA na redação do o CPC/1939. A linguagem *chiovendiana* transparece inclusive não ausência de uma definição clara do que se deva entender por questões, muito embora as refira e regule as consequências de algumas dessas. Nesse sentido, o texto legal referido também não se atém às condições pelas quais essas questões devam ser resolvidas.

XVI. Em CARNELUTTI, entretanto, é possível encontrar uma definição clara de questão como dúvida acerca de uma razão. Com efeito, para o doutrinador, nos casos em que a razão – seja da pretensão, seja da contestação – se torna *duvidosa,* surge uma questão. Na linguagem *carneluttiana,* a decisão da lide é obtida, portanto, mediante a solução das suas questões, sendo que as questões resolvidas constituem as razões da decisão. Normalmente, as dúvidas surgem das alegações das partes, muito embora possam também ser suscitadas pelo juiz naquelas matérias que deva examinar de ofício. Dessa forma, as razões (da pretensão ou da contestação) passam a ser questões e essas, por sua vez, se resolvem em razões (da decisão). Nesse sentido, o CPC/1973 está muito próximo da arquitetônica processual contida na doutrina *carneluttiana,* o que não significou o rompimento com o pensamento *chiovendiano.*

XVII. A teoria do processo consegue explicar o objeto processual – aí compreendido em sua acepção mais ampla – sem qualquer referência ao *livre convencimento.* Mostra, nesse sentido, alguma eloquência na circunstância de que consiga explicar (ainda que com variações de posicionamentos) tanto o objeto do processo, quanto as questões, sem fazer qualquer alusão ao sistema de valoração de provas e de fundamentos aportados ao longo da tramitação do processo. Partindo da premissa de que é sensível que essa valoração (qualquer que seja) interfere diretamente na construção da decisão judicial, então seria razoável supor que as diferentes teorias relativas ao objeto processual colocassem em destaque o *livre* convencimento em suas diferentes manifestações fenomenológicas ao longo do processo.

XVIII. As teorias que explicam o objeto do processo e, também o objeto do debate continuam atuais mesmo após a vigência do CPC/2015, pois esse não rompeu com o modelo *carneluttiano* de processo como, aliás, aponta sua própria Exposição de Motivos. Por óbvio que isso não significa afirmar que a nova legislação não contém substanciais avanços como, por exemplo, as inspirações *fazzalarianas* ao regrar normativamente o contraditório em várias das suas disposições legais (art. 9º, art. 10, art. 115, art. 372, etc.). E, mais do que isso, consagrou uma visão mais refinada desse, ao colocar não só como um direito das partes, mas como um dever de resposta (art. 489), no que parece alinhado a uma ideia de enfrentamento explícito da integralidade dos objetos referidos, em comparação com a legislação adjetiva anterior.

XIX. Contudo, a inspiração positivista normativista continua presente na teoria do processo, visto que as diferentes teorias e posições estudadas fixam o objeto do processo (e mesmo do debate) *a priori,* sem qualquer referência (ou preocupação) com a *faticidade* que esse apresenta. Tendo em conta que o *livre* convencimento está relacionado diretamente ao *fato* ou ao *caso* em concreto, mas ignorado em uma perspectiva teórica do objeto do processo, pode-se perceber que a teoria do processo ainda se conforma com a ideia das várias possibilidades de solução do caso concreto. Mesmo que se entenda radical a ideia acima, deve-se atentar para o fato de que o *resultado concreto não integra o estudo teórico do objeto do processo*.

XX. A grande crítica ao *livre* convencimento, entretanto, resulta da circunstância de que originariamente estaria expressando um simples *princípio negativo* no sentido de inexistência de tarifação prévia das provas e, por isso, não prescindiria de uma integração com indicações epistemológicas da prova. Entretanto, na forma como foi recepcionado pela *praxis* judiciária, tornou-se um critério discricionário de valoração que acabou nublando o problema da justificação no processo. Por essa via, o *livre* convencimento acabou se tornando um *"tosco"* princípio potestativo legitimador do arbítrio dos juízes como referido por FERRAJOLI.

XXI. Outro aspecto relativo ao *livre* convencimento reside na metodologia inaugurada pela ordem assimétrica, pela qual a discussão judicial não se apresenta totalmente passível de ser racionalizada sob um ponto de vista lógico-científico porque privilegia a operação solitária realizada na mente do julgador. É o contrário do que sucedia na ordem isonômica, porque nessa última a discussão dialética encontrava seu pressuposto na divisão da consciência como remédio para a falibilidade do juízo. Enquanto que a ordem assimétrica é baseada no conceito moderno de prova estabelecida preventivamente pelo legislador e na compreensão de *probabilidade objetiva* julgada pelo juiz, na ordem isonômica a prova foi conectada a um rígido sistema de regras de exclusão e, por isso, só o último acertamento judiciário do fato estava ligado com uma atividade crítica – não técnica – do juiz.

XX. No Brasil, o CPC/1939 pode ser considerado como o marco na internalização do princípio da autoridade no âmbito da legislação processual. O sentido conferido à expressão autoritário está ligado à passagem da ordem isonômica à ordem assimétrica, ou seja, de um modelo de processo isonômico dos diferentes participantes para aquele em que o juiz assume o protagonismo que domina e desenvolve o processo e que aceita ou indefere os marcos de alegações e provas propostas pelas partes. No âmbito desse protagonismo, possui independência em relação às partes na fixação do objeto de prova e ou de seus meios, aplicando – ou não – as regras jurídicas alegadas pelas partes. Enfim, a compreensão autoritária do processo reside na concepção do juiz como o próprio Estado administrando a Justiça.

XXIII. O modelo autoritário de processo instituído no Brasil segue a doutrina de CHIOVENDA, que aposta na figura do juiz enquanto representante do interesse público e da autoridade do Estado. Nessa concepção, a decisão judicial se traduz em um ato de vontade, razão pela qual mostra-se desnecessária uma análise exaustiva de todos os argumentos em contrário. Vê-se, portanto, uma inegável proximidade do argumento *chiovendiano*, redigido no contexto de um movimento ruptural que instituiu o princípio da autoridade no âmbito do processo, com a atual compreensão do *livre* convencimento enraizada na jurisprudência brasileira.

XXIV. Tal qual seu predecessor, o CPC/1973 foi elaborado dentro do contexto de um Estado autoritário. Essa legislação partilhou, com a precedente, aquela ideia de outorga de poderes ao juiz para que esse, em nome do Estado, *atuasse* a jurisdição. Manteve, portanto o modelo de processo assimétrico e publicista da anterior, bem como sua concentração nas mãos do Estado, representado pelo juiz. Tal qual seu predecessor, enfim, preservou princípio *chiovendiano* da autoridade.

XXV. O CPC/2015 emerge em um contexto estatal diferenciado em relação aos seus predecessores, hospedado nas dobras do Estado Democrático de Direito. Nesse sentido, afasta-se tanto do CPC/1939 quanto do CPC/1973, que foram frutos de regimes totalitários, trazendo uma preocupação direta com o *livre* convencimento que alcançou tanto a interpretação jurídica quanto a própria elaboração dos fatos no processo judicial. Em outro norte, porém, o novel Diploma adjetivo não efetuou uma ruptura do próprio *modelo de processo* vigente no País.

XXVI. Houve uma sensível a alteração da regra-matriz do *livre* convencimento no âmbito do art. 371 do CPC/2015 em face da supressão da expressão *"livremente"* contida no art. 131 do CPC/1973. Tal supressão foi tida como uma verdadeira vitória da atual doutrina, no sentido de superação de um paradigma de discricionariedade mediante a *escolha* dos fatos. Contudo, verdade é que segmentos doutrinários também referem que o sistema processual pretérito não havia privilegiado o *solipsismo* ou a arbitrariedade na eleição de provas na motivação das decisões judiciais mas, sim, uma simples inexistência de hierarquia entre as provas. Nesse sentido, a tensão entre a concepção do *livre* convencimento como um princípio negativo e o direito potestativo de escolha das provas não teria encontrado assento normativo sob a égide do CPC/1973 e, sim, decorrido de distorções observadas nas *praxis judiciárias*.

XXVII. Em todo o caso, no âmbito do CPC/2015 ainda é possível verificar a reminiscência do princípio da autoridade, pois mantém o juiz como o protagonista do processo judicial e, assim, o elemento assimétrico divisado nas legislações anteriores. O novel Diploma adjetivo suavizou tal princípio, ao construir um ponto de equilíbrio entre esse e a *simétrica participação* das partes na construção do provimento jurisdicional.

XXVIII. Por fim, em que pesem os avanços significativos, o CPC/2015 não conseguiu destrinchar totalmente a problemática relativa à epistemologia da prova na forma referida por FERRAJOLI. Especialmente no que pertine à construção do fato, esse ainda remanesce inteiramente nas mãos do julgador, a despeito do grande salto qualitativo no sentido de melhor explicitar essa construção no caso concreto.

XXIX. A despeito do acima exposto, o CPC/2015 não confere mais espaços para a concepção *chiovendiana* de livre convicção judicial. A manutenção dos verbetes cristalizados sob a égide dos códigos que lhe precederam não encontra espaço, efetivamente, no tecido legal da atualidade. Isso não decorre de uma mudança do sistema de valoração probatória, mas, sim, em virtude da regulação da fundamentação. Por isso, a manutenção desses verbetes no novo marco legislativo significará um tributo fiel ao princípio da autoridade *chiovendiano*, importante na confusão entre dois temas diferentes, quais seja, o sistema de valoração de provas e o dever de explicitação da motivação das decisões judiciais.

Referências

AARNIO, Aulis. Reglas y principios em el razionamento jurídico. *Anuario da Faculdade de Derecho da Universidade da Coruña*. n. 04, p. 593-602, 2000. Disponível em: <http://ruc.udc.es/dspace/bitstream/handle/2183/2070/AD-4-35.pdf?sequence=1&isAllowed =y>. Acesso em 15 set. 2015.

ALEMANHA. *Lei Fundamental* da República Federal da Alemanha. Trad. Aachen Assis Mendonça. Berlin: Deuttscher Bundestag (Parlamento Federal Alemão), 2011. 141 p.

ALEXY, Robert. Sistema jurídico, principios juridicos y razón práctica. *DOXA – Cuadernos del Filosofia del Derecho*. Alicante: Departamento del Filosofía del Derecho Universidad de Alicante, n° 5, p. 139-151, 1988. Disponível em: <http://www.cervantesvirtual.com/portales/doxa/obra/n-5---1988/>. Acesso em: 14 set. 2015.

——. *Teoria dos direitos fundamentais*. Trad. Virgílio Afonso da Silva. 2. ed. São Paulo: Malheiros, 2011. 669 p.

ALLORIO, Enrico. *La cosa juzgada frente a terceiros*. Trad. Maria Angelica Purrido Barreto. Madrid: Marcial Pons, 2014. 308 p.

ALSINA, Hugo. *Tratado teorico practico de derecho procesal civil y comercial*. Buenos Aires: Compañia Argentida de Editores, 1941, tomo I. 776 p.

——. *Tratado teorico practico de derecho procesal civil y comercial*. Buenos Aires: Compañia Argentida de Editores, 1942, tomo II. 781 p.

ALVIM, Arruda. *Direito processual civil*. Teoria geral do processo de conhecimento. São Paulo: Revista dos Tribunais, 1972, vol. II. 507 p.

ALVIM, Thereza. *Questões prévias e limites da coisa julgada*. São Paulo: Revista dos Tribunais, 1977. 122 p.

ARAGONESES ALONSO, Pedro. *Proceso y derecho procesal:* (introduccion). Madrid: Editoriales de Derecho Reunidas, 1997. 833 p.

ARAGONESES, Pedro. *Sentenças congruentes*. Pretensión, Oposición, Fallo. Madrid: Aguilar, 1957. 250 p.

ARAZI, Roland. *La prueba em el proceso civil*. 3. ed. Buenos Aires: Rubinzal – Culzoni, 2008. 354 p.

ARCE Y FLÓREZ-VALDÉS, Joaquín. *Los principios generales del derecho y su formulación constitucional*. Madrid: Civitas, 1990. 163 p.

ARISTÓTELES. Analíticos segundos *in Tratados de lógica (organon)*. Trad. Miguel Candel Sanmartín. Madrid: Gredos, 1988, vol. II. p. 301-392.

——. *Ética a Nicômacos*. Trad. Mário da Gama Kury. 3. ed. Brasília: UnB, 1999. 238 p.

——. Tópicos (libro I) *in Tratados de lógica (organon)*. Trad. Miguel Candel Sanmartín. Madrid: Gredos, 1982, vol. I. p. 89-121.

AROCA, Monteiro. *La prueba en el proceso civil*. 5. ed. Pamplona: Thomson Civitas, 2007. 637 p.

——; CHACÓN CORADO, Mauro. *Manual de derecho procesal civil guatemalteco*. El juicio ordinario. Guatemala: Magna Terra, 1998, vol. I. 531 p.

ASSIS, Araken de. *Cumulação de ações*. 4. ed. São Paulo: Revista dos Tribunais, 2002. 314 p.

——. *Processo civil brasileiro*. Parte geral: fundamentos de distribuição de conflitos. São Paulo: Revista dos Tribunais, 2016, vol. I. 1.548 p.

——. *Processo civil brasileiro*. Parte especial: procedimento comum (da demanda à coisa julgada). São Paulo: Revista dos Tribunais, 2016, vol. III, 2.122 p.

ATIENZA, Manuel. Sobre princípios e regras. *Panoptica – Direito, Sociedade e Cultura.* Vol. 4, n. 03, p. 49-68, 2009. Disponível em: <http://www.panoptica. Org/seer/index.php/op/article/view/85/93>. Acesso em: 18 nov. 2016.

AVILA, Humberto. "Neoconstitucionalismo": entre a "ciência do direito" e o "direito da ciência". *REDE – Revista Eletrônica de Direito do Estado.* Jan/2009, p. 01-19. Disponível em: <http://revistas.unifacs.br/index.php/redu/article/viewFile /836/595>. Acesso em: 14 set. 2015.

——. *Teoria dos princípios* da definição à aplicação dos princípios jurídicos. 9. ed. São Paulo: Malheiros, 2009. 138 p.

BAPTISTA DA SILVA, Ovídio Araújo. *Curso de direito processual civil.* 7. ed. Rio de Janeiro: Forense, 2005, vol. 1. 532 p.

——. *Jurisdição, direito material e processo.* Rio de Janeiro: Forense, 2008. 285 p.

——. Direito subjetivo, pretensão de direito material e ação. *Revista da AJURIS.* Porto Alegre: Associação dos Juízes do Rio Grande do Sul, n. 29, ano X, nov., p. 99-126. 1983.

——. *Sentença e coisa julgada* (ensaios e pareceres). 4. ed. Rio de Janeiro: Forense, 2003. 385 p.

——. *Processo e ideologia.* O paradigma racionalista. Rio de Janeiro: Forense, 2004. 342 p.

——; GOMES, Fábio Luiz. *Teoria geral do processo Civil.* 4. ed. São Paulo: Revista dos Tribunais, 2006, 351 p.

BAPTISTA, Bárbara Gomes. *Paradoxos e ambiguidades da imparcialidade judicial.* Entre "quereres" e "poderes". Porto Alegre: Sergio Antonio Fabris, 2013. 572 p.

BAPTISTA, Francisco das Neves. *O mito da verdade real na dogmática do processo penal.* Rio de Janeiro: Renovar, 2001. 232 p.

BEDAQUE, José Roberto dos Santos. Os elementos objetivos da demanda examinados à luz do contraditório *in* TUCCI, José Rogério Cruz e; BEDAQUE, José Roberto dos Santos (coord). *Causa de pedir e pedido no processo civil* (questões polêmicas). São Paulo: Revista dos Tribunais, 2002, p. 13-52.

BELTRÁN, Jordi Ferrer. *Prueba y verdad en el derecho.* 2. ed. Madrid: Marcial Pons, 2005. 111 p.

BERMAN, Harold J. *Direito e revolução.* Trad. Eduardo Takemi Kataoka. São Leopoldo: Unisinos, 2006, 707 p.

BOBBIO, Norberto. Principii Generali di Diritto *in* AZARA, Antonio; EULA, Ernesto (Org.). *Novissimo digesto italiano.* 3. ed. Torino: Unione Tipografico-Editrice Torinese, 1967-1983, vol. XIII, p. 881-904.

——. *Teoria do ordenamento jurídico.* 10. ed. Brasília: UnB, 1997, 185 p.

——; BOVERO, Michelangelo. *Sociedade e estado na filosofia moderna.* Trad. Carlos Nelson Coutinho. 4. ed. Brasília: Brasiliense, 1994, 179 p.

BONACCORSI, Daniela Villani. Procedimento em contraditório e contraditório no procedimento *in* LEAL, Rosemiro Pereira. *Estudos continuados de teoria do processo.* 4. ed. Porto Alegre: Síntese, 2001, p. 67-84.

BRASIL. Câmara dos Deputados. Relatório da Comissão Especial destinada a proferir parecer sobre o projeto de lei nº 6.025/2005 e nº 8.046/10, ambos do Senado Federal, e outros, que tratam do "Código de Processo Civil" (revogam a Lei nº 5.869/73). Brasília, 2012. p. 35. Disponível em: <http://www.camara.gov.br/proposicoesWeb/prop_mostrarintegra?codteor=1026407>. Acesso em: 14 set. 2015.

——. Congresso Nacional. Senado Federal. *Anteprojeto do novo código de processo civil.* Comissão de Juristas instituída pelo Ato do Presidente do Senado Federal nº 379, de 2009, destinada a elaborar Anteporjeto de Novo Código de Processo Civil. responsável pela elaboração de Anteprojeto de Código de Processo Civil. Brasília, 2010. Disponível em: <http://www.senado.gov.br/senado/novocpc/pdf/Anteprojeto.pdf>. Acesso em 14 set. 2015.

——. Escola Nacional de Formação e Aperfeiçoamento de Magistrados. Seminário – *O Poder Judiciário e o Novo Código de Processo Civil.* Enunciados Aprovados. Disponível em: <http://www . Enfam.jus.br/wp-content/ uploads/2015/09/ENUNCIADOS-VERS%C3%83O-DEFINITIVA-.pdf>. Acesso em: 14 set. 2015.

——. Senado Federal. *O Código de Processo Civil de 1973 e suas alterações.* Brasília: Biblioteca Acadêmico Luiz Viana Filho. Disponível em: <http://www.senado.gov.br/senado/novocpc/ pdf/ CPC_ALTERA%C7%D5ES.pdf >. Acesso em: 19 out. 2016.

———. Superior Tribunal de Justiça. *Consulta ao sítio eletrônico*. Disponível em: http://www.stj.jus.br/SCON/pesquisar.jsp?acao=pesquisar&novaConsulta=true&i=1&data=&livre=%22se+os+fundamentos+adotados+bastam+para+justificar+o+conclu%EDdo+na+decis%E3o%22&opAjuda=SIM&tipo_visualizacao=null&thesaurus=null&p=true&operador=e&processo=&livreMinistro=&relator=&data_inicial=&data_final=&tipo_data=DTDE&livreOrgaoJulgador=&orgao=&ementa=&ref=&siglajud=&numero_leg=&tipo1=&numero_art1=&tipo2=&numero_art2=&tipo3=&numero_art3=&nota=&b=ACOR&b=SUMU&b=DTXT&b=INFJ>. Acesso em 18 nov. 2016.

———. Superior Tribunal de Justiça. *AgRg no Conflito de Competência nº 52.424 – PB*, da 1ª Seção. Agravante: Telemar Norte Leste S/A. Agravado: Valdilene Félix de Andrade. Relator: Ministro Humberto Martins. Brasília, DF, julgado em 13 de fevereiro de 2008. Disponível em: <https://ww2.stj.jus.br/processo/revista/documento/mediado/?componente=ITA&sequencial=753318&num_registro=200501154175&data=20080303&formato=PDF>. Acesso em: 18 nov. 2016.

———. Superior Tribunal de Justiça. *EDcl no mandado de segurança 21.315*, da 1ª Seção. Embargante: Paulo Rodrigues Vieira. Embargado: União Federal. Relatora: Ministra Diva Malerbi (Desembargadora Federal convocada – Tribunal Regional Federal da 3ª Região). Brasília, DF, julgado em: 08 de junho de 2016. Disponível em: <https://ww2.stj.jus.br/processo/revista/documento/mediado/?componente=ITA&sequencial=1518847&num_registro=201402570569&data=20160615&formato=PDF>. Acesso em 19 nov. 2016.

———. Superior Tribunal de Justiça. *Recurso Especial nº 1.230.097 – PR*, da 4ª Turma. Recorrente: Silvana Galarca Moraes e outro. Recorrido: União. Relator: Ministro Luis Felipe Salomão. Brasília, DF, julgado em 06 de setembro de 2012. Disponível em: <https://ww2.stj.jus.br/processo/revista/documento/mediado/?componente=ITA&sequencial=1175958&num_registro=201100076880&data=20120927&formato=PDF>. Acesso em: 18 nov. /2016.

———. Superior Tribunal de Justiça. *Recurso Especial nº 1.368.210 – SP*, da 3ª Turma. Recorrente: São Paulo Alpargatas S/A e San Remo Empreendimentos Comerciais Ltda. Recorrido: Os Mesmos. Relatora: Ministra Nancy Andrighi. Brasília, DF, julgado em 04 de junho de 2013. Disponível em: <https://ww2.stj.jus.br/processo/revista/documento/mediado/?componente=ITA&sequencial=1240402&num_registro=201202649647&data=20130617&formato=PDF>. Acesso em: 18 nov. 2016.

———. Superior Tribunal de Justiça. *Recurso Especial nº 239.038 – CE*, da 2ª Turma. Recorrente: Fazenda Nacional. Recorrido: Raymundo Farias e outros. Relator: Ministro Franciulli Netto. Brasília, DF, julgado em: 17 de outubro de 2000. Disponível em: <https://ww2.stj.jus.br/processo/revista/documento/mediado/?componente=IMG&sequencial=61706&num_registro=199901052009&data=20010319&formato=PDF>. Acesso em: 18 nov. 2016.

———. Supremo Tribunal Federal.AgRg. no Agravo de Instrumento nº 351.384-7, da 2ª Turma. Agravante: Banco do Estado do Espírito Santo S/A. Agravado: Valdeir Moreira. Rel. Min. Néri da Silveira. Brasília, DF, julgado em: 26 de fevereiro de 2002. Disponível em: <http://redir.stf.jus.br/paginadorpub/paginador.jsp?docTP=AC&docID=304663>. Acesso em: 18 nov. 2016.

BUENO, Cassio Scarpinella. *Curso sistematizado de direito processual civil*. Teoria geral do direito processual civil. 8. ed. São Paulo: Saraiva, 2013, vol. 1. 612 p.

BUZAID, Alfredo. Da lide: estudo sobre o objeto litigioso *in Estudos e pareceres de direito processual civil*. São Paulo: Revista dos Tribunais, 2002. p. 72-132.

———. *Do agravo de petição* no sistema do código de processo civil. 2. ed. São Paulo: Saraiva, 1956. 172 p.

———. Exposição de Motivos do Código de Processo Civil *in* BRASIL. Senado Federal. *Código de Processo Civil*: histórico da Lei, vol. I, tomo I, p. 09-32. Disponível em: http://www2.senado.leg.br/bdsf/bitstream/handle/id/ 177828/CodProcCivil%201974.pdf?sequence=4. Acesso em: 15 set. 2015.

———. L'influenza di liebman sul diritto processuale civile brasiliano *in Studi in onore di Enrico Tullio Liebman*. Milão: Giuffrè, 1979, vol. 1. p. 05-29.

CABRA, Marco Gerardo Monroy. *Principios de derecho procesal civil*. Bogotá: Temis, 1974. 357 p.

CABRITA, Helena. A fundamentação de facto e de direito da decisão cível. Coimbra: Coimbra, 2015. 288 p.

CAENEGEM, R.C. van. *Uma introdução histórica ao direito privado*. Trad. Carlos Eduardo Lima Machado. São Paulo: Martins Fontes, 2000. 288 p.

CALAMANDREI, Piero. El concepto de "litis" en el prensamiento de F. Carnelutti *in* CALAMANDREI, Piero. *Estudios sobre el proceso civil*. Trad. Santiago Sentis Melendo. Buenos Aires: Argentina, 1961. p. 265-294.

——. El juez y el historiador *in* CALAMANDREI, Piero. *Estudios sobre el proceso civil*. Trad. Santiago Sentis Melendo. Buenos Aires: Argentina, 1961. p. 105-130.

——. *La casación civil*. Trad. Santiago Sentís Melendo. Buenos Aires: Editorial Bibliografica Argentina, 1945, tomo I. 428 p.

——. La genesis logica de la sentencia civil *in* CALAMANDREI, Piero. *Estudios sobre el proceso civil*. Trad. Santiago Sentis Melendo. Buenos Aires: Editorial Bibliografica Argentina, 1961. p. 369-417.

——. *Los estudios de derecho procesal en italia*. Trad. Santiago Santis-Melendo. Buenos Aires: E.J.E.A., 1959. 212 p.

——. Premissas políticas do projeto de código de processo civil italiano *in Processo Oral* (coletânea de estudos e juristas nacionais e estrangeiros). Rio de Janeiro: Forense, 1940. p. 155-175.

——. Verità e verosimiglanza nel processo civile *in Rivista di Diritto Processuale*. Padova: CEDAM, v. 10, parte 1. p. 164-192.

CALHEIROS, Maria Clara. *Para uma teoria da prova*. Coimbra: Coimbra, 2015. 213 p.

CALOGERO, Guido. *La logica del giudice e il suo controllo in cassazione*. Padova: CEDAM, 1937. 305 p.

CÂMARA, Alexandre Freitas. *O novo processo civil brasileiro*. São Paulo: Atlas, 2015. 559 p.

CAMPOS, Francisco. *Exposição de Motivos do Decreto-Lei n° 1.608, de 18 de setembro de 1939*. D.O.U. de 13/10/1939, p. 24411. Disponível em: <http://www2.camara.leg.br/legin/fed/declei/1930-1939/decreto-lei-1608-18-setembro-1939-411638-norma-pe.html>. Acesso em: 15 set. 2015.

CAMPOS, Ronaldo Cunha. *Limites objetivos da coisa julgada*. 2. ed. Rio de Janeiro: Aide. 185 p.

CANARIS, Claus Wilhelm. *Pensamento sistemático e conceito de sistema na ciência do direito*. Trad. A. Menezes Cordeiro. 5. ed. Lisboa: Fundação Calouste Gulbenkian. 302 p.

CÂNDIDO, Camila Fagundes. Correlação entre processo civil e estrutura do poder judiciário no CPC de 1973 *in Comentários críticos a exposição de motivos do CPC de 1973 e os motivos para elaboração de um novo CPC*. Franca: Lemos & Cruz, 2011. p. 119-142.

CANESTRELLI, Serena. *Istruzione probatoria e libero convencimento del giudice*. Tesi di dottorato, Università degli Studi di Milano-Bicocca, 2011. 296 p. Disponível em: <https://boa.unimib.it/retrieve/handle/10281/20077/25552/Phdunimib_040978.pdf>. Acesso em: 14 set. 2015.

CARLI, Carlo. *La demanda civil*. Buenos Aires: LEX, 1977. 383 p.

CARLI, Luigi. Questioni incidentali (diritto processuale penale) *in* SANTORO-PASSARELLI, Francesco (dir). *Enciclopedia del diritto*. Milão: Giuffrè, 1987, vol. XXXVIII. p. 61-69.

CARNELUTTI, Francesco. *A prova civil*. Trad. Lisa Pary Scarpa. 2. ed. São Paulo: Bookseller, 2002. 322 p.

——. *Derecho y proceso*. Trad. Santiago Sentis Melendo. Buenos Aires: Ediciones Juridicas Europa-America, 1971. 205 p.

——. *Instituciones del proceso civil*. Trad. Santiago Sentis Melendo. Buenos Aires: Ediciones Juridicas Europa-America, 1973, vol. I. 557 p.

——. *Lezioni di diritto processuale civile*. Padova: CEDAM, 1986, vol. IV. 870 p.

——. *Sistema del diritto processuale civile*. Funzione e compozione del proceso. Padova: Cedam, 1936, vol. I e II. 849 p.

——. *Teoria general del derecho*. Trad. Francisco Javier Osset. Madrid: Revista de Derecho Privado, 1955. 543 p.

CARRIÓ, Genaro. *Principios juridicos y positivismo juridico*. Buenos Aires: Abeledo-Perrot, 1970. 75 p.

CARVALHO, Milton Paulo. *Do pedido no processo civil*. Porto Alegre: Sergio Antonio Fabris, 1992. 183 p.

CASTILLO, Niceto Alcala-Zamora. *Cuestiones de terminologia procesal*. México: Instituto de Investigaciones Juridicas, 1972. 244 p.

——. *Estudios de teoría general e historia del proceso (1945-1972)*. México: Universidad Autónoma de México, 1992, tomo I. 615 p.

——. Liberalismo y autoritarismo en el proceso. *Boletín Mexicano de Derecho Comparado*, [S.l.], jan., p. 559-600, 1968. Disponível em: <https://revistas.juridicas.unam.mx/index.php/derecho-comparado/article/view/572>. Acesso em: 18 out. 2015.

CASTRO JUNIOR, Roberto Apolinário de. Confronto principiológico entre os códigos de processo civil de 1939 e 1973 *in Comentários críticos a exposição de motivos do CPC de 1973 e os motivos para elaboração de um novo CPC*. Franca: Lemos & Cruz, 2011, p. 77-113.

CAVALLONE, Bruno. Alessandro Giuliani processualista: ordine isonomico, ordine asimmetrico, principio dispositivo, principio inquisitorio. *Rivista Di Diritto Processuale,* Padova: CEDAM, v. 67, n. 1, fev, p. 107-120, 2012.

CHAVES, Terezinha Ribeiro. Provimento: ato decisório ou resultante lógica da decisão *in* LEAL, Rosemiro Pereira (coord.). *Estudos continuados de teoria do processo*. Porto Alegre: Síntese, 2001, vol. II. p. 107-123.

CHIOVENDA, Giuseppe. *Instituições de Direito Processual Civil*. Trad. Paolo Capitanio. 3. ed. São Paulo: Bookseller, 2002. vol. I, 519 p.

——. *Instituições de Direito Processual Civil.* Trad. Paolo Capitanio. 3. ed. São Paulo: Bookseller, 2002, vol. III. 408 p.

——. *L'Azzione nel sistema dei diritti*. Bolonha: Zanichelli, 1903. 128 p.

——. *La riforma del procedimiento civile proposta dalla commissione per il dopo guerra; relazione e testo annotato*. Napoli: N. Jovene, 1920. 148 p.

——. *Saggi di diritto processuale civile* (1894-1937). Milano: Giuffré, 1993, vol. secondo. 485 p.

CHIOVENDA, José. *Principios de derecho procesal civil*. Trad. José Casais y Santalo. Madrid: Reus, 1922, tomo I. 724 p.

——. *Principios de derecho procesal civil*. Trad. José Casais y Santalo. Madrid: Reus, 1922, tomo II. 858 p.

COMOGLIO, Luigi Paolo; FERRI, Corrado; TARUFFO, Michelle. *Lezione sul processo civile*. Bolonha: Mulino, 1998. 971 p.

CONSOLO, Claudio; GODIO, Frederica. Princípio del contraddittorio *in* COMOGLIO, Luigi Paolo; CONSOLO, Claudio; SASSANI, Bruno; *et alii. Commentario del codice di procedura civil*. Torino: Utet Giuridica, 2012, vol. II. p. 22-46. Disponível em: <https://books.google.com.br/books?id=5-xiBAAAQBAJ&pg=PA24&lpg=PA24&dq=comoglio+contraddittorio&source=bl&ots=5kf_mKkKSs&sig=fpsv7IVzIaOgfcgHIci1Y2pB8U&hl=ptBR&sa=X&ved=0ahUKEwipzOCHnIrQAhVEG5AKHdE9BiI4ChD oAQgaMAA#v=onepage&q=comoglio%20contraddittorio&f=false>. Acesso em 02 nov. 2016.

COUSUELO, José Maria Díaz. *Los Princípios generales del derecho*. Buenos Aires: Plus Ultra, 1971. 108 p.

COUTURE, Eduardo J. *Fundamentos del derecho procesal civil*. 3. ed. Buenos Aires: Roque Depalma, 1958. 492 p.

CRESCI SOBRINHO, Elicio de *Objeto litigioso no processo civil*. Porto Alegre: Sergio Antonio Fabris, 2008. 159 p.

CRUZ, Sebastião. *Direito Romano (ius romanum):* Introdução. Fontes. 4. ed. Coimbra: Dislivro, 1984, vol. I. 629 p.

DAMASKA, Mirjan. R. *Las caras de la justicia y el poder del estado:* análisis comparado del proceso legal. Trad. Andrea Morales Vidal. Santiago: Editorial Jurídica de Chile, 2000. 430 p.

DAWSON, John P. *The oracles of the law*. New York: William S. Hein & Co., 1968. 520 p.

DE LUCCA, Giuseppe. Profilo storico del libero convincimento del giudice *in Quaderno n. 50* (incontri di studio e documentazione per i magistrati). Roma, 1990. p. 16. Disponível em: <http://www.csm.it/quaderni/quad_50.pdf>. Acesso em: 15/09/2015. p. 09-38.

DE STEFANO, Giuseppe. Per una teoria dell'oggetto del processo *in Scritti giuridici in memoria di Piero Calamandrei*. Padova: CEDAM, 1958, vol. III. p. 225-244.

DENTI, Vittorio. Questioni pregiudiziali *in* AZARA, Antonio; EULA, Ernesto (Org.). *Novissimo digesto italiano*. 3. ed. Torino: Unione Tipografico-Editrice Torinese, 1967-1983, vol. XIV. p. 675-678.

DEU, Teresa Armenta. *La acumulacion de autos* (reunion de procesos conexos). Madrid: Montecorvo, 1983. 344 p.

DINAMARCO, Cândido Rangel. *Fundamentos do processo civil moderno*. 6. ed. São Paulo: Malheiros, 2010, vol. I. 991 p.

_____. O conceito de mérito em processo civil. *Revista de Processo*. Rio de Janeiro: Forense, ano IX, vol. 34, ab-jun. p. 20-45, 1984.

_____. Sugli svillupi della dotrina brasiliana del processo civile *in Studi in onore di Enrico Tullio Liebman*. Milão: Giuffrè, 1979, vol. 1. p. 32-37.

DWORKIN, Ronald. *Levando os direitos à sério*. Trad. Nelson Boeira. São Paulo: Martins Fontes, 2002. 568 p.

ECHANDIA, Devis. *Teoria general del proceso*. Aplicable a toda a clase de procesos. 3. ed. Buenos Aires: Editorial Universidad, 2004. 538 p.

_____. *Compendio de Derecho Procesal*. Teoria general del proceso. 4. ed. Bogota: ABC, 1974. 319 p.

_____. *Nociones generales de derecho procesal civil*. Madrid: Aguilar, 1966. 722 p.

ENTERRÍA, Eduardo García. *Reflexiones sobre la ley y los principios generales del derecho*. Madrid: Civitas, 1984. 182 p.

ESSER, Josef. *Principio y norma em la elaboración jurisprudencial del derecho privado*. Trad. Eduardo Valentí Fiol. Barcelona: Bosch, 1961. 498 p.

ESTEVEZ, José Louis. La teoría del objeto del proceso *in Anuario de derecho civil*. Madrid: Boletín Oficial del Estado. n. 2, vol. 2, 1949. p. 606-630.

FAZZALARI, Elio. *Instituições de Direito Processo*. Trad. Elaine Nassif. Campinas: Bookseller, 2006. 780 p.

_____. *Note in tema di diritto e processo*. Milano: Giuffrè, 1957. 131 p.

FENOLL, Jordi Nieva. *La valoración de la prueba*. Madrid: Marcial Pons, 2010. 374 p.

FERNÁNDEZ, Eneida Arbaizar; GUTIÉRREZ, Alazne Basañez; PADILLA, Gloria Pérez; *et alii*. La inicativa probatoria de oficio en los procesos especiales no dispositivos *in* LLUCH, Xavier Abel; PICÓ I JUNOY, Joan (coord). *Los poderes del juez civil en materia probatoria*. Barcelona: Bosch, 2003. p. 67-104.

FERRAJOLI, Luigi. Constitucionalismo principialista e constitucionalismo garantista *in* FERRAJOLI, Luigi; STRECK, Lenio Luiz *et alii* (org.). *Garantismo, hermenêutica e (neoconstitucionalismo)* um debate com Luigi Ferrajoli. Porto Alegre: Livraria do Advogado, 2012. p. 13-56.

_____. *Direito e razão*. Teoria do garantismo penal. Trad. Ana Paulo Zomer Sica; Fauzi Hassan Choukr; Juarez Tavares *et allii*. 4. ed. São Paulo: Revista dos Tribunais, 2014. 925 p.

FERRÁNDIZ, Leonardo Prietro-Castro. *Derecho procesal civil*. 5. ed. Madrid: Tecnos, 1989. 545 p.

FIGUEROA, Alfonso García. *Principios y positivismo juridico*: el no positivismo principalista en las teorías de Ronald Dworkin y Robert Alexy. Madrid: Centro de Estudios Políticos y Constitucionales, 1998. 444 p.

FONSECA, Regina Lúcia Teixeira Mendes da. *As representações de juízes brasileiros sobre o princípio do livre convencimento motivado*. Tese de Doutorado. Universidade Gama Filho, 2008. 267 p. Disponível em: <http://www.dominiopublico.gov.br/download/teste/arqs/cp060431.pdf>. Acesso em: 15 set. 2015.

FRANÇA, Rubens Limongi. *Teoria e pratica dos principios gerais do direito*. 2. ed. São Paulo: Revista dos Tribunais, 1971. 260 p.

FRANK, Jerome. *Derecho e incertitumbre*. Trad. Carlos M. Bidegain. Buenos Aires: Centro Editor de America Latina, 1968. 141 p.

FREIRE, Homero. Da pretensão ao direito subjetivo *in Estudos de direito processual in memoriam do ministro Costa Manso*. São Paulo: Revista dos Tribunais, 1965. p. 59-113.

GANUZAS, Francisco Javier Ezquiaga. *Iura novit curia aplicación judicial del derecho*. Valladolid: Lex Nova, 2000. 261 p.

GARBAGNATI, Edoardo. Questione pregiudiciale *in* SANTORO-PASSARELLI, Francesco (dir). *Enciclopedia del diritto*. Milão: Giuffrè, 1987, vol. XXXVIII, p. 69-81.

_____. Questioni preliminari di merito e questione pregiudiziali. *Rivista di diritto processuale*. Padova: CEDAM, vol XXXI (II serie), p. 257-280, 1976.

GONÇALVES, Aroldo Plínio. *Técnica processual e teoria do processo*. Rio de Janeiro: Aide, 1992. 197 p.

GILISSEN, John. *Introdução histórica ao direito*. Trad. A. M. Hespanha e L.M. Macaísta Malheiros. 6. ed. Lisboa: Calouste Gulbenkian, 2011. 813 p.

GIUDICEANDREA, Nicola. Questione di fatto *in* AZARA, Antonio; EULA, Ernesto (Org.). *Novissimo digesto italiano*. 3. ed. Torino: Unione Tipografico-Editrice Torinese, 1967-1983, vol. XIV. p. 667-673.

GIULIANI, Alessandro. L'ordo judiciarius medioevale (riflessioni su un modello puro di ordine isonomico). *Rivista Di Dirito Processuale*. Padova: Cedam, v. 43, parte 2, p. 598-614,1988.

——. Prova (filosofia) *in Enciclopedia del diritto*. Milão: Giuffrè, 1987, vol. XXXVII. p. 519-579.

GOLDSCHMIDT, James. *Derecho procesal civil*. Trad. Leonardo Prieto Castro. Barcelona: Labor, 1936. 916 p.

GORPHE, François. *Las resoluciones judiciales*. Estudio Psiológico y Forense. Trad. Luis Alcalá-Zamora y Castillo. Buenos Aires: Ediciones Jurídicas Europa-América, 1953. 199 p.

GOYARD-FABRE, Simone. *Os princípios filosóficos do direito político moderno*. Trad. Irene A. Paternot. São Paulo: Martins Fontes, 1999. 525 p.

GUARIGLIA, Osvaldo. *La ética en Aristóteles:* o la Moral de la Virtud. Buenos Aires: Eudeba, 1997. 394 p.

GUASP, Jaime. *Derecho procesal civil*. Introducion y parte general. 3. ed. Madrid: Instituto de Estudios Políticos, 1968, vol I. 968 p.

GUASTINI, Riccardo. *Das fontes às normas*. Trad. Edson Bini. São Paulo: Quartier, 2005. 415 p.

GUILLÉN, Víctor Fairén. *Estudios de Derecho Procesal*. Madrid: Revista de Derecho Privado, 1955. 640 p.

——. *Teoria general del derecho procesal*. México: Universidad Autónoma del México, 1992. 607 p.

HABSCHEID, Walter J. L'Oggetto del processo nel diritto processuale civile tedesco (trad. Angela Loaldi) *in Rivista di Diritto Processuale*. Padova: CEDAM, vol XXXV (II serie), 1980. p. 454-467.

HART, L . A. *O conceito de direito*. Trad. A. Ribeiro Mendes. 2. ed. Lisboa: Calouste Gulbenkian, 1994. 348 p.

HECKLER, Evaldo (SJ); BACK, Sebald; MASSING, Egon. *Dicionário morfológico da língua portuguesa*. São Leopoldo: Unisinos, 1984, vol. III. 3.431 p.

——. *Dicionário morfológico da língua portuguesa*. São Leopoldo: Unisinos, 1984, vol. IV. 4.507 p.

HERCULANO, Alexandre. *Opúsculos*. Coimbra: Imprensa da Universidade, 1885, vol. 05. 315 p.

IBAÑEZ, Perfecto Andrés. Acerca de la motivación de los hechos en la sentencia penal *in DOXA – Cuadernos del Filosofia del Derecho*. Alicante: Departamento del Filosofía del Derecho Universidad de Alicante, nº 12, 1992, p. 257-299. Disponível em: <https://rua.ua.es/dspace/bitstream/10045/10731/1 /doxa12_08. pdf>. Acesso em: 15 set. 2015.

——. Sobre prueba y motivación *in* TARUFFO, Michele; IBAÑEZ, Perfecto Andrés; PÉREZ, Alfonso Candau. *Consideraciones sobre la prueba judicial*. Madrid: Fundación Coloquio Jurídico Europeo, 2009. p. 47-96.

JAUERNIG, Othmar. *Direito processual civil*. trad. F. Silveira Santos. 25. ed. Coimbra: Almedina, 2002. 480 p.

JOLOWICZ, H.F. *Historical introduction to the study of roman law*. 2. ed. Cambridge: Cambridge University, 1952. 596 p.

JUSTO, A. Santos. *Direito privado romano – I*. Parte Geral. 5. ed. Coimbra: Coimbra, 2011. 466 p.

KANTOROWICZ, German. La lucha por la ciencia del derecho *in* SAVIGNY, KIRCHMANN, ZITELMANN, KANTOROWICZ. *La ciencia del derecho*. Buenos Aires: Losada, 1949. p. 325-370.

KAUFMANN, Arthur; HASSEMER, Winfried. *Introdução à filosofia do direito e à teoria do direito contemporâneas*. Trad. Marcos Keel e Manuel Seca de Oliveira. Lisboa, Fundação Calouste Gulbenkian, 2002. 534 p.

KELSEN, Hans. *Teoria geral das normas*. Trad. José Florentino Duarte. Porto Alegre: Sergio Antonio Fabris, 1986. 509 p.

——. *Teoria pura do direito*. Trad. João Baptista Machado. 5. ed. São Paulo: Martins Fontes, 1996. 427 p.

KIMMICH, Liane Boll. Teorias do objeto do processo no direito brasileiro e alemão *in* OLIVEIRA, Carlos Alberto Alvaro (org.). *Elementos para uma nova teoria geral do processo*. Porto Alegre: Livraria do Advogado, 1997. p. 158-176.

LACERDA, Galeno. *Despacho saneador*. 3. ed. Porto Alegre: Sergio Antonio Fabris, 1990. 201 p.

LARENZ, Karl. *Metodologia da ciência do direito*. Trad. José Lamego. Lisboa: Fundação Calouste Goulbenkian, 1996. 727 p.

LEAL, Rosemiro Pereira. *Teoria geral do processo*. Primeiros estudos. 6. ed. São Paulo: IOB Thomson. 335 p.

LEE, H.D.P.Geometrical method and Aristotle's account of first principles *in The Classical Quarterly*. Cambridge: Cambridge University, v. 29, 1935. p. 113-124.

LEITE, Daniel Secches Silva. A Concepção de modernidade em 1939 *in* LEAL, Rosemiro Pereira (coord., org. col.); ALMEIDA, Andréa Alves de (org., col.). *Comentários críticos a exposição de motivos do cpc de 1973 e os motivos para a elaboração de um novo cpc*. Franca: Lemos e Cruz. p. 235-272.

LENT, Friedrich. *L'Oggetto della lite*. Parte prima: il procedimento di cognizione. Trad. Edoardo F. Ricci. Napoli: Morano, 1963. 389 p.

LEONEL, Ricardo de Barros. Objeto litigioso do processo e o princípio do duplo grau de jurisdição *in* TUCCI, José Rogério Cruz e; BEDAQUE, José Roberto dos Santos (coord.). *Causa de pedir e pedido no processo civil* (questões polêmicas). São Paulo: Revista dos Tribunais, 2002. p. 343-410.

LESSONA, Carlos. *Teoria general de la prueba em derecho civil*. Trad. Enrique Aguilera de Paz. 3. ed. Madrid: Editorial Reus, 1928, vol. I. 753 p.

LIEBMAN, Enrico Tullio. *Manual de direito processual civil*. Trad. Cândido Dinamarco Rangel. 3. ed. São Paulo: Malheiros, 2005. 343 p.

——. O despacho saneador *in* LIEBMAN, Enrico Tulio. *Estudos sobre o processo civil brasileiro*. São Paulo: Saraiva, 1947. p. 107-152.

——. *Problemi del processo civile*. Napoles: Morano, 1962. 516 p.

LLUCH, Xavier Abel. *Las reglas de la sana crítica*. Madrid: La Ley, 2015. 198 p.

LOSANO, Mario G. *Os grandes sistemas jurídicos*. Trad. Marcela Varejão. São Paulo: Martins Fontes, 2007. 675 p.

LOSANO, Mario G. *Sistema e estrutura no direito*. Trad. Luca Lamberti. São Paulo: WMF, 2010. 373 p.

LUHMANN, Niklas. *Legitimação pelo procedimento*. Trad. Maria da Conceição Côrte-Real. Brasília: Universidade de Brasília, 1980. 202 p.

LUÑO, Antonio Enrique Perez. Los principios generales del derecho: ¿um mito juridico? *Revista de Estudios Políticos (Nueva Época)*. Espanha: Ministério de la Presidencia, n. 98, ouctubre-deciembre, p. 09, 1997. Disponível em: <http://www.cepc.gob.Es/publicaciones/revistas/revistaselectronicas?IDR=3&IDN=255&IDA=17117>. Acesso em: 15 set. 2015.

LYRA, Roberto. O prestígio dos juízes e a reforma do processo civil *in Processo Oral* (coletânea de estudos e juristas nacionais e estrangeiros). Rio de Janeiro: Forense, 1940. p. 223-224.

MAGALHÃES, Juliana Neuenschwander. O Uso criativo dos paradoxos do Direito: a aplicação dos princípios gerais do Direito pela Corte de Justiça Européia *in* ROCHA, Leonel Severo (org). *Paradoxos da Auto-Observação:* percursos da teoria jurídica contemporânea. Curitiba: JM, 1997. p. 245-277.

MANCUSO, Rodolfo de Camargo. *Recurso extraordinário e recurso especial*. 9. ed. São Paulo: Revista dos Tribunais, 2006. 444 p.

MANDRIOLI, Crisanto. *Corso di diritto processuale civile*. Torino: G. Giappichelli, 1973, vol. I. 278 p.

——. *L'Azione esecutiva*. Contributo alla teoria unitaria dell'azzione e del processo. Milão: Giuffrè, 1955. 658 p.

MARINONI, Luiz Guilherme; ARENHART, Sérgio Cruz; MITIDIERO, Daniel. *Novo curso de processo civil*. Teoria do processo civil. São Paulo: Revista dos Tribunais, 2015, vol. 1. 623 p.

——. *Novo curso de processo civil*. São Paulo: Revista dos Tribunais, 2015, vol. 2. 1.101 p.

MARQUES, José Frederico. *Instituições de direito processual civil*. Campinas: Bookseller, 2000, vol. I. 512 p.

——. *Instituições de direito processual civil*. Campinas: Millenium, 2000, vol. II. 506 p.

——. *Instituições de direito processual civil*. Campinas: Millennium, 2000, vol. III. 533 p.

MARTINS, Pedro Baptista. *Comentários ao Código de Processo Civil*. Rio de Janeiro: Forense, 1942, vol. III. 510 p.

——. Em defesa do ante-projeto de código de processo civil *in Processo Oral* (coletânea de estudos e juristas nacionais e estrangeiros). Rio de Janeiro: Forense, 1940. p. 225-238.

MAUS, Ingeborg. O Judiciário como superego da sociedade e o papel da atividade jurisprudencial na "sociedade órfã". Trad. Martonio Lima e Paulo Albuquerque. *Novos Estudos*. São Paulo: Centro Brasileiro de Análise e Planejamento, n. 58. p. 183-202, 2000. Disponível em: <http://www.direitocontemporaneo.com/wp-content/uploads/2014/02/JUDICI%C3%81RIO-COMO-SUPEREGO-DA-SOCIEDADE.pdf>. Acesso em: 15 mar. 2015.

MAYNEZ, Eduardo Garcia. Los «principios generales del derecho» y la distinción entre princípios juridicos normativos y no normativos *in Scritti Giuridici in Memoria di Piero Calamandrei.* Padova: CEDAM, 1958, vol. 1. p. 225-242.

MEDINA, José Miguel Garcia. *Direito processual civil moderno.* 2. ed. São Paulo: Revista dos Tribunais, 2016. 1.740 p.

MELENDO, Santiago Sentis. *La prueba:* los grandes temas del derecho probatorio. Buenos Aires: EJEA, 1968. 608 p.

MENCHINI, Sergio. *I limiti oggettivi del giudicato civil*. Milão: Giuffrè, 1987. 384 p.

MENDEZ, Francisco Ramos. *Derecho y proceso.* Barcelona: Bosch, 1978. 326 p.

MENESTRINA, Francesco. *La prejudiciale nel proceso civile.* Viena: Manz, 1904. 233 p.

MICHELI, Gian Antonio. *Derecho procesal civil.* Trad. Santiago Sentis Melendo. Buenos Aires: Ediciones Juridicas Europa-America, 1970. 455 p.

MIRANDA, Pontes de. *Comentários ao Código de Processo Civil.* Rio de Janeiro: Forense, 1947, vol. II. 535 p.

——. *Tratado das ações.* Ação, classificação e eficácia. Campinas: Bookseller, 1998, tomo I. 381 p.

MITIDIERO, Daniel Francisco. A lógica da prova no ordo judiciarius medieval e no processus assimétrico moderno: uma aproximação. *Argumenta Journal Law.* Jacarezinho. n. 6, fev, p. 179-202, 2003. Disponível em: <http://seer.uenp.edu.br/index.php/ argumenta/article/view/65>. Acesso em: 12 nov. 2016.

MONTESANO, Luigi. Questioni preliminari e sentenze parziali di merito. *Rivista di Diritto Processuale.* Padova: CEDAM, vol. XXIV (II Serie), p. 581, 1969.

MOREIRA, José Carlos Barbosa. *O Novo processo civil brasileiro* (exposição sistemática do procedimento). 28. ed. Rio de Janeiro: Forense, 2010. 356 p.

MOZOS, José Luis de los. Norma, principio y sistema em la integración del ordenamentiento juridico *in Estudios juridicos en homenaje al profesor Federico de Castro,* Madrid: Tecnos, 1976. v.2. p. 321-343.

NAPPI, Aniello. Libero convincimento, regole di esclusione, regole di assunzione *in Quaderno n. 50* (incontri di studio e documentazione per i magistrati). Roma, p. 39-58, 1990. Disponível em: <http://www.csm.it/quaderni/quad_50.pdf>. Acesso em: 15 set. 2015.

NERY JUNIOR, Nelson. *Princípios do processo na Constituição Federal.* Processo civil, penal e administrativo. 9. ed. São Paulo: Revista dos Tribunais, 2009. 415 p.

——. *Teoria geral dos recursos.* 7. ed. São Paulo: Revista dos Tribunais, 2014. 669 p.

NEVES, Antonio Castanheira. *Questão-de-facto-questão-de-direito ou o problema metodológico da juridicidade:* (ensaio de uma reposição crítica). Coimbra: Almeidina, 1967. 927 p.

NIETO, Alejandro. *El desgobierno judicial.* Madrid: Fundación Alfonso Martin Escudero, 2005. 301 p.

NOGUEIRA, Pedro Henrique Pedrosa. O conceito de pretensão à luz da teoria do fato jurídico e sua influência sobre o direito processual *in* DIDIER JR., Fredie; EHRHARDT JR., Marcos (coord.). *Revisitando a teoria do fato jurídico.* Homeagem a Marcos Bernardes de Mello. São Paulo: Saraiva, 2010. p. 509-525.

NÖRR, Knut Wolfgang. Alcuni momenti della storiografia del diritto processuale *in Rivista Di Diritto Processuale.* Padova: Cedam, v. 59, n. 1, genn/mar, p. 1-10, 2004.

OLIVEIRA, Rafael Tomaz de. *Decisão judicial e o conceito de princípio.* A hermenêutica e a (in)determinação do Direito. Porto Alegre: Livraria do Advogado, 2008. 248 p.

PALACIO, Lino Enrique. *Derecho procesal civil:* nociones generales. 2. ed. Buenos Aires: Abeledo Perrot, 1990, vol. I. 3.381 p.

PALLERMO, Antonio. *Il processo di formazione della sentenza civile.* Milão: Giuffrè, 1956. 259 p.

PATTARO, Enrico. Al origen de la noción "principios generales del derecho": Lineamiento histórico-filosófico. *Boletin Mexicano de Derecho Comparado,* n. 59, p. 535-563, 1987. Disponível em: <http://biblio.juridicas.Unam.mx/revista/pdf/Derecho Comparado/59/art/art5.pdf>. Acesso em: 27 set. 2015.

PAULA, Jônatas Luiz Moreira de. *História do direito processual brasileiro*. Das origens lusas à escola crítica do processo. Barueri: Manole, 2002. 372 p.

PERELMAN, Chäim. *Logica Jurídica*. Trad. Vergínea K. Puppi. São Paulo: Martins Fontes, 1999. 259 p.

PICARDI, Nicola. *Audiatur et altera pars:* as matrizes histórico-culturais do contraditório *in Jurisdição e processo*. Trad. Carlos Alberto de Oliveira. Rio de Janeiro: Forense, 2008. p. 127-155.

——. Do juízo ao processo *in Jurisdição e processo*. Trad. Carlos Alberto de Oliveira. Rio de Janeiro: Forense, 2008. p. 33-68.

——. Processo Civile: c) diritto moderno *in Enciclopedia del diritto*. Milão: Giuffrè, 1987, vol. XXXVIII. p. 101-119.

PICO I JUNOY, Joan. *O juiz e a prova*. Estudo da errônea recepção do brocardo *iudex iudicare debet secundum allegata et provata, non secundum conscientiam* e sua repercussão atual. Trad. Darci Guimarães Ribeiro. Porto Alegre: Livraria do Advogado, 2015. 167 p.

PISANI, Andrea Proto. *Lezioni di diritto processuale civile*. Napoli: Dott. Eugenio Jovene, 1996. 949 p.

PLANITZ, Hans. *Princípios de derecho privado germanico*. Trad. Carlos Melon Infante. Barcelona: Bosh, 1957. 467 p.

PUIGARNAU, Jaime M. Mans. *Los principios generales del derecho*. Repertorio de reglas, máximas y aforismos juridicos. Barcelona: Bosch, 1947. 528 p.

RAATZ, Igor; SANTANA, Gustavo da Silva. Elementos de história do processo civil brasileiro: do código de 1939 ao código de 1973, p. 01-18. Disponível em: <https://www.tjrs.jus.br/export/poder_judiciario/historia/memorial_do_poder_judiciario/memorial_judiciario_gaucho/revista_justica_e_historia/issn_1677-065x/v9n17n18/ELEMENTOS.pdf>. Acesso em: 19 out. 2016.

REDENTI, Enrico. *Derecho procesal civil*. Trad. Santiago Sentís-Melendo e Marino Ayerra Redín. Buenos Aires: Ediciones Juridicas Europa-America, 1957, vol. I. 511 p.

RIBEIRO, Darci Guimarães. *Da tutela jurisdiconal às formas de tutela*. Porto Alegre: Livraria do Advogado, 2010. 256 p.

——. *La pretensión procesal y la tutela judicial efectiva*. Hacia una teoría procesal del derecho. Barcelona: Bosch, 2004. 235 p.

——. *Provas Atípicas*. Porto Alegre: Livraria do Advogado, 1998. 150 p.

RIPERT, George. *A regra moral nas obrigações civis*. Trad. Osório de Oliveira. Campinas: Bookseller, 2000. 399 p.

ROCCO, Ugo. *Tratado de derecho procesal civil*. Trad. Santiago Sentís Melendo y Marino Ayerra Redín. Buenos Aires: Depalma, 1969, vol. I. 411 p.

RODRIGUEZ, Tulio Enrique Espinosa. *La valoración de la prueba en el proceso*. Bogotá: Temis Bogotá, 1967. 205 p.

ROSENBERG, Leo. *Derecho procesal civil*. Trad. Angela Romera Vera. Buenos Aires: Ediciones Juridicas Europa-America, 1958, tomo II. 424 p.

SANCHES, Sydney. Objeto do processo e objeto litigioso do processo *in Revista da AJURIS*. Porto Alegre: Associação dos Juízes do Rio Grande do Sul, n. 16, ano VI, julho, p. 133-156. 1979.

SANCHÍS, Luis Pietro. *Ley, princípios, derechos*. Madrid: Dykinson, 1998. 128 p.

——. Teoria general del derecho *in* SANCHÍS, Luis Prieto (coord.) *Introducción al Derecho*. Cuenca: Universidad de Castilla, 1996. p. 13-28.

——; FERNANDEZ, Miguel Angel. *Lecciones de derecho procesal*. 2. ed. Barcelona: Promociones Publicaciones Universitarias, 1985. 466 p.

SANTOS, Moacyr Amaral. Contra o processo autoritário. *Revista da Faculdade de Direito [Da] Universidade de São Paulo*, São Paulo, v. 54, pt. 2, jul. 1959, p. 212-229.

——. *Prova judiciária no cível e comercial*. 3. ed. São Paulo: Max Limonad, 1968, vol. 1. 512 p.

SATTA, Salvatore. *Manual de derecho procesal civil*. Trad. Santiago Sentís Melendo y Fernando de la Rua. Buenos Aires: Ediciones Juridicas Europa-America, 1971, vol. I. 521 p.

SCHMIDT, Eberhardt. La ley y los jueces: valores positivos y negativos del positivismo *in* RADBRUCH, Gustav; SCHMIDT, Eberhardt; WENZEL, Hans. *Derecho injusto y derecho nulo*. Trad. PANIAGUA, José Maria Rodrigues. Madrid: Aguilar, 1971. p. 25-69.

SCHÖNKE, Adolf. *Direito processual civil*. Trad. Karina Andrea Fumberg. Campinas: Romana, 2003. 546 p.

SCHULZ, Fritz. *Storia della giurisprudenza romana*. Trad. Guglielmo Nocera. Firenze: Sansoni, 1968. 657 p.

SCHWAB, Karl Heinz. *El objeto litigioso en el proceso civil*. Trad. Tomas A. Banzhaff. Buenos Aires: Ediciones Juridicas Europa-America, 1968. 301 p.

SCIALOJA, Vittorio. *Procedimiento civil romano:* ejercicio y defensa de los derechos. Buenos Aires: Ediciones Jurídicas Europa-America, 1954. 554 p.

SIQUEIRA, Cleanto Guimarães. *A defesa no processo civil as exceções substanciais no processo de conhecimento*. 3. ed. São Paulo: Saraiva, 2008. 395 p.

SOUSA, Miguel Teixeira. O objeto da sentença e o caso julgado material (estudo sobre a funcionalidade processual). *Revista Forense*. Rio de Janeiro: Forense, ano 81, vol. 292 (out/nov/dez), p. 123-196, 1985.

STEIN, Friedrich. *El conocimiento privado del juiz*. Trad. Andrés de la Oliva Santos. Madrid: Centro de Estudios Ramón Araces S.A., 1973. 188 p.

STEIN, Peter. *Regulae Iuris*. From Justice Rules to Legal Maxims. Edinburg: Edinburg University, 1966. 205 p.

STRECK, Lenio Luiz. *Hermenêutica Jurídica e(m) Crise:* uma exploração hermenêutica da construção do Direito. 10. ed. Porto Alegre: Livraria do Advogado. 420 p.

——. *Jurisdição Constitucional e Decisão Jurídica*. 3. ed. Porto Alegre: Livraria do Advogado, 2013. 974 p.

——. Neoconstitucionalismo, positivismo e pós-positivismo *in* FERRAJOLI, Luigi; STRECK, Lenio Luiz *et alii* (org.). *Garantismo, hermenêutica e (neoconstitucionalismo)* um debate com Luigi Ferrajoli. Porto Alegre: Livraria do Advogado, 2012. p. 59-94.

——. O novo CPC: a derrota do livre convencimento e a adoção do integracionismo dworkiano *in* BOECKEL, Fabrício Dani de; ROSA, Karin Regina Rick; SCARPARO, Eduardo (org.). *Estudos sobre o novo Código de Processo Civil*. Porto Alegre: Livraria do Advogado, 2015. p. 149-165.

——. O que é isto – "Decidir Conforme a Consciência"? Protogênese do Protagonismo Judicial. *In* MACHADO, Felipe; CATTONI, Marcelo (coord.). *Constituição e Processo* entre o direito e a política. São Paulo: Editora Fórum, 2013. 118 p.

——. *Verdade e consenso*. Constituição, hermenêutica e teorias discursivas. 4. ed. São Paulo: Saraiva, 2011. 639 p.

TALAMANCA, Mario. Diritto civile: a) diritto romano *in Enciclopedia del diritto*. Varese: Giuffrè, 1981, vol XXXVI. p. 01-72,

TALAMINI, Eduardo. *Coisa julgada e sua revisão*. São Paulo: Revista dos Tribunais, 2002. 702 p.

TAMAYO-SALMORAN, Rolando. *El derecho y la ciencia del derecho* (introducción a la ciencia jurídica). México: Universidad Autonoma del México, 1986. 233 p.

——. *Razonamiento y argumentación jurídica*. El paradigma de la racionalidad y la ciencia del derecho. México: Universidad Nacional Autónoma del México, 2003. 280 p.

TARUFFO, Michele. *A motivação da sentença civil*. Trad. Daniel Mitidiero, Rafael Abreu, Vitor de Paula Ramos. São Paulo: Marcial Pons, 2015. 429 p.

——. Consideraciones sobre prueba y motivación (trad. Nicolás Pájaro Moreno) *in* TEJADA, Horacio Cruz. *Nuevas tendencias del derecho probatorio*. Bogotá: Uniandes, 2011. p. 39-53.

——. *La prueba de los hechos*. Trad. Jordi Ferrer Beltrán. 2. ed. Madrid: Trotta, 2005. 542 p.

——. Poderes probatórios das partes e do juiz na Europa *in Processo civil comparado:* ensaios. Trad. Daniel Mitidiero. São Paulo: Marcial Pons, 2013. p. 57-84.

——. *Uma simples verdade*. O juiz e a construção dos fatos. Trad. Vitor de Paula Ramos. São Paulo: Marcial Pons, 2012. 299 p.

——. *Verdad, prueba y motivación en la decisión sobre los hechos*. México: Tribunal Electoral del Poder Judicial de la Federación, 2013. 110 p.

——. Verdade e processo *in* TARUFFO, Michelle. Poderes probatórios das partes e do juiz na Europa *in Processo civil comparado:* ensaios. Trad. Daniel Mitidiero. São Paulo: Marcial Pons, 2013. p. 35-55.

THEODORO JUNIOR, Humberto. *Curso de direito processual civil*. 56. ed. Rio de Janeiro: Forense, 2015, vol. I, 1.226 p.

──. Uma dimensão que urge reconhecer ao contraditório no direito brasileiro: sua aplicação como garantia de influência, de não surpresa e de aproveitamento da atividade processual. *Revista de Processo*. São Paulo: Revista dos Tribunais, n. 168, ano 34, fev, p. 107-142, 2009.

──. *A causa petendi no processo civil*. São Paulo: Revista dos Tribunais, 1993. 212 p.

TUCCI, José Rogerio Cruz e. A denominada "situação substancial" como objeto do processo na obra de Fazzalari. *Revista da AJURIS*. Porto Alegre: Associação dos Juízes do Rio Grande do Sul. n. 60, ano XXIV, p. 271-281, 1994.

VECCHIO, Giorgio del. *Los principios generales del derecho*. Trad. Juan Ossorio Morales. Barcelona: Bosch, 1933. 96 p.

WACH, Adolf. *Manual de derecho procesal civil*. trad. Tomás A. Banzhaf. Buenos Aires: Ediciones Juridicas Europa-America, 1977, vol. I. 585 p.

WALTER, Gerhard. *Libre apreciación de la prueba*. Trad. Romás Banzhaf. Bogotá: Temis, 1985. 251 p.

WARAT, Luis Alberto. *Introdução geral ao direito*. Interpretação da lei temas para uma reformulação. Porto Alegre: Sergio Antonio Fabris, 1994, vol. I. 232 p.

──. *Introdução geral ao direito*. A Epistemologia Jurídica da Modernidade. Porto Alegre: Sergio Antonio Fabris, 1995, vol. II. 392 p.

WATANABE, Kazuo. *Cognição no processo civil*. 4. ed. São Paulo: Saraiva 2011. 190 p.

WIEACKER, Franz. *História do direito privado moderno*. Trad. A. M. Botelho Hespanha. 3. ed. Lisboa: Calouste Goulbenkian, 2004. 768 p.

WILD, Rodolfo. Os princípios dos recursos à luz do novo Código de Processo Civil *in* BOECKEL, Fabrício Dani de; ROSA, Karin Regina Rick; SCARPARO, Eduardo (org.). *Estudos sobre o novo Código de Processo Civil*. Porto Alegre: Livraria do Advogado, 2015. p. 167-186.

WRÓBLEWSKI, Jean. Princípios de Direito *in* André-jean Arnaud (dir). *Dicionário enciclopédico de teoria e de sociologia do direito*. Trad. Vicente de Paulo Barretto 2. ed. Rio de Janeiro : Renovar, 1999. p. 615-624.

WRÓBLEWSKI, Jerzy. *Sentido y hecho en el derecho*. Rrad. Francisco Javier Ezquiaga Ganuzas. México: Fontamara, 2001. 335 p.